Karl Gebauer

Streß bei Lehrern

Probleme
im Schulalltag
bewältigen

Klett-Cotta

Klett-Cotta
© J. G. Cotta'sche Buchhandlung Nachfolger GmbH, gegr. 1659
Stuttgart 2000
Alle Rechte vorbehalten
Fotomechanische Wiedergabe
nur mit Genehmigung der Verlages
Printed in Austria
Schutzumschlag: Dietrich Ebert, Reutlingen
Gesetzt aus der 9,5 Punkt New Century Schoolbook
von Hahn Medien GmbH, Kornwestheim
Auf säure- und holzfreiem Werkdruckpapier gedruckt
und gebunden von Wiener Verlag, Himberg
ISBN 3-608-94268-8

Die Deutsche Bibliothek-CIP Einheitsaufnahme
Ein Titeldatensatz für diese Publikation ist
bei der Deutschen Bibliothek erhältlich

Meinen Schülerinnen und Schülern,
die mich durch ihr Verhalten in
besonderer Weise herausgefordert haben.

Alle Namen im Buch sind geändert, damit die Anonymität der beschriebenen Personen gewahrt bleibt.

▨ Inhalt

III. Ein Methodennetz
   zur Bearbeitung von Streßsituationen

▌ Dank

Das Thema dieses Buches berührt einen sehr persönlichen Bereich bei Lehrerinnen und Lehrern ebenso wie bei Schülerinnen und Schülern. Mein Dank gilt allen, die mir bei meiner Arbeit mit großer Offenheit begegnet sind und bereit waren, auch in Gruppen über ihre Belastungen zu sprechen. In besonderer Weise danke ich meinen Kolleginnen und Kollegen der Leineberg-Grundschule. Seit vielen Jahren arbeiten wir kontinuierlich zusammen. Es ist uns immer wieder gelungen, die aktuellen Probleme über neue Kommunikationsformen zu thematisieren und die gefundenen Lösungen in der Praxis zu erproben. Die Zusammenarbeit war in all den Jahren durch gegenseitige Achtung geprägt, auch an Stellen, wo Meinungsverschiedenheiten auftraten. Gemeinsam haben wir immer wieder versucht, die enormen Belastungen des Schulalltages zu benennen, zu interpretieren und ihre Wirkung auf uns zu analysieren. Dabei haben wir auch über unsere Emotionen und ihre Wirkung auf unsere Schülerinnen und Schüler gesprochen. In der Umkehrung ging es darum, welche Emotionen Schülerinnen und Schüler durch ihr Verhalten in uns auslösen. Wechselwirkung der Gefühle – das ist ein Thema, das sich durch das gesamte Buch zieht.

Mein Dank gilt auch den Kolleginnen und Kollegen, die mir im Rahmen von Fortbildungsveranstaltungen sehr viel Vertrauen entgegengebracht haben. Es war möglich, auch in der relativ kurzen Zeit eines Workshops, intensiv am Thema der emotionalen Kompetenz im Schulalltag zu arbeiten. Auch ihnen verdanke ich eine tiefere Einsicht in die emotionale Befindlichkeit von Lehrerinnen und Lehrern in Streßsituationen. Emotionale Kompetenz ist ein entscheidender Faktor zur Bewältigung von Streßsituationen. Unter den Methoden, die ich für die Bearbeitung von Belastungssituationen vorstelle, hat sich die Arbeit mit dem Streßdrama als besonders effektiv erwiesen. Über eine reflexive Assoziationsphase gelangen die Teilnehmer zu einer intensiven Wahrnehmung ihres Streßgrundgefühls. Dieses wird in einem Satz dargestellt und so bearbeitet. Es handelt sich um die Modifizierung einer Methode, die ich durch die Göttinger Therapeutin Meera Drude, der ich an dieser Stelle ebenfalls meinen Dank ausspreche, kennengelernt habe.

Besonders danke ich meiner Frau Beatrix und unseren beiden Söhnen Felix und Max. Sie haben immer wieder Verständnis dafür aufgebracht, wenn ich mich zum Schreiben an den Computer gesetzt habe.

■ Im ICE nach Berlin

Ich war auf dem Weg nach Berlin, saß gemütlich im ICE und freute mich auf eine ruhige Fahrt. Noch hatte ich einige Vorbereitungen für den Vortrag am Abend zu treffen: In Streßsituationen erfolgreich handeln, so lautete mein Thema.

Zunächst schaute ich aus dem Fenster, dann nahm ich meine Unterlagen hervor, überflog meine Aufzeichnungen, vertiefte mich in das hoch interessante Buch des Göttinger Hirnforschers Gerald Hüther: »Biologie der Angst. Wie aus Streß Gefühle werden.« Freunde hatten mich auf diese Publikation hingewiesen, einmal hatte ich Hüther sogar im Fernsehen gesehen. Inzwischen war ich dabei, seine Forschungen zu verstehen und in meine Arbeit zu übernehmen.

Zunächst nur leise vernehmbar drang ein hoher Piepton an meine Ohren. Es war die Wiederholung in fast gleichmäßigen Abständen, die ein Gefühl entstehen ließ, als habe es damit seine Ordnung. Als gehöre dieser Ton nun irgendwie zu den Fahrgeräuschen des fast dahinschwebenden Zuges. Da war er plötzlich nicht mehr zu hören. Es war nicht ein Gedanke des Verlusts, der mich beschlich, es war eher ein starkes Aufhorchen, ein Suchen. Vielleicht hatte er mir gegolten, dieser Ton, ich hatte ihn nur hin- aber nicht ernst genommen. In diesem Augenblick setzte er wieder ein. Mit einem schnellen Griff riß ich mein Handy aus der Jackentasche, drückte den Knopf für den Empfang und hielt das Gerät an mein Ohr. Die Assoziation hoher Ton = mein Handy war eine Fehlschaltung meines Gehirns. Vielleicht war die Erwartung, plötzlich angerufen zu werden, zu groß und hatte mir diesen Streich gespielt. Vielleicht war es aber auch der erste Ansatz eines Wunsches, dieser Ton möge nun aus der Welt geschafft sein. Es piepte laut und vernehmlich weiter. Mein Handy steckte ich an seinen Platz.

Ein kurzer Blick zu meinen Mitreisenden sagte mir, daß diese nichts Ungewöhnliches an der Situation fanden. Sie lasen oder schauten in die vorbeiziehende Landschaft und schienen die Zugfahrt zu genießen.

Nachdem sich meine Ohren nun noch deutlicher auf Empfang eingestellt hatten, war der ständig wiederkehrende Ton nicht mehr wegzudenken.

Eine ferne Erinnerung ließ mich blitzschnell zu meinem Koffer schauen. Damals war ich Richtung Süden unterwegs, es war warm und stickig im Großraumwagen. Ich nutzte den Halt auf einem Bahnhof, um frische Luft zu schnappen. Die große Unruhe unter meinen Mitreisenden bemerkte ich erst, als ich mich zu meinem Platz begab. Alle Blicke waren nun auf mich gerichtet. Es dauerte nur Sekunden, da hatte ich meinen Koffer von der Ablage gerissen, geöffnet und den Wecker ausgeschaltet. Der Ernst in den Gesichtern wich einem erleichterten Ausdruck. Entschuldigen Sie bitte, sagte ich mehrfach in die verschiedenen Richtungen.

Hier aber schien keine Beunruhigung aufzukommen. Vorsichtig erhob ich mich von meinem Platz, holte meinen Koffer nahe an mein Ohr, um ihn gleich wieder zurückzuschieben.

In der folgenden Minute hörte ich verstärkt in die Verkleidung des Abteilwagens hinein. Irgendwie schien der Ton damit etwas zu tun zu haben. Aber ich konnte ihn nicht festmachen. Er schien frei zu schweben. Ungreifbar anwesend sozusagen. Diese Erkenntnis versetzte mich nun in eine nicht mehr zu bremsende innere Unruhe. Sollte dieser Ton gar nichts mit dem Zug und den anderen Reisenden zu tun haben und nur mich selbst betreffen – aus meinem innersten Innen zu mir sprechen? Ein Streßwirbel erfaßte mich, in dem ich nur noch ein Wort dachte und dies zugleich weit von mir stieß: Tinnitus. Die Situation war so nicht mehr auszuhalten, spontan erhob ich mich, schaffte mir Bewegung, eilte zur Toilette, warum auch immer. Die plötzlich aufkommende und sich ausbreitende Erregung wollte selbst dann noch größer werden, als ich am Platz des gut gekleideten Herrn vorüberging, in dessen Laptop die Quelle meines Leidens unüberhörbar ihren Ursprung hatte.

Erst auf der Toilette, wobei ich gar nicht wußte, warum ich hier gelandet war, stellte sich eine fast absolute Erleichterung ein. Die Ursache lag glasklar bei dem geschäftigen Herrn und hatte nichts mit meinem Innenleben zu tun.

Nun galt es den Rückweg anzutreten. Seelenruhig schlug der Mann im Anzug mit seinem Finger auf die Tasten. Und glasklar standen die immer gleichen Töne seines elektronischen Gerätes im Großraumabteil.

Meine Gefühle schlugen nun zu meiner Überraschung Purzelbäume. Schien ich eben noch der ruhigste Mensch gewesen zu sein, so war dieses Gefühl von einem anderen massiv hinweg geschoben worden: »Das ist doch eine Unverschämtheit«, so schoß es mir durch den Kopf, eine Unverschämtheit auch für die anderen Mitreisenden.

Ein Blick in mein Umfeld zeigte mir, daß einige Konsequenzen gezogen und Kopfhörer aufgesetzt hatten. Dies war allerdings für mich, der ich ruhig reisen und arbeiten wollte, keine Alternative. Da endlich erhob sich eine Frau mittleren Alters deutlich vernehmbar, sie holte Tasche und Koffer von der Gepäckablage und suchte über den Gang das Weite. Ich erwischte sie noch mit der Bemerkung: »Sie fliehen den Piep! Ist es so?« Sie strafte mich durch Nichtbeachtung, als sei ich der Verursacher ihrer Flucht. Dabei hatte ich doch nur eine Komplizin des Widerstandes in ihr gesehen.

Ich schien der einzige zu sein und zu bleiben, in dem eine kaum noch zu bremsende innere Erregung um sich griff und mein ganzes Denken und Fühlen erfaßte. Sollte ich der flüchtenden Frau folgen? Sollte ich den Tonvorgang ignorieren oder gab es eine Chance zu eigenen Aktivitäten? Noch immer rührte niemand in meiner Nachbarschaft die Hand oder machte Anstalten, etwas Sinnvolles gegen den Pieper zu unternehmen. Ich könnte fast unerwähnt lassen, daß der Hochton inzwischen nicht nur in meinem Ohr und meinen Gehirnwindungen Platz genommen hatte, sondern sich nunmehr deutlich im Zentrum meines Selbstbewußtseins breitmachte und zum Angriff überging. Wer ich sei, daß ich so mit mir umspringen ließe, hörte ich zwischen den Tönen. Ich lasse natürlich meine Erfahrungen aus der frühen Kindheit, die bei solchen Gelegenheiten auch ihre Rolle spielen, unerwähnt. Jetzt, dachte und fühlte ich, jetzt mußt du handeln, sonst wirst du deinen Vortrag nicht halten können. Der Anzugmann ahnte nicht, in welche Tiefen er mich durch sein elektronisches Gerät geführt hatte.

»Verzeihen Sie, aber das ist unzumutbar«, sagte ich, während ich vor ihm stand und ihm fest in die Augen blickte. Er schaute nur kurz auf, nickte verstehend. Sekunden später trat eine fast himmlische Ruhe ein. Der ICE schwebte über die Landschaft. Mein Streß war unter Kontrolle, mein Thema war gerettet, ich war gerettet.

Dies ist ein Beispiel für eine kontrollierbare Streßsituation und ihre Bewältigung. Als Reisender mit dem modernsten Zug unserer Zeit hatte ich den Wunsch, ungestört arbeiten zu können. Die Erfüllung dieses Wunsches schien nach den ersten Piepern erheblich in Zweifel gezogen. Unruhe, Verärgerung, Unsicherheit, Angst, so könnte man die Eskalation meiner Gefühle beschreiben. Innerhalb dieses Prozesses kam es zu einer Umkehrung. Ich wollte nicht mehr ohnmächtig diesem Ton ausgesetzt sein, spürte eine Herausforderung. Aus Ohnmacht wurde Motivation, und es trat nach meiner erfolgreichen Intervention ein herrliches Gefühl von Zufriedenheit ein.

Ganz anders stellen sich Streßsituationen dar, denen Lehrerinnen und Lehrer in ihrem Beruf oft ausgesetzt sind. In vielen Fällen wird der Streß unkontrollierbar. Solche Situationen werden in diesem Buch beschrieben. Der Weg aus solchen Situationen kann in die Krankheit oder zu neuen Handlungsmöglichkeiten führen.

Im ersten Teil erfolgt eine Analyse der Belastungen von Lehrerinnen und Lehrern. Es wird ein Erklärungsansatz aus der modernen Hirnforschung vorgestellt. Ansätze für eine konstruktive Bearbeitung von Streßsituationen werden vorgeschlagen.

Im zweiten Teil beschreibe ich belastende Situationen, die von Lehrerinnen oder Lehrern im Rahmen von Fortbildungsveranstaltungen vorgetragen worden sind. Oder ich nehme Schilderungen meiner Kolleginnen als Ausgangspunkt für die Erörterungen. In einigen Fällen sind es eigene belastende Unterrichtssituationen, an denen ich zeige, über welche Methoden ich einen Ausweg gefunden habe. Ausgangspunkte sind immer komplexe Situationen. Es wird im Anschluß gezeigt, über welche Methode oder Methodenkombinationen

Lösungen gesucht wurden. Diese Beschreibungsform ermöglicht das Mitdenken und Mitfühlen von Situationen, die vielen Lehrerinnen und Lehrern in dieser oder ähnlicher Weise schon begegnet sind.

Im dritten Teil stehen die Methoden selbst im Mittelpunkt. Ich beschreibe sie in ihrem formalen Aufbau und illustriere ihre Anwendung durch Beispiele aus der Praxis.

I.
Belastende Situationen im Schulalltag

▓ Das Bild von Sisyphos

Immer mehr Lehrerinnen und Lehrer klagen über die hohe Belastung durch ihre tägliche Arbeit. Aus wissenschaftlichen Untersuchungen geht hervor, daß es besonders die Verhaltensweisen bestimmter Schülerinnen und Schüler sind, die Streßempfindungen bei Lehrkräften auslösen.

Lehrer befinden sich während der Ausübung ihres Berufes immer in einem Beziehungsprozeß. Dieser ist von den unterschiedlichsten Emotionen begleitet. Wo es zu Reibungen und Konflikten kommt, genügt es nicht, auf der äußeren Ebene die Kommunikationsfähigkeit wieder herzustellen. Die Probleme gehen meistens in die Tiefe der Empfindungen. Dort müssen sie auch bearbeitet werden, wenn nicht langfristig gesundheitlicher Schaden angerichtet werden soll. Die Beachtung von Beziehungsstörungen und das Wahrnehmen von emotionalen Grundstimmungen ist für eine erfolgreiche Bearbeitung von Streßsituationen von entscheidender Bedeutung. Die Schwierigkeit besteht darin, daß der Lehrer eine ständige Plausibilitätsbasis herstellen muß für das, was er tut. Die Lernsituation muß im Grunde ausgehandelt werden. Früher mußten sich die Schüler der Schule anpassen, das gilt heute nicht mehr. Combe (1997) vergleicht diese Belastungen mit der Arbeit des Sisyphos, der dazu verdammt wurde, einen Felsbrocken immer wieder den Berg hinauf zu wälzen. Dabei mußte er erfahren, daß dieser Fels wieder und wieder in die Tiefe rollte. Woher nehmen Lehrer angesichts dieser Situation ihre Energie für die tägliche Arbeit? Sie sind den unterschiedlichsten Erwartungen von Schülern, Eltern, der bildungspolitisch interessierten Öffentlichkeit und den konkreten Lehrplänen ausgesetzt. Nicht zu vergessen sind die eigenen, oft sehr hoch angesetzten Erwartungen an die persönliche Leistungsfähigkeit. So bleibt es nicht aus, daß Lehrerinnen und Lehrer immer wieder an ihre Grenzen stoßen. Helfen könnte eine Verständigung mit Kollegen darüber, ob in der eigenen Arbeit mit den Kindern Fortschritte in der Selbst- und Sozialentwicklung und im fachbezogenen Lernen stattgefunden haben. Hier gilt es, Vergewisserungsphasen einzuplanen. Bildungsprozesse sind immer unabgeschlossen. Sie sind auch hinsichtlich ihrer »Haltbarkeit« nie vorherzubestimmen. Deshalb ist es äußerst wichtig, daß Lehrerinnen und Lehrer nicht versuchen – keuchend und dürstend dem Sisyphos gleich –, den schweren Brocken Bildung den Berg hinauf zu wälzen. Es gilt, Ruhephasen einzuplanen und einen eigenen Rhythmus zu finden. Die erreichten Ruhepunkte sollte man als Ergebnis seiner Bemühungen ansehen. Von hier aus kann es am nächsten Tag weitergehen. Im Grunde sind Lehrerinnen und Lehrer einer Dauerspannung ausgesetzt. Die Erziehungsarbeit hört nie auf. Sie erfordert von Lehrerinnen und Lehrern in den wechselnden Situationen eine ständige physische und psychische Präsenz. Lehrer können den Umgang mit den Schülern nicht beenden, sie müssen immer wieder in die Klasse rein. In diesem Beruf gibt es kein Nicht-Kommunizieren. Kommunikationssituationen können voller Fallen und Tücken sein, unabhängig davon, ob sie unter Schülern oder unter Lehrkräften oder zwischen Lehrern und Schülern stattfinden. Die damit verbundenen Belastungen fordern eine innere Verarbeitung. Es geht darum, sich konstruktiv mit den inneren Belastungen auseinanderzusetzen, um neue Energien für die anstrengende Arbeit zu gewinnen. Auch diese innere Distanzierung von der alltäglichen Beziehungsdynamik erfordert eine geistige Anstrengung. Das Geheimnis aller Entlastungsmöglichkeiten scheint zu sein, das Gewohnte zu verlassen. Es gilt Grenzen zu überschreiten, Neues zu wagen. Wer das nicht kann, wird in den alten Reaktionsmustern erstarren. »Wer nämlich geistig und emotional immer nur von jener Substanz lebt, die er sich vor Jahrzehnten einmal während des Studiums erwirtschaftet hat, dessen psychische Ressourcen sind irgendwann aufgezehrt, dessen pädagogischer Eros versiegt.« (Reheis, 1998)

Umgang mit Belastungen: Aktuelle Forschungsergebnisse

Untersuchungen am Institut für Psychologie der Universität Potsdam zu besonderen Belastungen von Lehrerinnen und Lehrern haben gezeigt, daß es das scheinbar globale Phänomen »Lehrerstreß« so nicht gibt. Hinter den Lehrerklagen über zu hohe Belastungen, Erschöpfungen, Resignation, Nervosität und schwindende Motivation verbirgt sich sehr Unterschiedliches. Die Potsdamer Forscher unterscheiden vier Belastungstypen.

Der Risikotyp B ist gekennzeichnet durch eine resignativleidende Haltung gegenüber beruflichen Anforderungen. Es folgt ein reduziertes Engagement. Dies führt aber keineswegs zu Erholung und Entspannung. »Schulische Probleme – und hier stehen Schwierigkeiten mit undisziplinierten Schülern sowie zu große Klassen ganz oben – gehen den Betroffenen nicht aus dem Kopf, schlagen sich in Schlafstörungen, Alpträumen und dergleichen nieder.« (Schaarschmidt, 1997) Dieser Risikotyp ist oft erschöpft und enttäuscht nach vorangegangenem vergeblichen Bemühen. Bei den Lehrerinnen und Lehrern, die dem Typ B zugeordnet werden, gaben viele an, diesen Beruf aus Verlegenheit gewählt zu haben. Sie waren, aus welchen Gründen auch immer, nicht bereit oder in der Lage, einen anderen Beruf zu ergreifen. Das Wort Verlegenheitswahl weist bereits auf die Problematik hin. Im Kern waren sie möglicherweise unsicher (Selbstunsicherheit), schämten sich, keinen Beruf ergreifen zu können, der ihren Normen entsprach, und wählten aus dieser Scham heraus den Lehrerberuf. Die Folge ist eine ständige unbewußte Anwesenheit dieses Schamgefühls (Hilgers, 1997). Sie fühlen sich den Anforderungen und Aufgabenstellungen des Berufs nicht gewachsen und lassen nach in ihrer Anstrengung. Dies führt zu Mißerfolgen und wachsenden Minderwertigkeitsgefühlen. Sie fliehen oft in die Krankheit und zeigen Symptome des Burnout.

Risikotyp A zeigt dagegen ein überhöhtes Engagement und neigt zu Selbstüberforderung. Er ist noch unfähiger als Typ B, sich angemessen vor den Anforderungen des Alltags zu schützen. »Trotz seiner exzessiven Bereitschaft, sich anzustrengen und zu verausgaben, erreicht er nicht die angestrebten Ergebnisse.« Es fehlt das ausgewogene Verhältnis von Anspannung und Erholung. Bei der untersuchten Population sieht das prozentuale Verhältnis so aus: Typ B = 30 %, Typ A = 40 %. Damit liegt Typ B bei der Untersuchungsgruppe aus der brandenburgischen Lehrerschaft doppelt so hoch wie bei den Kollegen aus den westlichen Ländern. Die Forschergruppe führt dieses Ergebnis zurück auf die hohen Erwartungen, die die Lehrerschaft der Nachwendezeit an ihr eigenes Tun stellte. Frauen seien unter beiden Risikotypen häufiger als Männer anzutreffen.

15 % der brandenburgischen Lehrerinnen und Lehrer werden dem Typ G (Gesundheitsideal) zugerechnet. Diesen Menschen ist trotz erhöhten Engagements die Fähigkeit, sich zu erholen und zu entspannen, nicht abhanden gekommen. Sie können mit Belastungen sehr gut umgehen und sind sehr zufrieden.

Dem Typ Schonung (S) fühlen sich nach dieser Untersuchung in Brandenburg 13 % zugehörig. Es wird deutlich, daß die Zahl der Lehrkräfte, die es verstehen, konstruktiv mit Belastungen umzugehen, relativ gering ist. Dennoch liegt hier ein entscheidendes Potential für die Weiterentwicklung von Schule.

Das Ergebnis der Untersuchung ist erschreckend, denn nur 15 % der Befragten kommen aufgrund ihrer Selbsteinschätzung zu dem Ergebnis, gut mit den beruflichen Belastungen fertig zu werden. Wenn man die 13 % vernachlässigt, die sich einem schonenden Alltag verschrieben haben, so bleibt die Frage, was getan werden könnte, damit die übrigen 70 % der Lehrerinnen und Lehrer zu einem befriedigenden Berufsleben finden. Selbst wenn die Zahl der betroffenen Lehrkräfte in den westlichen Bundesländern niedriger ist, so erscheint sie doch besorgniserregend hoch.

■ Wie kann Burnout verhindert werden?

Folgende Aspekte sind zu berücksichtigen:

Es gilt, die Schwellenangst zu überwinden, die viele Lehrerinnen und Lehrer daran hindert, in Teilen ihre Arbeit gemeinsam zu planen bzw. wenigstens gemeinsam zu reflektieren. Ein Grundmerkmal von Professionalität im Lehrerberuf heißt Teamfähigkeit. Gegenseitige Hospitation, Intervision und Supervision sind geeignete Instrumente. Ein konstruktiv arbeitendes Lehrerteam zeichnet sich dadurch aus, daß es über eine hohe Interpretationskompetenz hinsichtlich sozialer, persönlicher und sachlicher Probleme verfügt und nach gelungener Interpretation eine Vielfalt von Handlungs- und Fördermöglichkeiten aufzeigt und auch umsetzt.

Es muß die Grundeinsicht erworben werden, daß für den beruflichen Erfolg eine gewisse Stimmigkeit von emotionalem Erleben und sachlich motiviertem Handeln im Unterricht erforderlich ist. Zufriedenheit kennzeichnet ein solches Team, das auch kleinste Fortschritte zu würdigen weiß. Kompetentes Lehrerverhalten wirkt auf die Gesamtzufriedenheit und strahlt positiv in den privaten, persönlichen und schulischen Bereich aus.

Viele Probleme, die Lehrerinnen und Lehrern heute zu schaffen machen, könnten besser von ihnen gelöst werden, wenn sie bereit und in der Lage wären, im Team konstruktive Formen der Lösung zu suchen. Was macht die Arbeit in Lehrerteams so schwer? Woran scheitern so viele Lehrerinnen und Lehrer, die einmal mit einem guten Vorsatz Teamarbeit begonnen haben?

Es ist deswegen so schwer, weil viele Lehrerinnen und Lehrer ihre eigene Emotionalität nicht oder nur sehr verhalten zum Gegenstand der gemeinsamen Reflexion machen. Dafür haben sie Gründe, die ich nachvollziehen kann. In zahlreichen Einzelgesprächen ist mir oft gesagt worden, daß eine emotionale Öffnung immer wieder mit Enttäuschungen endete. Eine Folge dieser Erfahrung war häufig ein Abbruch von Gesprächen und damit ein Verzicht auf gemeinsame Problemlösungen. Damit ist die einzelne Lehrkraft wieder auf sich selbst gestellt. Das ist, wie neuere Untersuchungen zeigen, in hohem Maße gefährlich. Einige Jahre ist die hohe Belastung des Lehrerberufes auszuhalten, aber dann stellen sich, wenn man nicht über Entlastungsstrategien verfügt, körperliche Symptome ein.»Nur zwischen 5 und 20 Prozent der Lehrer halten bis zum 65. Lebensjahr in ihrem Beruf durch. In manchen Regionen gehen also 19 von 20 Lehrern vorzeitig in den Ruhestand. Tendenz: steigend!« (Psychologie heute, Heft 1, 1998) Diese Zahlen hat Peter Jehle vom Deutschen Institut für internationale Pädagogische Forschung in Frankfurt vorgelegt. Bis zu 56 Prozent der Lehrer ziehen sich sogar vor Erreichen des gesetzlich vorgeschriebenen Mindestalters von 63 Jahren ins Privatleben zurück. Bei der Diagnose stehen an erster Stelle Depressionen und »neurasthenische Erschöpfung.« Psychische Gründe für den Berufsausstieg werden bei Frauen häufiger festgestellt als bei Männern. Bei Männern überwiegen Herz- und Kreislaufprobleme. Dienstunfähigkeit ist oft nur die letzte Station auf einem langen Leidensweg mit vorausgegangenen Phasen von Streß, Burnout und Ängsten.

▌ Streß und Emotionen

Bei Fortbildungsveranstaltungen bitte ich oft die Teilnehmerinnen und Teilnehmer, belastende Situationen zu erinnern. Innerhalb dieser Arbeit sollen sie versuchen, die Emotionen zu erfassen, die sie am deutlichsten spüren. Unsicherheit, Hilflosigkeit, Wut, Ärger, Enttäuschung, Angst und Scham sind die Emotionen, die immer wieder genannt werden. Oft werden diese Gefühle so stark erlebt, daß sie mehr und mehr das Gesamtempfinden beeinflussen und die Handlungsfähigkeit in Streßsituationen einschränken oder unmöglich machen. Wenn Lehrkräfte über kein angemessenes kognitives und emotionales Verarbeitungssystem verfügen, dann können sich diese Emotionen verselbständigen, sie werden immer weniger kontrollierbar.

Ganz anders stellt sich die Entwicklung dar, wenn Lehrkräfte in belastenden Situationen über die Fähigkeit verfügen,

Gefühle von Unsicherheit, Wut, Ärger, Enttäuschung, Ohnmacht, Angst und Scham zu bearbeiten. Es sind besonders die modifizierten Formen der systemischen Psychotherapie, die mir bei meiner Arbeit sehr geholfen haben. Diese Methode habe ich zusammen mit meinen Kolleginnen und Kollegen so bearbeitet, daß sie für schulische Belange nutzbar wurden. Im Rahmen dieser Arbeit werde ich die Methoden vorstellen. Dabei gehe ich von folgenden Annahmen aus:

Wenn es Lehrerinnen und Lehrern gelingt, in belastenden Situationen die äußeren und inneren Abläufe über Interpretationsversuche zu verstehen und die hinter den Aktionen liegende Bedeutsamkeit zu erkennen, dann wächst das Interesse an der Klärung der Situation. Dabei schließt Verstehbarkeit auch das emotionale Aushalten einer Situation ein. Mit der Zunahme von Erkenntnis wächst die Handlungsfähigkeit. Daraus entsteht Sicherheit und Gelassenheit. Über die so gewonnene Handlungsfähigkeit entwickelt sich neue Energie. Dann kann auch das Gefühl von Freude am Beruf aufkommen.

Hirnforschung: Streß als Alptraum oder Auslöser für neues Handeln

Gestützt wird diese Hypothese durch neuere Erkenntnisse der Hirnforschung. Es ist bekannt, welche biochemischen Prozesse in Streßsituationen ablaufen (Hüther, 1997). Sie haben primär eine »schadensbegrenzende Funktion im Sinne einer Notfallreaktion«. Hinter dieser vordergründigen Funktion verberge sich jedoch eine zweite Funktion, die durch die vermehrte Ausschüttung von Noradrenalin dazu führe, daß es in unserem sehr plastischen und lernfähigen Gehirn zu einem Aus- und Umbau von neuronalen und synaptischen Verschaltungen komme. Unser Gehirn ist also bereits aktiv und sucht nach neuen Wegen dort, wo wir in eine Sackgasse geraten sind. »Die wichtigsten Auslöser dieser neuroendokrinen Streßreaktion beim Menschen sind psychosozialer Natur: Konflikte, Kompetenzverlust, Verlust psychosozialer Unterstützung und ande-

res.« (Hüther, 1999, S. 10/11) Damit sind wir mitten im Streß-
problem von Lehrerinnen und Lehrern.

Gleichzeitig stiften die Untersuchungen von Hüther Hoffnung, denn er zeigt, welche Chancen in der Bewältigung
unkontrollierbarer Streßsituationen liegen. Sie müssen nicht
zu Alpträumen führen, sondern können der Anfang für ein
neues Handeln sein. Wegen der großen Bedeutung dieser For-
schungsergebnisse für unsere Fragestellung stelle ich einen
längeren Passus aus Hüthers Aufsatz vor: »Erst wenn eine Person sich mit all ihren bisher erworbenen Strategien außer-
stande sieht, eine psychische Belastung zu meistern, stellt sich
ein Gefühl völliger Ohnmacht und Hilflosigkeit ein, das mit
einer tiefgreifenden und langanhaltenden, unkontrollierbaren
neuroendokrinen Streßreaktion einhergeht. Vor allem durch
die Wirkung des dabei vermehrt ausgeschütteten Streßhormons Cortisol auf Nerven und Gliazellen im Zentralnervensy-
stem kommt es zur Destabilisierung der im Gehirn bereits eta-
blierten Verschaltungen. Bisher erfolgreich eingeschlagene
und gebahnte Bewältigungsstrategien werden allmählich auf-
gelöst.

Sowohl kontrollierbare als auch unkontrollierbare psychische Belastungen sind somit entscheidend an der Herausbil-
dung der unser Denken, Fühlen und Handeln bestimmenden
neuronalen Verschaltungen beteiligt.

Ohne kontrollierbaren Streß könnten wir keine Erfahrungen in unserem Gedächtnis verankern, und ohne unkontrollierbaren Streß hätten wir keinerlei Chance, die alten, einge-
fahrenen Bahnen unseres Denkens zu verlassen und nach
neuen Wegen und Lösungsmöglichkeiten zu suchen, um Angst
und Streß zu bewältigen. Nur wenn wir die nicht finden, oder
wenn wir nicht bereit oder unfähig sind, danach zu suchen,
wird der Streß zu einem Alptraum werden und auch uns früher
oder später krank machen.« (Hüther, 1999, S. 11)

▪ Streßlandschaft

Wenn man sich mit Streßsituationen beschäftigt, ist es sinnvoll, hinter den unzähligen Einzelerscheinungen nach einer
Struktur Ausschau zu halten. Man kann sich allein oder
zusammen mit einigen Kollegen auf Entdeckungsreise begeben und eine Streßlandschaft konstruieren. Dabei wird ein
Vorgehen nach der Methode des Mind Mapping (Hertlein) hilfreich sein (vgl. Skizze S. 28).
Die Wege und Verzweigungen dieser Strukturskizze sind
offen für Ergänzungen und Erweiterungen. Ich werde einige
dieser Wege und Verzweigungen kurz erläutern. Im Verlauf der
Darstellung wird dann innerhalb der Situationsschilderungen
sichtbar, welcher Teil der Streßstruktur besonders tangiert ist.

Verlaufsformen

Grundsätzlich geht man in der Streßforschung von zwei möglichen Verlaufsformen aus: Streßsituationen können kontrol-
liert oder unkontrolliert ablaufen. Da gibt es die belastende
Situation, die nur kurze Zeit dauert, die man noch anhalten,
kontrollieren kann und für die man eine Lösung findet. Sie ist
gekennzeichnet durch eine kurzfristige Unsicherheit. Oft ist
sie auch verbunden mit Angst, weil man vor einem Problem
steht, dessen Lösung zunächst nicht sichtbar ist. Kann man
das Problem als Herausforderung annehmen und daran arbeiten und reichen die bisherigen Erfahrungen für eine konstruktive Bearbeitung aus, dann stellt sich nach der Bewältigung dieser Situation ein Gefühl von Selbstvertrauen,
Zuversicht und vielleicht auch Freude ein. Es findet eine
Umwandlung der Gefühle statt. Aus Angst wird Zuversicht,
aus Unsicherheit wird Mut, aus Hilflosigkeit wird Motivation.
Das Gefühl, hilflos zu sein, wandelt sich in das Verlangen,
tatkräftig nach einer Lösung zu suchen, handlungsfähig zu
werden. Wir spüren neue Energie, die uns befähigt, unsere
Lösungsperspektiven aktiv umzusetzen.

Als Lehrerinnen und Lehrer sind uns viele Situationen
bekannt, in denen uns Gefühle wie Hilflosigkeit, Ärger, Wut,

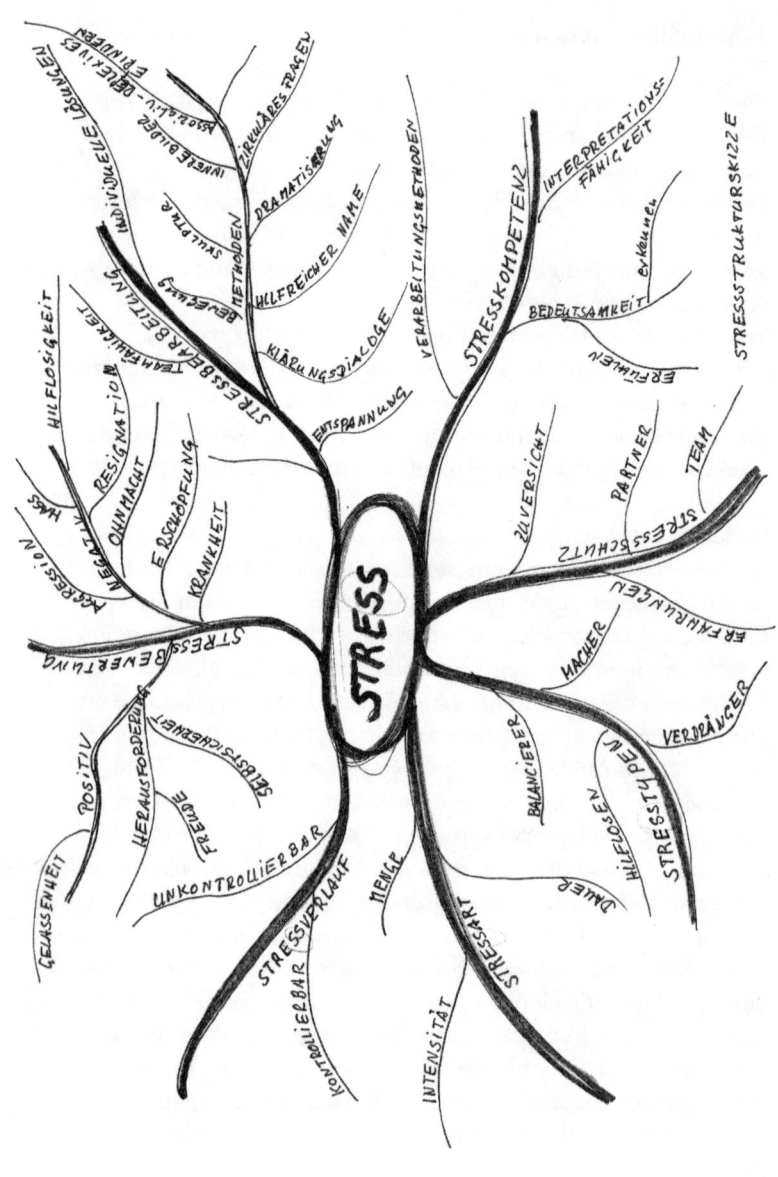

Streßlandschaft

Enttäuschung, Angst und Scham voll im Griff haben. Gerade in schwierigen Situationen ist es wichtig, handlungsfähig zu bleiben. Der Wunsch allein bringt noch nicht die Erfüllung. Das zentrale Anliegen dieses Buches ist es, Methoden und Arbeitsformen vorzustellen, mit denen es möglich ist, belastende Situationen im Schulalltag so zu bewältigen, daß am Ende Gefühle wie Zufriedenheit, Gelassenheit und vielleicht auch Freude stehen. Alle vorgestellten Methoden tragen in sich die Chance zur Umwandlung von Gefühlen, die uns in die Resignation führen können, in Gefühle, die uns tatkräftig an den Problemen der Gegenwart arbeiten lassen. Ganz anders sieht es mit unkontrollierbar ablaufenden Streßsituationen aus. Gerade solche Situationen sind Lehrerinnen und Lehrern nicht unbekannt. Plötzlich spüren wir immer deutlicher, daß wir mit den Belastungen des Alltags nicht mehr zurecht kommen. Oft ist es zunächst nur ein diffuses Gefühl. In vielen Fällen wissen wir nicht, wodurch oder durch wen diese Gefühle ausgelöst werden. Manche Lehrkräfte neigen dazu, diese Gefühle zur Seite zu schieben. Man möchte sie nicht wahrhaben, wird dann aber schnell wieder von ihnen eingeholt. Die Ereignisse eines Vormittags lassen uns auch am Nachmittag nicht los, sie begleiten uns auch bei Kino- oder Theaterbesuchen und verfolgen uns oft noch in unseren Träumen. Wir können nicht schlafen. Am nächsten Morgen fühlen wir uns zerschlagen, müde und oft wie gelähmt. Wir ahnen, daß etwas passieren muß, daß dieser Teufelskreis durchbrochen werden muß, wenn wir nicht in Resignation oder Aggression verfallen wollen. Gelingt es nicht, diese unkontrollierbare Streßsituation zu bearbeiten, dann wird aus Angst Verzweiflung, Ohnmacht und Hilflosigkeit. Unser Selbstvertrauen schwindet, uns verläßt der Mut, wir fühlen uns elend unglücklich.

In solchen Situationen ist es wichtig, einen Menschen oder ein Team zu haben, mit dem man als Betroffener an einer Lösung arbeiten kann. Ich schlage vor, sich in Zeiten, in denen man noch weitgehend handlungsfähig ist, Methoden anzueignen, die in Zeiten der Resignation erinnert und praktiziert werden können. Ich nenne dies die Aneignung eines kognitiv-emotionalen Methodennetzes.

Streßart

Bei der Auseinandersetzung mit belastenden Situationen ist eine Vergewisserung hilfreich, die danach fragt, wie lange eine Streßsituation andauert und wie intensiv sie ist. Wichtig kann auch der Umfang der Belastungen sein. In der Schule sind wir oft sehr intensiven Belastungen ausgesetzt. Das trifft besonders dann zu, wenn uns Schüler herausfordern. Wenn sie die Machtfrage stellen, sich über unsere Anweisungen lustig machen, keine Regeln beachten oder so tun, als seien wir für sie Luft. Wenn sich solche Verhaltensweisen wiederholen, dann kommt zur Intensität noch die Quantität. Gerade Wiederholungsprobleme, aus denen es keinen Ausweg zu geben scheint, können uns das Leben in der Schule zur Hölle machen. Wenn die Belastungen anwachsen und die normalen Anforderungen weit übersteigen, kann dies in eine Streßsituation führen. Je größer die Grundbelastung ist, desto geringer ist die Pufferkapazität, mit der es uns sonst gelingt, Streß abzuwehren.

Streßbewertung

Vorsicht ist bei einer Verallgemeinerung von Streßerfahrungen geboten. Die Intensität eines Streßerlebnisses hängt entscheidend von der Bewertung durch den Betroffenen ab. Eine Situation kann für die eine Lehrkraft eine Herausforderung bedeuten, die sie motiviert, nach neuen Wegen zu suchen. Dieselbe Situation kann aufgrund einer anderen Bewertung eine Lehrerin in die Resignation führen. Dies hängt sehr eng mit den bisherigen Erfahrungen zusammen und mit den dadurch aufgebauten neuronalen Strukturen unseres Gehirns. Hüther erklärt den Ablauf aus neurologischer Sicht so:

»Jede Reaktion auf einen psychischen Stressor beginnt mit einer unspezifischen Aktivierung kortikaler und limbischer Hirnstrukturen, die zur Stimulation des zentralen und peripheren Noradrenergen Systems führt.« Die Folge ist eine verstärkte Ausschüttung von Noradrenalin. Dies führt zu einer ganzen Reihe von funktionellen Veränderungen in den Nervenzellen, die direkt oder indirekt zur Stabilisierung und Bahnung von Lösungen beitragen. Innerhalb unserer Gehirntätigkeit läuft ein biochemischer Prozeß ab, der die gespeicherten Erfahrungen auf ihre Verwendbarkeit zur Lösung des neuen Problems überprüft und gegebenenfalls stabilisiert oder auch neue Bahnungen anlegt. »Wiederholt erfolgreich genutzte synaptische Verschaltungen werden auf diese Weise immer besser ausgebahnt und lassen sich immer effektiver einsetzen, um Probleme zu bewältigen.« (Hüther, 1997, S. 11)

Wenn eine Belastung auftritt, für die eine Person keine Möglichkeit einer Lösung durch eigenes Handeln sieht, an der sie mit all ihren bisher erworbenen Reaktionen und Strategien scheitert, dann kommt es zu einer sogenannten »unkontrollierbaren Streßreaktion«. Es erfolgt eine langanhaltende Aktivierung kortikaler und limbischer Strukturen verbunden mit einer anhaltenden Ausschüttung von Kortisol durch die Nebennierenrinde. Entscheidend auch für die langfristige Wirkung auf die Gesundheit der Betroffenen ist die Bewertung der Belastungssituation. Es ist bekannt, daß das limbische System die »Zentrale« unserer Emotionen ist. Ein erfolgreicher Umgang mit Streß ist deshalb nur unter Einbeziehung der Emotionen möglich.

Streßtypen

Es hat in den letzten Jahren eine ganze Reihe von Untersuchungen über Belastungen im Lehrerberuf gegeben. Dabei bedienen sich die Forscher bestimmter Klassifizierungen. Schaarschmidt (vgl. S. 21 f.) geht in seiner Untersuchung von vier Typen aus. In leichter Abwandlung seiner Begriffe spreche ich von den Ohnmächtigen (Typ B), die in seiner Untersuchung 30 % ausmachen. 13 % gehören zu denen, die die Belastungen ignorieren oder verdrängen. Ich nenne sie die Verdränger (Typ S). 40 % bemühen sich intensiv, um mit ihren Belastungen besser umgehen zu können. Sie suchen über Fortbildungsangebote eine bessere Qualifikation zu erreichen und hoffen dann auch besser auf Streßsituationen reagieren zu können. Da sie den emotionalen Bereich weitgehend aussparen, nenne ich sie die Macher (Typ A). 15 % der Teilnehmer sind in der Lage, auch mit belastenden Situationen angemessen umzugehen. Ich nenne sie die Balancierer (Typ G).

Das Ergebnis dieser Untersuchung macht deutlich, daß die Einbeziehung der Emotionen von den Betroffenen eklatant vernachlässigt worden ist.

Streßkompetenz

Was zeichnet die Menschen aus, die mit belastenden Situationen konstruktiv umgehen können? Sie sind in der Lage, komplexe Belastungen zu entwirren, zu interpretieren. Sie verfügen über Methoden und Arbeitsformen der Streßbearbeitung. Innerhalb ihres Arbeitsprozesses suchen sie nach der Bedeutung der Belastung für die Selbst- und Sozialentwicklung. Dabei bewegen sie sich auch auf der emotionalen Ebene. Ihr Interpretationsverfahren läuft nicht nur kognitiv ab, es bezieht die Gefühle der beteiligten Personen mit ein. Sie schaffen sich über ihr kognitiv-emotionales Interesse Grundlagen, mit deren Hilfe sie handlungsfähig werden und bleiben.

Streßbearbeitung

Da Streßerlebnisse eng zusammenhängen mit der Streßbewertung durch die Betroffenen, ist auch eine Bewältigung von Streßsituationen an individuelle Möglichkeiten gebunden. Es bleibt also offen, welche Lösungswege eine Person sucht und einschlägt. Dabei können Partner, Freunde und Kollegen hilfreich sein. Aktive Entspannungsmethoden können sehr nützlich sein, wenn es darum geht, zunächst einmal Grundlagen dafür zu schaffen, daß konstruktive Streßbearbeitung überhaupt stattfinden kann.

Dann kommt es aber darauf an, mit geeigneten Methoden an dem Streßphänomen zu arbeiten. Solche Methoden stehen im Mittelpunkt dieses Buches. Zu ihnen zähle ich die Arbeit mit inneren Bildern, unterschiedliche Dramatisierungsformen von Streßsituationen (Rollenspiel, Streßdrama), das Quantifizieren der Belastung, einen hilfreichen Namen finden, Klärungsdialoge, Zirkuläres Fragen und das assoziativ-reflexive Erinnern. In der Praxis kommt es oft auf eine Kombination der Methoden an.

Zusammen mit meinen Kolleginnen habe ich diese Methoden entwickelt, beziehungsweise modifiziert. Sie können als emotionales und kognitives Verarbeitungssystem genutzt werden.

Modell eines Verarbeitungssystems

Sofern wir uns gegenüber eine emotionale Achtsamkeit an den Tag legen, zeigen uns unsere Gefühle sehr deutlich, wann wir an unsere Grenzen stoßen. Es ist dann wichtig, diese Gefühle, wie auch immer sie sich anfühlen mögen, nicht zu verdrängen, sondern an ihnen zu arbeiten. Dabei sind Methoden hilfreich, die unsere Emotionen in diesen Prozeß einbeziehen. Eine nur kognitive Bearbeitung führt nicht weiter. Die nachfolgende Skizze zeigt, daß Streßsituationen in uns Gefühle auslösen. Bei längerer Nichtbeachtung kann dies psychosomatische Beschwerden verursachen. Bei Lehrerinnen und Lehrern führt ein solches Verhalten oft in die Resignation. Werden aber Formen der konstruktiven Bearbeitung gewählt, so kann eine neue Handlungsfähigkeit entstehen (vgl. Skizze S. 34).

Schutz vor Streß

Faktoren, die uns vor Streßsituationen schützen, sind vor allem die Erfahrungen, die wir im Laufe unseres Lebens mit der Bearbeitung von Streßsituationen gemacht haben. Hatten wir zum Beispiel in der frühen Kindheit Personen, die uns geholfen haben, Streßsituationen erfolgreich zu bestehen, dann hat sich in der Regel ein neuronales Netzwerk aufgebaut, das für die Lösung neuer Probleme zur Verfügung steht. Menschen, die belastende Situationen bewältigt haben, konnten ein positives Selbstbewußtsein entwickeln. Selbstsicherheit ist eine gute Voraussetzung für das Lösen neuer und unvorhergesehener Situationen. Konnten wir in der Vergangenheit Entlastung und Erleichterung erleben, dann ist es sehr wahrscheinlich, daß wir auch in Zukunft belastenden Situationen mit Vertrauen und vielleicht auch mit ein wenig Humor gegenübertreten können. Wir können im allgemeinen viel verkraften. Problematisch wird es, wenn ein Grundgefühl in seinem Inneren verletzt wird, wenn das Gefühl, gedemütigt worden zu sein, überhand nimmt, dann kann uns das in unserem tiefsten Innern erschüttern. Geraten wir in eine Streßsitua-

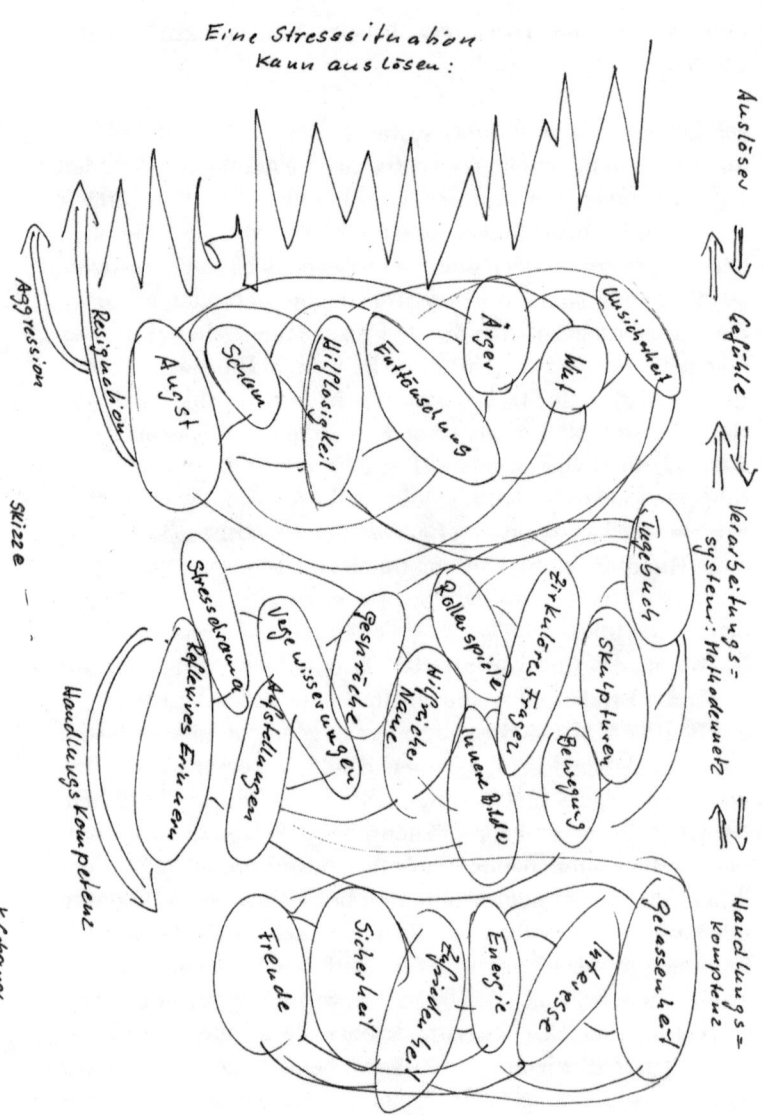

Schutz vor Streß

tion, dann werden in Sekundenbruchteilen alle gespeicherten Informationen abgesucht. Gleichzeitig wird über Nervenfortsätze, die in alle Regionen des Körpers ziehen, Alarm geschlagen. Alle Energiereserven werden mobilisiert. Wird innerhalb dieses rasanten Vorganges eine Lösung gefunden, dann kommt es zu einer kontrollierten Situation. Deutet sich keine Lösung an, müssen neue Wege beschritten werden. Dabei ist es von Bedeutung, ob wir zum Beispiel über Vorerfahrungen gelungener Streßbewältigung verfügen, ob dabei ein Team oder bestimmte Personen eine positive Rolle gespielt haben. Ob wir vor diesem Hintergrund insgesamt eine Zuversicht entwickelt haben. Gerade in Streßsituationen ist es wichtig, auf Erfahrungen zurückgreifen zu können, in denen wir erlebt haben, daß unsere Zuversicht belohnt worden ist. Zuversicht meint hier Geduld und das Vertrauen darauf, daß Veränderungen des eigenen Verhaltens auch Veränderungen im Verhalten anderer Personen herbeiführen können (Selbstwirksamkeitsannahme). Diese Erfahrungen schützen nicht prinzipiell und für alle Zeiten, sie schützen aber als Optionen. Wenn sich zum Beispiel eine Lehrerin durch das wiederkehrende und provozierende Verhalten eines Schülers gedemütigt fühlt, und wenn es ihr gelingt, diese Situation so weit über eine angemessene Methode zu bearbeiten, daß sie für sich innerlich sagen kann: »Das lasse ich nicht mit mir machen, ich bestimme hier die Spielregeln«, dann wird diese innere Annahme, sofern sie kognitiv-emotional gestützt ist, ihre Wirkung entfalten. Leider zweifeln viele Lehrerinnen und Lehrer an einer solchen von innen heraus aufgebauten Zuversicht.

▨ Emotionale Kompetenz

Mit der Integration der Emotionen in den Arbeitsprozeß wird ein wichtiger Beitrag zur psychischen und physischen Gesundheit geleistet. Voraussetzung für das Gelingen ist neben der Kompetenz in inhaltlichen und methodischen Fragen eine grundlegende emotionale Kompetenz. Sie zeichnet sich durch

die Aspekte Bedeutsamkeit, Verstehbarkeit und Handlungsfähigkeit aus:

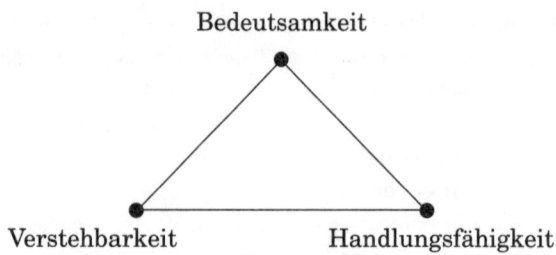

Bedeutsamkeit

Verstehbarkeit   Handlungsfähigkeit

Bedeutsamkeit meint, daß alle Verhaltensweisen eines Menschen – auch dann, wenn uns diese nicht passen – in seiner
»Selbstkonstruktion« eine Bedeutung haben. Voraussetzung
für das Erkennen dieser Zusammenhänge ist ein Wissen, das
sich Lehrerinnen und Lehrer zusätzlich zu ihrem Studium
aneignen müssen. Möglichkeiten zur Wissenserweiterung liegen vor allem in den Nachbarwissenschaften der Psychologie,
Psychoanalyse, Psychotherapie und Neurologie.

Verstehbarkeit meint, daß sich Lehrerinnen und Lehrer in der
Interpretation bestimmter Schülerverhaltensweisen üben
müssen. Sie sollten auch lernen, die emotionale Dynamik, die
in einer Klasse herrscht, zu verstehen. Eine wichtige Grundlage für die konstruktive Bearbeitung von belastenden Situationen ist eine hinreichende Interpretationskompetenz. Das
Bemühen von Lehrerinnen und Lehrern bei der Lösung von
Konflikten ist oft deswegen so erfolglos, weil eine falsche oder
unzureichende Interpretation des Gesamtgeschehens vorliegt.
Es ist wichtig, die Handlungsweisen der einzelnen Schüler, die
in Konflikte verwickelt sind, zu verstehen. Ihr Handeln hat für
ihre Selbstentwicklung eine Bedeutung. Um diese verstehen
zu können, bedarf es der sachgerechten Interpretation. Dabei
kann Teamkompetenz eine große Hilfe sein.
  Eine handlungsfähige Lehrkraft verfügt in der Regel über
ein umfassendes Verständnis der unterrichtlichen und sozialen Abläufe und auch über eine breite perspektivische Inter-

pretationskompetenz. Eine Lehrkraft hingegen, die von anhaltendem Streß geplagt wird, verfügt über diese Fähigkeiten nur noch rudimentär. Sie gehen im Alltagsgeschehen nicht nur verloren, sondern können sich auch in ihr Gegenteil verwandeln. So kann das Interesse an der Selbstentwicklung eines Kindes in Gleichgültigkeit umschlagen und sich schließlich zu Gefühlen von Ablehnung und Haß einem Schüler gegenüber entwickeln. Statt einer umfassenden Grundlagensammlung in der Form von Tagebuchnotizen begnügen sich gestreßte Lehrkräfte oft nur mit einem unrealistischen Vorurteil. Statt Offenheit für Details zu wahren, möchten sie ein Problem schnell vom Tisch haben und scheuen auch vor Ungerechtigkeiten wie ungeprüfter Schuldzuweisung in Konfliktsituationen nicht zurück.

Da im Verlauf von Streßereignissen oft die Kontrolle über die eigenen Gefühle verloren geht, können auch die Gefühle der Kinder nicht mehr angemessen wahrgenommen und bearbeitet werden. Einseitige Erklärungen für Schülerverhaltensweisen sind an der Tagesordnung. Ein Bemühen um die Muster, die hinter den Verhaltensweisen liegen, ist nicht mehr zu erkennen. Das kompetente Verhalten ist seiner Grundlagen beraubt. Nicht nur die Lehrkräfte spüren diese Inkompetenz, auch die Schülerinnen und Schüler nehmen sie wahr und schließlich auch deren Eltern. Es kommt dann der Zeitpunkt, wo die Schwächesituation einer Lehrkraft weder von ihr selbst, von Schülern noch von den Eltern ausgehalten werden kann. Schülerinnen und Schüler nutzen eine solche Situation oft für sich aus und tragen zur Demütigung der betroffenen Lehrkraft bei. Eltern melden sich verstärkt mit Kritik zu Wort und scheuen sich auch nicht, den Unterricht der betroffenen Lehrkraft aufzusuchen und sie vor den Augen der Kinder zu diffamieren. Bei der Lehrkraft kann es zu einem physisch-psychischen Zusammenbruch kommen.

Es ist wichtig, sich im Verlauf seiner Lehrertätigkeit immer wieder wichtiger Kompetenzmerkmale zu versichern. Drohen sie im Rahmen eines durch Streß bedingten Abbauprozesses verlorenzugehen, dann sollte rechtzeitig die helfende Kompetenz eines Kollegiums eine Lehrkraft stützen. Kein Lehrer und keine Lehrerin sind vor einer solchen Situation sicher. Nicht immer funktioniert unser emotional-kognitives Verarbeitungssystem hundertprozentig. Das Methodennetz, das ich im Verlauf meiner Darstellung entwickeln werde, kann ein wichtiger Schutz vor dem Absturz in unkontrollierbare Streßreaktionen sein. Diese zeichnen sich gerade dadurch aus, daß der Betroffene keine Lösung mehr sieht. Wenn hier rechtzeitig vorgebeugt wurde, zum Beispiel durch das Erlernen streßbeeinflussender Methoden, dann ist es möglich, mit diesem Instrumentarium aus einer ausweglosen Situation herauszukommen.

Handlungsfähigkeit: Bei Fortbildungsveranstaltungen sagen immer wieder Kolleginnen und Kollegen, daß sie sich angesichts permanenter Störungen durch Schüler und durch sich wiederholende Inszenierungen oder durch Gewaltsituationen hilflos und ohnmächtig fühlen. Zur Einschätzung ihrer beruflichen Belastungen benutze ich häufig die folgende Skala:

In meinem Beruf fühle ich mich besonders belastet durch:
1. verhaltensauffällige Schülerinnen und Schüler
2. unzureichende Rahmenbedingungen
3. die Atmosphäre im Kollegium
4. das Verhalten mancher Eltern
5. die bildungspolitische Entwicklung
6. andere Gründe.

In der Regel sieht das Ergebnis der Einschätzung so aus: Die hinter den Punkten 2 bis 5 stehende Realität wird auch als potentieller Streßfaktor benannt. Die Betonung liegt dabei auf dem Wort »auch«. Über 90 % der Befragten geben an, daß sie mit den Verhaltensweisen vieler Kinder nicht mehr zurechtkommen. Hier sehen sie in ihrem beruflichen Bereich den größten Streßfaktor. Diese Einschätzung wird auch durch wissenschaftliche Untersuchungen belegt. Deshalb werde ich genau hier ansetzen. Ich schätze die übrigen Streßfaktoren nicht als unerheblich ein, lege aber den Schwerpunkt auf einen erfolgreichen Umgang mit auffälligen Kindern. Beziehungsarbeit steht also im Vordergrund. Für den konstruktiven Umgang mit Streßsituationen stellen konkrete Situationen selbst ein ausgezeichnetes Lernfeld dar.

Für die Erhaltung oder Wiederherstellung der Handlungskompetenz bei Lehrerinnen oder Lehrern können Methoden aus der systemischen Psychotherapie hilfreich sein. Sie lassen sich in modifizierter Form in pädagogisches Handeln umsetzen.

Dabei geht es um
- verschiedene Möglichkeiten der Wahrnehmung und Darstellung von Gefühlen (Bewegung, Rollenspiel, Skulptur, Streßdrama)
- strukturierte Klärungsdialoge
- die optische Darstellung von dynamischen Beziehungsgefügen in einer Schulklasse
- die Arbeit mit dem pädagogischen Tagebuch
- die Bearbeitung von Streßsituationen über das Aufstellen in Skulpturen oder das Darstellen im Rollenspiel
- den Einsatz von ›inneren Bildern‹
- das Finden ›eines hilfreichen Namens‹
- Beurteilungsmöglichkeiten für den Erfolg von emotionalen und sozialen Prozessen in einer Schulklasse.

Es ist von Vorteil, wenn diese Formen in Zeiten geübt und verinnerlicht werden, in denen noch genügend Kraftreserven zur Verfügung stehen. Allerdings gehört es zum Streßprozeß, daß viele Kolleginnen und Kollegen zu lange Streßsituationen aushalten, bevor sie sich mit der Bitte um Hilfe an Kollegen oder einen Therapeuten wenden.

»Nach meiner Pensionierung konnte ich lange Zeit die Schule nicht mehr betreten.«
Als Beispiel will ich ein Erlebnis mit einer Kollegin erzählen, die ich vor fast dreißig Jahren kennengelernt habe. Aus dem Arbeitsverhältnis entwickelte sich im Verlauf der Jahre eine Freundschaft zwischen ihrer und meiner Familie. Auch als sie vor etwa dreizehn Jahren ihr Pensionsalter erreicht hatte und

aus dem Schuldienst ausschied, blieb die Freundschaft bestehen. Zwei- oder dreimal im Jahr trafen wir uns. Wir sprachen über Gott und die Welt, nur gelegentlich streiften wir schulische Themen. In diesem Jahr hatte ich, während wir beschaulich in das knisternde Kaminfeuer blickten und mich ein Gefühl von Entspannung durchzog, auf den Streß hingewiesen, der gerade in der Vorweihnachtszeit besonders spürbar wird. Meine Freundin schaute kurz vom Feuer auf, blickte mich an und sagte:»Ja, habe ich dir eigentlich erzählt, daß ich nach meiner Pensionierung lange Zeit nicht in die Schule gehen konnte? Wenn ich es versucht habe, weil ich mein Enkelkind abholen wollte, dann bekam ich einen Brechreiz. Ich mußte mich übergeben. Nach dreizehn Jahren ist es vorbei. Dabei bin ich gerne zur Schule gegangen, das weißt du. Allerdings habe ich mich im letzten Jahr mit zwei Klassenführungen übernommen. Du wirst dich nicht erinnern, du hattest mich gewarnt. Aber ich traute es mir zu, fühlte mich gut. Ich habe in der Situation damals meine Überlastung nicht wahrgenommen. Aber der Körper speichert diese Erfahrungen jenseits unserer kognitiven Wahrnehmungen. Deswegen konnte ich nicht zur Schule kommen.«

Damals hatten wir wohl die starke Belastung unserer Kollegin wahrgenommen, sahen uns aber offensichtlich nicht in der Lage, ihr angemessen zu helfen.

Entlastungen – ein Methodennetz anwenden

Heute gehe ich davon aus, daß viele Streßsituationen im Rahmen einer kollegialen Zusammenarbeit bearbeitet werden können. Die erforderlichen Arbeitsformen und Methoden können gelernt werden. Ich werde sie in diesem Buch im Zusammenhang mit konkreten Ereignissen und Situationen darstellen und zeigen, zu welchen Lösungen sie geführt haben. Die neue Handlungskompetenz zeichnet sich aus durch ein Netz von Methoden. In der aktuellen Situation wird von den handelnden Lehrkräften eine Methode als Lösungsmöglichkeit

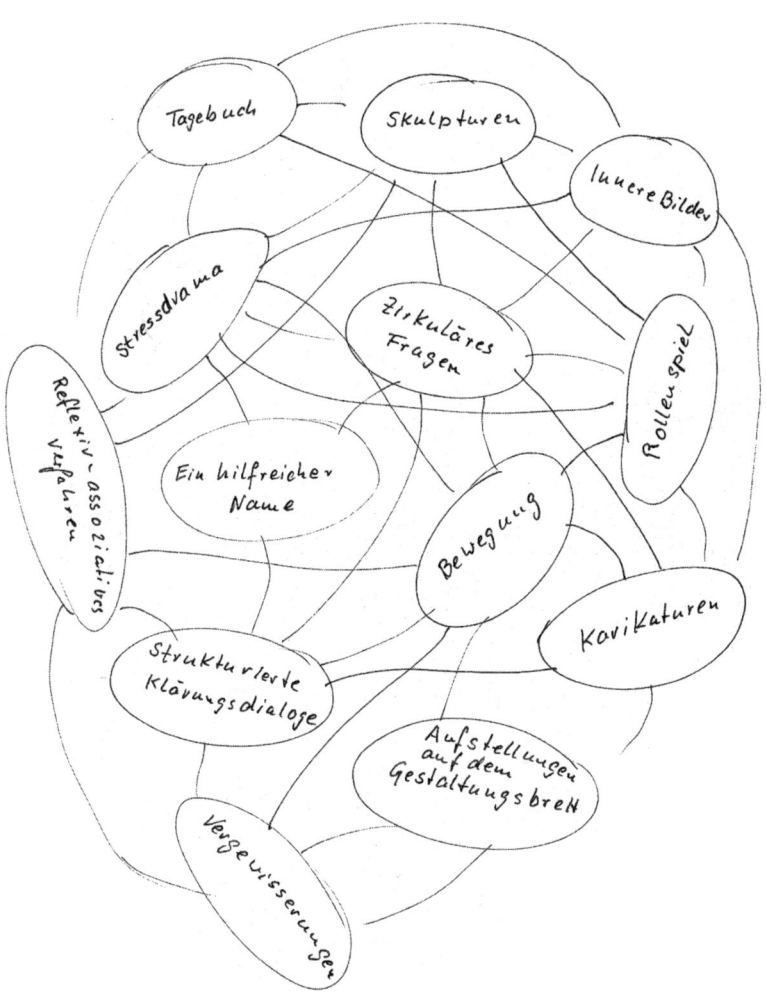

Methodennetz

ausgewählt. Für die Lösung einer komplexen Streßsituation werden oft mehrere Methoden benötigt. Kompetenter Umgang in und mit Streßsituationen bedeutet, die erfolgreichste methodische Kombination zur Lösung des Problems auszuwählen (Methodennetz, vgl. Skizze).

41

II.
Belastende Situationen – Methoden zu ihrer Bearbeitung

Die Lebenswelten heutiger Schülerinnen und Schüler können von den Lehrkräften nicht verändert werden. Die Rahmenbedingungen des schulischen Lernens werden durch politische Vorgaben entschieden. Aber die erfolgreiche Bearbeitung von Belastungen, die sich unter anderem aus neuen Aufgabenstellungen ergeben, können über methodische Verfahren und über Teamarbeit zu einer beruflichen Zufriedenheit führen.

Im folgenden stelle ich Beispiele aus der Arbeit im eigenen Kollegium oder aus meiner Tätigkeit in der Lehrerfortbildung vor.

▮ »Ich sollte aufhören, Lehrerin zu sein.«

Thema: Unkontrollierbare Streßsituation
Methodenkombination: Assoziativ-reflexives Erinnern,
Rollenspiel, Gespräch

In diesem Kapitel versuche ich, die Schlußphase einer Entfernung vom Beruf als Lehrerin zu zeichnen. Gleichzeitig zeige ich, mit welchen Methoden ein kompetentes Kollegium den Prozeß einer Entfernung stoppen und über Anregungen und Hilfen der betroffenen Lehrkraft neue Perspektiven eröffnen konnte.

Ich beschreibe zunächst die Arbeitssituation, in der die Handlungsunfähigkeit einer Kollegin für alle Teammitglieder deutlich wurde. Es werden dabei Arbeitsformen eines Kollegiums sichtbar, das seit vielen Jahren mit unterschiedlichen Methoden die eigenen Belastungen thematisiert und bearbeitet.

Ausgangssituation: Im Rahmen eines Vergewisserungsprozesses geht es um die Frage, wie sich die einzelnen Mitglieder des Kollegiums in ihrer Klasse fühlen. Pro Halbjahr steht eine solche Aufgabenstellung auf unserer Themenliste. Eine Kollegin hatte die Gesprächsrunde vorbereitet. Sie stellte ihr methodisches Vorgehen zu Beginn dar und fragte nach, ob sich alle eine solche Vorgehensweise als sinnvoll vorstellen können. Als Bearbeitungsform hatte sie die Methode der reflexiven Assoziationen gewählt. Das Wort »reflexiv« bezeichnet die gelenkte Hinwendung zu einem eingegrenzten Thema. In diesem Fall geht es um das Grundgefühl in der eigenen Klasse. Mit dem Wort Assoziationen sind in diesem Zusammenhang alle Wahrnehmungen und Empfindungen gemeint, die sich einstellen, wenn die einzelnen Teilnehmer den Anregungen der Moderatorin folgen.

Zu Beginn formuliert sie: »Versetzen Sie sich in Ihre Klasse. Sie sehen einzelne Schülerinnen und Schüler. Eventuell gibt es Kinder, die sich dabei in den Vordergrund drängen. Welche Gefühle lösen sie aus? – Versuchen Sie bitte, die Atmosphäre der Klasse wahrzunehmen. Wird eine Dynamik zwischen einzelnen Schülern sichtbar? Wie würden Sie die Dynamik zwischen Ihnen und einzelnen Schülern beschreiben? – Sie sitzen auf Ihrem Stuhl, lassen den Blick zu den Schülern gleiten. Sie sehen Kinder, die Hilfe brauchen. Sie sehen Kinder, die Sie herausfordern. – Schauen Sie bitte einmal aus dem Fenster. – Nun stehen Sie an der Tafel, Sie schreiben etwas an. Die Schülerinnen und Schüler sind nun hinter Ihnen. Löst diese Situation ein besonderes Gefühl aus? – Sie sitzen mit den Kindern im Kreis, Sie erzählen. – Eine Unterrichtsstunde geht zu Ende, Sie verlassen zusammen mit den Schülern den Klassenraum. Lassen Sie bitte die verschiedenen Eindrücke auf sich wirken. Versuchen Sie Ihr Grundgefühl zu erfassen und zu benennen. ›Ich fühle mich …‹. Oder: ›Mir geht es …‹.«

Kurzberichte einzelner Teilnehmer: In der folgenden Phase haben alle Mitglieder der Runde die Möglichkeit, ihr Gefühl mitzuteilen. Im Rahmen dieser Berichte oder unmittelbar im Anschluß daran kann jeder den Wunsch äußern, seine Situation genauer zu betrachten. Ich will dies an einem Beispiel deutlich machen.

So geht es mir, und ich möchte daran arbeiten: Die Kollegin Bauer berichtet zunächst sachlich über die Zusammensetzung ihrer Klasse und über grundsätzliche Lernprobleme einzelner Kinder. Sie verfällt ins Reflektieren, meint, sie habe eventuell nicht alle Inhalte in der gebotenen Genauigkeit mit den Kindern bearbeitet, so daß darin möglicherweise auch Ursachen für die Probleme einzelner Kinder liegen könnten. Auch emotional sei es nicht leicht in der Klasse. Es seien vor allem vier Jungen, die ihr zu schaffen machten. Sie unterbricht ihren Bericht, schweigt, wirkt sehr nachdenklich und formuliert dann: »Mein Grundgefühl sagt mir, ich sollte aufhören, Lehrerin zu sein. Ich habe schon öfters in dieser Runde über Schüler gesprochen, die mir die Arbeit nicht leicht machen. Ich habe auch Hilfe von einigen Kolleginnen und Kollegen bekommen. Dadurch habe ich meine Sicherheit ein Stück zurückgewonnen. Aber die Probleme tauchen immer wieder auf. Und es wird immer schlimmer.«

Die Moderatorin fragt nach, ob die eben geschilderte Situation zum Ausgangspunkt eines gemeinsamen Lernprozesses gemacht werden soll. Nachdem alle Beteiligten zugestimmt haben, bittet die Moderatorin unsere Kollegin, ihre Wünsche an die Gruppe zu formulieren.

Ich wünsche mir von der Gruppe: »Ich wünsche mir Sicherheit auf der Sachebene und auf der emotionalen Ebene. Ich wünsche mir auch Sicherheit im Auftreten gegenüber den Eltern. Was ich mir nicht wünsche: Ich wünsche mir keine Ratschläge von euch. Ich möchte lieber mit euch gemeinsam gucken, wie ich wieder Sicherheit gewinnen kann.«

Interpretation: Zunächst schien es, als sei die Kollegin in ihren Gedanken und Gefühlen gefangen. Sie wirkte sehr auf sich selbst bezogen, kreiste um ihr Problem und schien keinen anderen Ausweg als den der Flucht aus dem Beruf zu sehen: »... ich sollte aufhören, Lehrerin zu sein.« Die Bitte, ihre Erwartungen an die Gruppe zu formulieren, weckt in ihr neue Energie. Obwohl sie die Erfahrung gemacht hat, daß die Hilfe von Kolleginnen und Kollegen sie nur teilweise weiterbrachte, hat sie noch so viel Hoffnung, daß sie Wünsche an die Gruppe formuliert. Ihre Energie reicht auch, differenziert auf die ihr wichtigen Arbeitsebenen zu verweisen und mitzuteilen, was sie nicht möchte.

Die Moderatorin bittet die Kollegin, bevor die Gruppe an die Arbeit gehe, doch selbst noch den Versuch zu machen, die eigene Situation erzählend zu analysieren.

Bereitwillig erzählt Frau Bauer, wie sie von einzelnen Schülern regelrecht fertig gemacht werde. Es herrsche teilweise ein großes Chaos in der Klasse. Die Kinder machten kaum Lernfortschritte. Am meisten aber belaste sie, daß sie als Person nicht ernst genommen werde. »Ich möchte ernst genommen werden, das ist mein Ziel, und ich muß mich selbst ernst nehmen. Beides gehört zusammen. Aber ich kann mich nicht mehr ernst nehmen, wenn zum Beispiel ein Vater in die Klasse kommt und mich vor den Schülerinnen und Schülern durch Beschimpfungen demütigt. Es gibt Eltern, die rufen bei mir an und beschweren sich über meine Unfähigkeit. Sie haben ja recht, nur ihre Form ist sehr beleidigend. Und manche Hilfe von euch empfinde ich auch als kränkend. Zum Beispiel kommt der vielleicht gut gemeinte Rat der Kollegin Rabe, ich sollte doch mit den Kindern stärker soziale Themen bearbeiten, bei mir so an, als habe ich auf diesem Gebiet versagt.«

Nun steigt Kollegin Rabe in die Auseinandersetzung ein. Sie bestreitet, daß sie mit ihrem Rat eine Kritik verbunden habe. Sofort greift die Moderatorin ein, rettet die Gesamtsituation vor dem Abgleiten in eine Debatte auf der kognitiven Ebene. Ihre Aufgabenstellung: »Wie kommt unsere Kollegin an die Stelle, die sie so total unsicher macht? Diesen Punkt gilt es zu finden, daran ist zu arbeiten. Alle sind aufgerufen, ihren Beitrag dazu zu leisten.«

Assoziationsrunde: Einzelne Kolleginnen reflektieren die geschilderte Situation und teilen ihre Assoziationen dazu mit:

–»Ich kenne solche Situationen, habe es bisher geschafft, da herauszukommen. Es ist ein andauernder Prozeß.« »Gut, daß du keine Ratschläge willst.«

–»Ich habe ein Bild vor Augen. Ich sehe dich durchs Moor gehen. Du kannst jeden Augenblick einbrechen. Wege durchs Moor bauen, darauf käme es an. Aber wie baut man Wege durchs Moor? Ich will nichts schön reden. Ich empfinde eine ungeheure Schwere.« »Ich bin von der Mitteilung deines Grundgefühls sehr überrascht, weil ich dich als Fachlehrerin in meiner Klasse als sehr tatkräftig erlebe.«

–»Ich fühle mich leer und bewegungslos. Dein Bericht hat mich runter gezogen.«

–»Ich habe keine Idee für eine Lösung.« »Deine Schilderung hat mich sehr bewegt, vor allem, daß du offensichtlich für die Probleme die Schuld bei dir suchst.« – »Ich will selbst noch etwas sagen. Mich haben meine Reflexionen und mein Sprechen darüber tiefer reingezogen als ich gedacht habe. Das hat mich überrascht. Ich wollte die Schwere überspringen, das war ganz deutlich, aber dann habe ich mich doch dafür entschieden, bei der Schwere zu bleiben. Es ist einfach ungeheuerlich, wenn mir ein Schüler einfach das Heft aus der Hand nimmt.«

Vertiefung des Erlebens und Verstehens: Die Moderatorin greift an dieser Stelle ein, sie unterbricht den Assoziationsprozeß und bittet die Kollegin Bauer, genauer zu schildern, was das heißt, ein Schüler würde ihr das Heft aus der Hand nehmen. Die Kollegin nutzt die Chance zu einer erzählend vertiefenden Reflexion.

»Wenn ich mit dem Unterricht beginne, ruft er etwas in die Klasse. Dann lachen einige Schülerinnen und Schüler. Wenn das passiert, verliere ich meine Spur. Er bringt mich ab von dem, was ich will. Es entsteht in der Klasse ein Unruheknäuel. Ich habe keine Möglichkeit, das zu entwirren und mir Aufmerksamkeit zu verschaffen. Es kommt zum Machtkampf zwischen ihm und mir. Und ich ziehe den Kürzeren. Im Sachunterricht will ich einiges zum Thema Wüste erarbeiten, mein Herausforderer möchte aber sein Brötchen essen. Das sagt er gut hörbar für alle, und er führt das auch aus. Und jetzt, wo ich euch das erzähle, merke ich, wie ich wieder unsicher werde. Ich kriege es auch hier nicht auf den Punkt, was eigentlich mit mir los ist. Nur ihr verhaltet euch anders als die Kinder. Ich erlebe mich auch jetzt als jemand, der sehr unklar ist.

So geht es mir auch oft in der Klasse, und dann geht das Theater los. Sie haben mich voll im Griff. Warum kann sich ein Schüler bei mir erlauben, während meines Unterrichts zu essen? Was gebe ich für ein Signal, daß er sich das erlaubt und auch nicht aufhört, wenn ich ihn dazu auffordere, und dann auch noch einige Mitschüler auf seiner Seite hat? – Eigentlich dürfte es da doch kein Problem geben!? – Ich fühle mich hilflos. Das ist schwer auszuhalten.«

Eine Kollegin fragt nach, ob sie dieses Gefühl auch schon früher in anderen Klassen gehabt habe. Frau Bauer verneint, wirkt unsicher, fühlt sich abgelenkt, weiß nicht, wie es nun weitergehen soll.

Interpretation: Im erzählenden Reflektieren bei einer zugewandten Gruppe mit einer erfahrenen und verantwortungsbewußten Moderatorin ereignen sich wichtige Erlebnis- und Erkenntnisprozesse. Es bleibt nicht bei der reinen Mitteilung eines Geschehens, und es bleibt auch nicht bei einer rein sachlichen Rezeption durch die Teilnehmer. Gefühle sind im Spiel und bestimmen den Ablauf. Die Problemstellerin entdeckt während des Erzählens kritische Stellen (Ich werde unsicher ... ihr verhaltet euch anders ... was ist eigentlich mit mir los? ...) und kann sie benennen. Erleben, Reflektieren und die Suche nach Perspektiven sind im Erfahrungsprozeß miteinander verknüpft. Manche Fragen können einseitig auf die kognitive Ebene führen. Die Frage, ob Frau Bauer solche Situationen schon einmal in einer anderen Klasse erlebt habe, kann einerseits der Beginn einer wichtigen Suchbewegung sein, andererseits kann sie aber, wenn sie im Gesamtprozeß an einer Stelle gestellt wird, an der sich eine Tür zu einem tieferen Verstehen zu öffnen scheint, diese Tür sofort wieder zuschlagen. Viele Lehrerinnen und Lehrer neigen dazu, schnell wieder von emotionalen Pfaden auf die ausgebauten und scheinbar sicheren Wege des überwiegend kognitiven Vorgehens zurückzukehren. Dies war im Rahmen der Gesamtsituation eine solche Stelle. Zum Glück wird es von der Moderatorin erkannt. Sie lenkt das weitere Verfahren auf eine emotionale Vertiefung durch ein Rollenspiel.

Rollenspiel als Methode der Vertiefung: Einige Kolleginnen übernehmen Rollen von Kindern, die der Kollegin Bauer besonders zu schaffen machen. Eine Kollegin übernimmt die Rolle von Frau Bauer. Im Rollenspiel entwickelt sich eine muntere Atmosphäre. Die Darstellerinnen der Schüler haben offensichtlich großen Spaß. Sie werden von der Lehrerin ruhig und sachlich auf die geltenden »Spielregeln« hingewiesen.

Die entscheidenden Sätze, die in dem umfangreichen Spielgeschehen fallen, lauten:

1. Schüler: »Ich will, daß es auch mal lustig zugeht. Frau Bauer ist immer so ernst. Das macht doch keinen Spaß.«

2. Schüler: »Wenn ich einen Witz mache, dann weiß ich, daß die anderen lachen. Das ist ein gutes Gefühl, und in der Klasse ist eine tolle Stimmung.«

Lehrerin: »Ich finde das auch witzig, was ihr macht, aber nun müßt ihr auch wieder die Regeln beachten, damit alle gut lernen können.«

Mitteilung von Gefühlen: Nach dem Spiel werden die Spieler, die Zuschauer und auch die Problemstellerin nach ihrem Gefühl gefragt: Die Kolleginnen, die in die Rolle der Schüler geschlüpft waren, berichten, daß es ihnen großen Spaß gemacht habe. Mitleid mit ihrer Lehrerin hätten sie nicht gehabt. Warum soll man denn nicht einmal Spaß haben, das sei ihr überwiegendes Gefühl gewesen. Ein schlechtes Gewissen hätten sie auch nicht gehabt. Die Kollegin, die Frau Bauers Rolle gespielt hat, teilt mit, daß ihr das Schülerverhalten zwar nicht gepaßt habe, aber eine Verunsicherung habe sie nicht gespürt. Sie sei sich ganz sicher, daß ihr Hinweis auf die Regeln in Zukunft beachtet würde. Ein Zuschauer berichtet, das Spiel habe ihm fast das Herz zugeschnürt, ihn habe eine tiefe Traurigkeit befallen, sein Herz habe stark geklopft, und er habe das Gefühl gehabt: Da will ich raus.

Hat sich eine Tür zu einer neuen Erkenntnis geöffnet? Ist eine Perspektive zu erkennen?

Die Moderatorin bittet nun die Problemstellerin, der Gruppe mitzuteilen, was sie an dem Spiel angerührt habe. Es sei die tiefe Traurigkeit, erklärt sie, die auch der Kollege gespürt habe. Herzklopfen, Angst und der Gedanke an Flucht, das mache ihre Grundstimmung aus, und dies sei ihr im Spiel noch einmal sehr nahe gerückt. Aber stärker noch als dies, und darüber sei sie sehr erstaunt, habe sie die Leichtigkeit, in der die Kolleginnen in ihren Rollen agierten, berührt. Die Identifizierung der Kolleginnen mit den Kindern, das habe ihr die Schwere genommen. »Vielleicht liegt hier eine Lösung für mich: Was können mir die Kinder an Leichtigkeit geben? Was kann ich an Leichtigkeit einbringen?«

Schlußrunde: Wünsche für die Kollegin: Die Moderatorin bittet diejenigen, die das möchten, für ihre Kollegin einen Wunsch auszusprechen. Ich teile nur einige Beispiele mit:

»Ich wünsche dir, daß du die Dynamik von Schwere und Leichtigkeit wahrnimmst.«

»Ich wünsche dir, daß du deine Schwere ernst nimmst.«
»Ich wünsche dir, daß du in der Schwere die Leichtigkeit erkennst.«
Damit sind Perspektiven eröffnet.

Erklärung aus der Perspektive eines Hirnforschers

Es mußten noch viele Erfahrungen des Scheiterns gemacht werden, bis es schließlich Frau Bauer gelang, ihr Verhalten von innen heraus neu zu gestalten. Verhaltensänderungen, die zu einem erfolgreichen pädagogischen Handeln führen, sind erst dann möglich, wenn unser Gehirn neben den bisher mit festen Verschaltungen angelegten Netzen neue Netzverbindungen soweit etabliert hat, daß sie zunächst als kleine Alternative zu bisherigen Verhaltensweisen zur Verfügung stehen und schließlich zu einer echten und sicheren veränderten Verhaltensweise führen, so daß man von einer neuen Vernetzung sprechen kann, die künftig stärker das Verhalten bestimmt als die bisherigen Erfahrungen. Dieses Wissen und seine Beachtung bei möglichen Verstrickungen mit Verhaltensweisen von Schülern ist außerordentlich wichtig für den Gesamterfolg bei der Bearbeitung von Streßsituationen. Oft denken und fühlen die beteiligten Personen, alle Bemühungen hätten keinen Sinn, weil sich die bekannten Verhaltensweisen nicht ändern. Oft lassen die Veränderungsbemühungen nach, und es tritt Resignation ein, die in Desinteresse oder Aggression umschlagen kann. Die Folgen sind bekannt. Es lohnt sich, solche Prozesse über einen längeren Zeitraum zu verfolgen und auch dann nicht wegzusehen, wenn es scheinbar keine Fortschritte gibt. Vor allem aber kommt es darauf an, Hintergründe, zum Beispiel über die biochemischen Abläufe, zu kennen, die in ausweglos erscheinenden Streßsituationen wirksam sind.

Oft sind Kolleginnen und Kollegen betroffen, die im außerschulischen Bereich, zum Beispiel in ihrer politischen Arbeit oder in ehrenamtlichen Tätigkeiten, anerkannt und erfolgreich sind. Hier finden sie Akzeptanz, die ihnen in der Schule von einigen Kindern verweigert wird. Offensichtlich werden sie an einer verwundbaren Stelle getroffen. Oft wollen oder dürfen sie nicht wahrhaben, daß die in ihren Augen noch so kleinen Kinder ihnen das antun können. Sie fühlen sich in einer ausweglosen Situation, vor allem, weil sie sich die Zusammenhänge nicht erklären können. In ihrem Gehirn geht dann alles durcheinander. Der Göttinger Hirnforscher Hüther beschreibt diesen Vorgang so:

»Verschaltungen (in unserem Gehirn), die sonst nie von dem berührt werden, was wir im gewöhnlichen Leben machen und denken, werden auf einmal in Erregung versetzt. Sie sondern Substanzen ab, die mit dem vorbeiströmenden Blut in eine Drüse an der Unterseite des Gehirns transportiert werden. Diese Substanzen bewirken, daß von den Zellen dieser Hirnanhangdrüse ein Hormon ausgeschüttet wird. Das gelangt mit dem vorbeifließenden Blut zu den Nebennieren, und die schütten nun große Mengen eines weiteren Streßhormons aus, das Kortisol heißt und eine viel tiefgreifendere und weiterreichende Wirkung hat als das Adrenalin. Aus anfänglicher Angst wird Verzweiflung, Ohnmacht und Hilflosigkeit. Die im Körper ablaufende Streßreaktion ist nicht mehr anzuhalten, sie ist unkontrollierbar geworden. Vergeblich suchen wir noch immer nach einer Lösung oder hoffen, daß ein Wunder geschieht ... Wir sind von Selbstzweifel geplagt und merken, wie die andauernde Belastung unsere Energiereserven aufzehrt, fühlen uns müde, kraft- und mutlos. Erschöpft fallen wir abends ins Bett, um am nächsten Morgen mit dem gleichen unguten Gefühl aufzuwachen ... und wir ahnen, daß wir verloren sind, wenn wir keinen Ausweg finden.« (Hüther, 1997, S. 36 f.)

Ganz anders ist eine Streßsituation zu bewerten, die sich als kontrollierbar erweist (vgl. Im ICE nach Berlin, S. 11 ff.). Aus Unruhe, Unsicherheit und Angst wird eine Herausforderung. Wenn wir die Situation geschafft haben, sind wir stolz und zufrieden, froh und ein bißchen glücklich.

Auch der Hirnforscher stellt sich die Frage, wie es zu unkontrollierbaren Streßsituationen kommt. Und zu meinem großen Erstaunen gibt er eine Antwort, die vielen von uns aus der Psychoanalyse bekannt ist. »Besonders einschneidende Erlebnisse mit anderen Menschen werden über lange Zeit gespeichert, deshalb kann auch die Erinnerung an eine erlebte Erniedrigung ... zu einer fortgesetzten oder bei geringfügigen

Anlässen immer wieder aufflammenden unkontrollierbaren Belastung führen« (Hüther, 1997, S. 41). Oft sind es banale Ereignisse, die einen Lehrer oder eine Lehrerin in eine unkontrollierbare Streßsituation bringen. Es ist dann so, als ob alle Erfahrungen nicht mehr helfen könnten, aus der Situation herauszukommen. Als weitere häufige Ursache für unkontrollierbaren Streß wird die Unerreichbarkeit von vorgestellten Zielen und die Nichtakzeptanz als Person angenommen. Nicht unerwähnt bleiben soll die Fähigkeit vieler Menschen, ihre Ängste zu verleugnen und sich einzubilden, sie hätten alles im Griff. So ist es zu erklären, daß Lehrerinnen und Lehrer oft schon einen sehr langen Leidensweg hinter sich haben, bevor sie sich Kollegen oder einem Therapeuten offenbaren und beginnen, über ihre Hilflosigkeit und Ohnmacht in ihrem Beruf zu sprechen.

Wie geht es weiter, wenn es nicht mehr weiter zu gehen scheint, wenn alle bisher bewährten Strategien des Denkens, Fühlens und Handelns sich als ungeeignet oder undurchführbar erweisen?

Den meisten von uns sind solche Belastungen zu unterschiedlichen Zeiten unseres Berufslebens nicht fremd. Es gibt keine Vorwarnsysteme, die uns auf das Herannahen unkontrollierbarer Belastungssituationen aufmerksam machen können. Wichtig ist zunächst und vor allem, daß wir dann, wenn wir in eine ausweglos erscheinende Situation geraten, die Angst, die wir dabei empfinden, zum Beispiel »Ich kann nicht mehr Lehrerin sein«, auch als Chance ansehen, eine Lösung zu finden. Der Hirnforscher Hüther erklärt dazu, daß am Anfang einer Streßsituation sich in unserem Gehirn ein Leitsystem einschaltet, das alle wichtigen Nervenzellen wachrüttelt. Unser Gehirn sucht bereits nach Lösungen, wo unser Bewußtsein noch weit davon entfernt ist. Aber dann könnten wir auf die wachrüttelnden Prozesse unserer neurologischen Transmitter aufspringen.

Hier können die vielen in der Kommunikationstheorie und der Psycho- und Systemtherapie ausgebildeten Methoden hilfreich sein. Denn die Botenstoffe, die Transmitter, die nun über vielfältige Verschaltungen unsere Gehirnzellen aktivieren, tasten nach neuen Wegen und Möglichkeiten, da ja alle bisherigen Bemühungen immer wieder in die Sackgasse geführt haben. Haben wir in unserem bisherigen Erfahrungsschatz Methoden gespeichert, mit denen wir schon andere Streßsituationen erfolgreich bestanden haben, so stehen diese Erfahrungen jetzt zur Verfügung. Sie können nun abgerufen und darauf überprüft werden, ob sie für die Lösung des Problems nutzbar gemacht werden können. Vor diesem Hintergrund erscheint es als sinnvoll, sich unterschiedliche Methoden anzueignen, die dann als Netzwerk für die Lösung neuer Belastungen zur Verfügung stehen. Nicht nur Flucht oder Angriff sind im Rahmen unserer Erörterung von Bedeutung, sondern auch andere Formen der aktiven Bewältigung von unkontrollierbaren Streßsituationen.

Abschließend möchte ich noch mitteilen, welche Entwicklung Frau Bauer genommen hat. In der folgenden Zeit haben wir in einem Team von drei Personen an verschiedenen belastenden Situationen mit Frau Bauer gearbeitet. Dabei kamen die unterschiedlichen Methoden, die in diesem Buch beschrieben werden, zur Anwendung. Etwa ein halbes Jahr, nachdem Frau Bauer für sich und uns alle unüberhörbar formuliert hatte: »Ich sollte aufhören, Lehrerin zu sein«, teilte sie uns zu Beginn einer Teamsitzung mit:

»Ich möchte euch allen sagen, daß es mir gut geht. Ich habe wieder Kraft, die Situationen verschwimmen nicht. Meine Kreativität ist zurückgekehrt. Ich habe wieder Freude an meiner Arbeit. Daß ich wieder so Schule machen kann, das hätte ich nicht gedacht. Ich sehe und erlebe viele Situationen anders als vorher. Ich kann den Kindern den Spaß lassen und gleichzeitig solche Strukturen vorgeben, daß Lernen in einer angemessenen Atmosphäre möglich ist. Ich habe in mir durch die intensive Arbeit ein sehr tiefsitzendes Muster entdeckt: ›Spaß darf es nicht machen, wenn man arbeitet.‹ Ich habe eine Leichtigkeit gewonnen, die ich so noch nicht kannte. Dafür danke ich euch. Ich hoffe, daß ich mir diese Fähigkeit erhalte. Ich muß aufpassen, daß ich nicht wieder abrutsche. Ich weiß, was ich alles kann. Ich habe es mir in den schwierigen Situationen oft aufgezählt. Mein Versagen in bestimmten Situationen hat mich an den Rand meiner Tätigkeit als Lehrerin gebracht. Heute kann ich meine Gefühle und ihre Bedeutung schneller erkennen und einordnen. Ich muß nicht mehr so oft sauer sein und kann mich mit den Kindern freuen. Die Atmosphäre in der Klasse hat sich auch wesentlich verändert. Ich kann die Schüler besser akzeptieren, so wie sie sind. Ich kann mich besser akzeptieren. Natürlich schwingt immer noch Angst mit, daß es wieder umkippen könnte. Aber ich weiß, daß ich von euch Hilfe und Unterstützung bekäme. Das gibt mir eine gewisse Sicherheit und Hoffnung.«

»Ich will keine Marionette sein.«

Methode: Streßdrama

Im Rahmen einer Fortbildung, in der es um Streßsituationen ging, schilderte eine Kollegin folgende Situation:
»Ich habe einen Schüler, der verhält sich völlig außerhalb meiner Vorstellungen. Einmal ist er Mitschülern und auch mir gegenüber außerordentlich aggressiv, dann sucht er meine Nähe und ist sehr anhänglich. Diese Situation kann im nächsten Augenblick umspringen. Er rennt dann weg, ist von mir nicht mehr zu erreichen. Ich weiß nicht, was passieren wird. Ich bin in solchen Situationen sehr angespannt, weiß nicht, wie ich angemessen reagieren kann. Der Junge verändert die gesamte Atmosphäre in der Klasse. Er hat auch gute Seiten. Aber oft könnte ich ihn auch abmurksen. Dann denke ich: ›Ich will dich nicht mehr sehen. Mach doch, was du willst.‹«

An dieser Stelle des Berichts kann die Kollegin nicht mehr weitererzählen. Sie weint. Kaum sind die ersten Tränen geflossen, meldet sich eine Teilnehmerin zu Wort. Diese Situation sei ihr nicht fremd. Eine andere Kollegin schaltet sich mit dem Satz ein, das habe doch jeder schon einmal erlebt.

Kurzinterpretation: Es ist offensichtlich, daß eine Lehrerin im Verlauf der Darstellung einer sie stark belastenden Situation an jenem Punkt angekommen ist, an dem ihre Ohnmacht und Hilflosigkeit für alle offensichtlich ist. Gleichzeitig wird sichtbar, daß einige Teilnehmerinnen diese Situation nicht oder nur schwer aushalten können. Sie müssen sofort an ihre Situation erinnern oder verallgemeinernd feststellen, daß so etwas doch alle schon einmal erlebt hätten. Ich unterbreche ihre Redebeiträge und bitte um Verständnis für mein Eingreifen. Würde ich diesem Weg der schnellen Verallgemeinerung folgen, so würde ich der Kollegin die Chance zur Verarbeitung ihrer Ohnmachtssituation nehmen. Hier wird eine Falle gegenseitiger Beratung und Hilfe in vielen Kollegien erkennbar. Es fällt vielen Lehrerinnen und Lehrern schwer, die Gefühle anderer zu respektieren und auch auszuhalten. Dieses Verhalten hat natürlich sehr viel mit der eigenen Hilflosigkeit und Ohnmacht in solchen Situationen zu tun. Man darf sie sich nicht zugestehen, man sucht sie aus der Welt zu schaffen, indem man verallgemeinernd darüber redet. Schnell ist dann die Einmaligkeit der Situation gelöscht. Nachdem Stille eingetreten ist, bringt die Kollegin unter Schluchzen hervor: »Ihr seht, wie es an mir nagt.«

Ich weise nun darauf hin, welche Stärke der Kollegin sich in diesem Satz ausdrückt. Alle sind wir Zeugen ihrer Ohnmacht. Und nun haben wir die Möglichkeit, ihr zu helfen, diese Ohnmachtssituation über eine Methode zu bearbeiten. Ich schlage ein Streßdrama vor (vgl. S. 207 ff.).

Dramatisierung: Ich bitte zwei Personen auf die Bühne. Eine soll die Rolle der Lehrerin, die andere die Rolle des Schülers übernehmen. Niemand ist bereit zu spielen. Auch hier gilt es, die Stille auszuhalten und die scheinbare Blockade. Nichts scheint zu gehen. »Vielleicht müssen Sie die Rolle selbst spielen«, sage ich der Problemstellerin. Sie ist nach kurzem Überlegen dazu bereit. Dies ist ein deutliches Zeichen für ihr intensives Erleben und für ihren Wunsch, solche Situationen künftig besser bearbeiten zu können. Ich schlage für die Darstellung zwei Sätze vor: »Ich könnte dich abmurksen« und »Du hast auch gute Seiten«. Eine Teilnehmerin, die die Rolle des Jungen übernimmt, soll nicht sprechen, soll die Sätze auf sich wirken lassen und nur körperlich agieren. Im ersten Spielversuch wendet sich die Darstellerin des Jungen zunächst deutlich von der Lehrerin ab. Im Verlauf der Satzformulierungen ist sie aber nach kurzer Zeit schon bereit, sich der Lehrerin zuzuwenden. Sie wundert sich über diesen Umschwung, erklärt ihn damit, daß sie die zugewandte Stimme der Lehrerin stärker gespürt habe. So habe sie die Nähe gesucht und gefunden. Hier protestieren andere Teilnehmer. Dies sei viel zu schnell gegangen. Im übrigen würde sich der Junge nie so verhalten. Ein Teilnehmer besteht nun darauf, die Rolle des Jungen zu spielen. Er sucht sich auch eine Teilnehmerin aus, die die Rolle der Lehrerin spielen soll.

Dramatisierung: Die Lehrerin hat kaum die beiden Sätze gesprochen, da fällt der Junge bereits über einen Mitschüler her. Er greift einen Teilnehmer, zerrt ihn in die Mitte der Bühne, schlägt auf ihn ein. Die Lehrerin kann ihn zunächst weder durch ihre Worte noch durch körperliches Eingreifen von seinem aggressiven Verhalten abbringen. Schließlich ruft sie nur noch seinen Namen. Da läßt der Junge von seinem Opfer ab, fällt der Lehrerin in die Arme und verharrt so eine ganze Weile.

Es schließt sich eine gemeinsame Interpretation an. Die Lehrerin betont, wie absolut hilflos sie sich gefühlt habe. Er habe wohl zugeschlagen, sagt der Kollege in der Rolle des Schülers, es habe auch Spaß gemacht, aber gesehnt habe er sich nach Anerkennung und Annahme durch die Lehrerin. Insofern habe er seine Aggressionen zugunsten einer zärtlichen Annahme durch die Lehrerin in der Situation fallengelassen. Aber eine Lösung sehe er darin auch nicht. An dieser Stelle sagt die Problemstellerin spontan: »Ich fühle mich wie eine Marionette. Der macht mit mir Spielchen.«

Ich schlage einen dritten Versuch vor, bei dem sie mit diesem Erkenntnisstand in die eigene Rolle schlüpfen solle. Ich stelle zwei Sätze zur Auswahl: »Ich will keine Marionette sein« oder »Ich bestimme das Spiel«. Sie lehnt ganz deutlich ab. Das könne sie sich nicht vorstellen. Sie könnte einen solchen Satz, der so autoritär klinge, auch nicht im Spiel sprechen. Nun wenden andere Teilnehmer ein, im übrigen würden sie auch darin keine Lösung sehen. Selbst wenn es gelänge, den Jungen zeitweise an die Lehrerin zu binden, so gebe es für eine tragfähige Bindung keine Anhaltspunkte. Im übrigen hätten wir die Situation viel zu stark vereinfacht. In der Realität seien noch 23 weitere Kinder anwesend, die auch noch in die Aktionen eingriffen.

Abschluß: Ich erkenne den Widerstand an, nehme meine Anregung zu einem weiteren Spielversuch zurück. Es zeigt sich, daß das Vertrauen in das positive Wirken der eigenen emotionalen Stabilität noch sehr gering ist. In der Argumentation schlagen die bisherigen Erfahrungen durch, die im Sinne eines Teufelskreises immer wieder in eine Ohnmachtssituation geführt haben. Die Problemstellerin kann ihre Situation nicht nur kognitiv genau beschreiben, sie läßt auch ihr inneres Erleben sichtbar werden. Sie kann dieses auch in einem Satz formulieren und ist stark genug, die eigene Rolle zu spielen. Sie drückt in einem Bild aus, daß sie keine Marionette sein möchte. Ihre Situation ist für sie und die Teilnehmer glasklar. Und doch kann die Schwelle zu einem neuen Handlungsansatz noch nicht genommen werden – auch nicht im Spiel. Den Satz: »Ich will keine Marionette sein«, kann sie noch nicht sprechen. Sie ist auch nicht bereit, diesen vorgeschlagenen Satz in einem neuen Spiel zu erproben. Auch die übrigen Teilnehmer wollen das nicht. Vorsichtig möchte ich hier von einer Blockade sprechen, die sich angesichts einer potentiellen Lösung auftut. Noch können die Problemstellerin und die Teilnehmer des Workshops nicht verinnerlichen, daß eine andere innere Haltung zu anderen Verhaltensweisen des Schülers führen kann. Die ungeheure Belastung aus den bisherigen Erfahrungen ermöglicht es noch nicht, das Problem als Herausforderung anzunehmen. Noch überwiegt die verinnerlichte Vorstellung vom Nichtgelingen. Die Belastung ist so übermächtig, daß es auch im Spiel nicht möglich ist, einen anderen Ansatz zu erproben.

Es ist für den Regisseur von Steßdramatisierungen wichtig, solche Blockadestellen im Verlauf der Auseinandersetzung mit belastenden Situationen ernst zu nehmen. Ein vorschnelles

Auffordern, mit dem neuen Satz einen Spielversuch zu machen, würde nicht in die Tiefe führen, sondern bestenfalls an der Oberfläche bleiben. Hoffnung kann man als Regisseur in die prinzipielle Offenheit solcher initiierter Prozesse setzen. Sie läßt eine emotionale, kognitive und handlungsorientierte Weiterarbeit zu. Aufgezwungene Spielversuche unterstützen eher die Abwehr.

■ »Ich weiß nicht mehr weiter.«

Methode: Streßdrama

Im Rahmen einer Fortbildungsveranstaltung bitte ich die Teilnehmerinnen und Teilnehmer, eine Situation zu erinnern, die sie sehr belastet. Da in der Nähe unseres Tagungshauses ein Feuchtbiotop angelegt ist, bitte ich die Teilnehmer, hinaus in die Landschaft zu gehen und sich während des Gehens einer sehr belastenden Situation zu erinnern. Ich bitte sie auch, einen Stein als Symbol ihrer Belastung mitzubringen.

Nach der Rückkehr bitte ich zu überlegen, wer seine Belastung zunächst kurz schildern und dann darstellen möchte.

Eine Kollegin schildert folgende Situation: »Ich habe ein Problem mit Sven. Eigentlich ist es ein Problem mit seiner Mutter. Weil das Problem immer größer wird, habe ich das Jugendamt eingeschaltet. Das empfinde ich aber nicht als Erleichterung. Mir scheint, das Problem wird immer größer. Mit der Mutter ist keine Verständigung möglich. So habe ich den Schritt zum Jugendamt als zwingend angesehen. Die Mutter wird dadurch sicher verprellt sein. Ich weiß nicht, wie sie reagieren wird. Ich weiß nicht, wie ich mich verhalten soll.

Sven besucht meine dritte Klasse. Er sorgt für Unruhe und ist schusselig. Er kann sich nichts merken. Ich habe nichts erreicht. Seinen Vater kennt der Junge nicht. Einen Vater hat er nie erlebt. Seine Mutter hat einen anderen Mann, den sie aber nicht mehr liebt. Sven streunt auch abends durch die Gegend. Sven merkt sich nichts, vergißt, Mitteilungen aus der Schule der Mutter abzugeben. Die Mutter kümmert sich auch nicht um ihn, guckt nicht einmal in seinen Ranzen. Er lebt das Unzuverlässigkeitsproblem seiner Mutter aus. Er stört häufig den Unterricht, hat selbst keine Ruhe, springt immer wieder auf, trommelt, kann nicht zuhören. Er ist von einer großen Langsamkeit. Wenn fast alle Kinder schon fertig sind, fängt er erst an. Sven ist stolz und liebebedürftig. Er ist wild und ungestüm. Er ist nicht aggressiv, verhält sich auch nicht provozierend, löst aber oft Konflikte aus.

Ich weiß nicht weiter, weil die Mutter keinen Schritt vorankommt. Ich habe keinen Erfolg. Die Mutter verwickelt sich in Widersprüche. Ich habe ihr geraten, zur Beratungsstelle zu gehen. Sie hat es bis heute nicht gemacht. Ich fühle mich hilflos, komme keinen Schritt weiter. Mit der Mutter muß man vorsichtig umgehen. Manchmal bin ich schon sehr ärgerlich geworden. Nun steh ich da und weiß nicht, was ich tun soll mit dem Kind.«

Nach dieser Schilderung bitte ich die Kollegin, ihren zentralen Satz zu suchen. Nach kurzem Nachdenken spricht sie aus: »Ich weiß nicht mehr weiter!«

Nun bitte ich alle Teilnehmerinnen und Teilnehmer, sich in einem Kreis aufzustellen. Die Problemstellerin geht in die Mitte, nutzt den so entstandenen Raum als Bühne für ihr Drama. Sie spricht nur diesen einen Satz, dabei geht sie im Kreis, sucht eine Bewegung, die ihrer Belastung angemessen ist. Sie geht langsam, spricht den Satz leise, zögernd, so als wollte sie sich vergewissern, ob er auch tatsächlich Ausdruck ihres zentralen Gefühls ist. Sie geht langsam weiter, spricht den Satz, fängt an zu weinen.

In diesem Moment tritt eine Kollegin aus dem Kreis nach innen, fragt, ob sie helfen könne. Die Problemstellerin blickt auf, hört das Angebot, bedankt sich und sagt: »Danke, aber da muß ich alleine durch.« Sie geht weiter, spricht ihren Satz. Sie bleibt stehen, schaut in die Ferne, spricht dann ihren Satz deutlich und klar. Sie geht weiter, bleibt in ihrer Aussprache bei dieser Deutlichkeit, wird lauter, wird sehr laut, schreit und wirft den Stein auf den Boden. Sie hebt ihn auf, blickt zu mir, sagt: »Jetzt geht es mir besser.« Sie setzt ihren Weg fort, dabei spricht sie ihren Satz so, daß der Eindruck entsteht, Person,

Satz und Hintergrund sind zu einer Einheit geworden. Sie ist in ihrem Problem und spricht aus ihrem Problem heraus.

In dieser Phase löst sich wieder eine Kollegin aus dem Kreis, tritt nach innen, bleibt abwartend stehen. Die Problemstellerin geht ihren Weg und spricht ihren Satz. Zwischendurch formuliert sie für alle hörbar: »Es löst sich etwas.« Sie geht noch einige Schritte, bleibt stehen, spricht noch einmal laut und vernehmlich ihren Satz und fügt hinzu: »So kann es bleiben. Ich habe eine neue Grundlage. Vielen Dank.«

Reflexion in der Gruppe: Man habe so gerne helfen wollen, alle hätten doch schon einmal solche oder so ähnliche Situationen durchlebt. Die eine Kollegin, die zum Schluß noch in den Innenraum des Kreises getreten war, betont noch einmal, daß sie so gern ihre Hilfe angeboten hätte. Aber die Problemstellerin erwidert, das habe sie wohl gemerkt, der Kreis sei auch für sie sehr wichtig gewesen, aber mit einer direkten Hilfe durch eine Kollegin habe sie in der Situation nichts anfangen können. Sie sei sehr dicht und intensiv bei sich selbst gewesen. Sie habe jetzt eine Grundlage, auf der sie weiter arbeiten könne. Ihre Hilflosigkeit sei weg.

In dieser Dramatisierung gelingt der Problemstellerin selbst eine intensive Durcharbeitung. Sie signalisiert an zwei Stellen des Prozesses, daß sich bei ihr etwas verändert. Hinführung zum Problem über den Einstieg und die äußere Form, in der der Prozeßablauf möglich war, waren wichtige Rahmenbedingungen. Den Prozeß muß sie selbst durchmachen. Wäre dies nicht der Fall gewesen, dann hätte ich die Teilnehmer angeregt, den Satz zu sprechen, der sich bei ihnen als Resonanz auf die Dramatisierung gebildet hat. Das war nicht erforderlich. Weitere Hinweise, daß auch die übrigen Teilnehmer solche Situationen kennen, sind eher hinderlich und können die Problemstellerin von ihrem intensiven Erleben abbringen.

Hier liegt übrigens eine große Falle. Gerade Lehrerinnen und Lehrer neigen dazu, ihre große Erfahrung als Quelle für Lösungen anzubieten. Dabei merken sie nicht, daß sie oft nichts anderes tun, als ihre eigene Hilflosigkeit zu formulieren und damit die Masse an Hilflosigkeit nur zu vergrößern.

Das Satzdrama bietet dagegen die Möglichkeit, sehr dicht zu jener Stelle vorzustoßen, die als Lösungsblockade anzusehen ist. Die Lösungen eines Problems liegen im Problem selbst. Je aktiver ich an den Kern eines Problems herankomme, desto größer ist die Chance, eine Lösung zu finden. Der Weg dorthin ist oft verzwickt, voller Fallen und Blockaden. Mit der Methode des Satzdramas ist es fast so, als gelänge uns ein Flug hin zu den Problemen.

▨ »Ich hau dir gleich eine!«

Themen: Macht, Ohnmacht, Demütigung, Androhung von Gewalt, Wiedergutmachung, unkontrollierbare Streß-situation
Methoden: Teamarbeit, Gespräch, Intervision, Einbeziehung der Gefühlsebene

Im Team der Klassenstufe (4. Klassen) erzählt eine Kollegin: »Ich hatte kaum mit der Unterrichtsstunde begonnen, da rief Malte in die Klasse: ›Ich hasse Religion!‹ Ein anderer Schüler (Benno) machte, während ich einen Text an die Tafel schrieb, hinter meinem Rücken Faxen. Einige Kinder lachten. Als ich mich umdrehte, sah ich, daß Malte mein Verhalten imitierte. Er versuchte mich lächerlich zu machen. Ich ermahnte ihn. Da stellte er mir frech die Frage, wie viele Verwarnungen er noch habe, bevor ich ihn vor die Tür setzen würde. Er habe keine Verwarnung mehr, er solle vor die Tür gehen, das habe ich zu ihm gesagt. Er dachte nicht daran, hinauszugehen. Die Macht-frage war wieder einmal gestellt. Ich konnte so nicht mit mir umspringen lassen.

Also versuchte ich, ihn mit meiner Körperkraft aus der Klassentür in den Flur zu drängen. Dabei schaute er mich an und rief erbost aus: ›Ich hau dir gleich eine!‹ Ich hatte ihn zwar vor die Tür bugsiert, aber Ruhe trat deswegen noch lange nicht ein. Andere Schüler verhielten sich provozierend, und schließlich stand auch Malte wieder im Klassenraum. Keiner, so schien es, hörte auf mich. Sie erlaubten sich Frechheiten. Einer gestattete es sich, mir eine Ohrfeige anzudrohen. Er hatte keine Angst vor meinen Möglichkeiten. Frech stand er wieder im Klassenzimmer. Die Machtfrage war wieder einmal zu meinen Ungunsten ausgegangen. Ich war nicht nur hilflos, ich fühlte mich auch beschämt. Ich suchte die Situation so zu retten, indem ich anbot, daß die Schüler, die sich für das Thema nicht interessierten, doch so lange rausgehen sollten. Vier Schüler nutzten dieses Angebot. Ganz abgesehen davon, daß ich meine Aufsichtspflicht verletzte, brachte es keine Erleichterung. Die Situation eskalierte. Denn nun störte Malte von außen, indem er an die Fensterscheibe klopfte. Ich weiß gar nicht, wie die Stunde zu Ende gegangen ist. Jedenfalls fühlte ich mich total ohnmächtig. Ich bin froh, daß ich mit euch reden kann. Wie kann diese Verletzung, die mir dieser Schüler zugefügt hat, geheilt werden, wie kann ich meine Souveränität zurückgewinnen, das sind meine Fragen. Ich habe dieses Problem nicht nur in meiner Klasse als Klassenlehrerin, sondern auch als Fachlehrerin.«

Klärungsversuch im Team: Im gemeinsamen, von gegenseitigem Vertrauen getragenen Gespräch ist es Frau Mertens möglich, noch einmal für sich die Punkte zu benennen, die sie belasten. Es wird auch schnell deutlich, daß das Schülerverhalten vor und mit der gesamten Klasse thematisiert werden muß. Es muß auch zu einer Wiedergutmachung kommen, da sonst eine erfolgreiche Arbeit nicht mehr gewährleistet ist. Frau Mertens ist innerhalb dieses Destruktionsprozesses an einer Stelle angelangt, an der sie ohne Hilfe einer Kollegin oder des Schulleiters nicht mehr weiterkommt. »Ich wünsche mir«, so formuliert sie im Verlauf des Gespräches, »daß sie mir meine Rolle nicht abnehmen, daß ich sie mir auch nicht abnehmen lasse. Aber da ist bei mir eine so starke Irritation, wenn sie sich so verhalten, daß ich mich handlungsunfähig fühle. An eine Entschuldigung, die doch eigentlich erforderlich wäre, wage ich gar nicht zu denken.«

Interpretation: Frau Mertens, das ist nicht mehr zu übersehen, ist am Ende ihrer Handlungsfähigkeit. Nicht nur in ihrer eigenen Klasse, auch als Fachlehrerin stellt sie für einige Schüler keine Autorität mehr dar. Die Schüler stören nicht nur den Unterricht, sondern sie demütigen ihre Lehrerin in ungehöriger Weise. Es bilden sich über ein solches Verhalten neue Machtstrukturen aus. Verliert eine Lehrerin ihre Autorität, dann wird sie gnadenlos gedemütigt. Die im Kern ihres Wesens schwachen Schüler spielen sich als die neuen Machthaber auf, die auch vor einer körperlichen Drohung nicht zurückschrecken. Nicht nur in ihrem eigenen, sondern auch im Interesse der so aggressiv und verletzend handelnden Schüler und der gesamten Klasse ist es wichtig, daß Frau Mertens ihre Souveränität zurückgewinnt und in ihrer Rolle als Lehrerin wieder handlungsfähig wird.

Das vertrauensvolle Gespräch ist also die eine Seite im Lösungsprozeß, die unterstützende Haltung von Kollegen in der konkreten Situation ist die andere. Obwohl Frau Mertens von ihrer großen Ohnmacht gesprochen hat, verfügt sie doch noch über ausreichende Energie, Wünsche zu formulieren. Sie bittet auch um Unterstützung im Unterricht selbst. Diese ist angesichts völlig unzureichender Rahmenbedingungen nur in einem sehr begrenzten Maß möglich. Das Ergebnis unseres Gesprächs lautet: Frau Mertens soll in der nächsten Stunde diesen Konflikt thematisieren, soll ihm einen begrenzten Zeitraum geben und das Thema der Religionsstunde erneut behandeln. Ein Kollege, das bin ich in diesem Fall, soll sie dabei unterstützen.

Situationsschilderung: Als Frau Mertens die Kinder zur nächsten Religionsstunde am Treffpunkt abholt, läßt Malte abfällig die Bemerkung fallen: »Haben wir bei der?« Dann wendet er sich an mich: »Kommst du zu uns?« Ich bestätige seine Frage durch ein deutliches Nicken. Während Frau Mertens mit dem Unterricht beginnt, packt Benno sein Frühstücksbrot aus. »Die Frühstückszeit ist zu Ende«, sagt Frau Mertens. Benno denkt nicht daran, sein Brot wegzupacken, bis er von einem Mitschüler den Hinweis bekommt: »Herr Gebauer ist da.« Mit einem Blick zu mir packt er schließlich sein Frühstück weg. Nun kann Frau Mertens beginnen. Sie sagt: »Vieles ist in der letzten Stunde schlecht gelaufen. Malte und Benno, wie ihr euch verhalten habt, das geht so nicht. Denkt darüber nach. Vielleicht fällt euch auch ein, wie ihr das wiedergutmachen könnt. Jetzt machen wir Religion, und am Ende der Stunde nehme ich mir zehn Minuten Zeit. Dann möchte ich von euch wissen, zu welchem Ergebnis ihr gekommen seid.«

Die Schüler verhalten sich angesichts der Klarheit und Deutlichkeit der Anweisungen ruhig und angemessen. Sie beteiligen sich an dem nachfolgenden Einführungsgespräch, in dem es um die Klärung der Aufgaben geht. Anschließend arbeiten sie ruhig und konzentriert. Ich verzichte auf die Darstellung des Verlaufs der Unterrichtsstunde, möchte nur eine Szene erwähnen. Während die Schüler arbeiten, geht Frau Mertens von Tisch zu Tisch, schaut sich die Arbeitsergebnisse an. Dabei legt sie Malte die Hand auf die Schulter. Malte wendet sich abrupt weg. (Man darf seinem Gegner nicht unangemessen begegnen.)

Insgesamt liegt eine große Spannung über der Klasse. Man merkt dies auch, als sich die Schülerinnen und Schüler am Ende der Stunde zu einem Sitzkreis versammeln. Benno fragt, ob er neben mir sitzen könne. Ich stimme zu. Wir haben eine gute Beziehung zueinander, vielleicht möchte er dies durch seinen Wunsch ausdrücken. Frau Mertens fragt nach dem Inhalt der Aufgaben, die sie zu Beginn der Stunde Malte und Benno gestellt hat. Malte schweigt, und Benno windet sich. Er wisse nicht, was gemeint sei.

Hilfe durch einen Kollegen (Intervision): Hier ist die Stelle, an der schnell wieder ein altes Muster aktiviert werden könnte. Malte könnte sich verweigern, Frau Mertens könnte wieder die Machtfrage stellen usw.

Weichenstellung: Ich übernehme das Gespräch und gehe mit dem Problem auf die Gefühlsebene.

»Ich finde wichtig, was in der letzten Religionsstunde passiert ist. Ich wünsche, daß wir darüber sprechen. Das kennt ihr aus der Arbeit mit mir. Wenn ihr dargestellt habt, was gewesen ist, dann bitte ich euch, mitzuteilen, wie ihr euch in der

Situation gefühlt habt. Wir betrachten das Ereignis aus deiner Sicht, Malte, aus deiner Sicht, Benno, und aus der Sicht von Frau Mertens. Bitte, fangt an.«

Malte: »Ich habe Mist gebaut, habe Witze gemacht. Die anderen haben sich kaputt gelacht. Ich bin durch die Klasse gerannt. Da sollte ich raus, aber ich bin nicht gegangen. Ich hab mich auf meinen Stuhl gesetzt. Dann war es zu Ende.« (Er verschweigt die wichtige Phase, in der er von Frau Mertens aus der Tür gedrängt worden ist und er ihr eine Ohrfeige angedroht hatte.)

Ich: »Malte, wie hast du dich gefühlt?«

Malte: »Beim Witzemachen hab ich mich gut gefühlt. Das war toll. Aber dann war ich sauer, es war dann so blöd.«

Benno: »Also, ich hab mich gut gefühlt. Aber es war wohl nicht richtig, was ich gemacht habe.«

Frau Mertens: »Ich hatte mich gut auf den Unterricht vorbereitet, dachte, das Thema würde euch interessieren, aber dann wart ihr durch Maltes Witze abgelenkt. Ich hab versucht, Malte von seinen Störungen abzuhalten. Das ist mir nicht gelungen. Ich habe dich, Malte, dann aufgefordert, die Klasse zu verlassen. Du bist nicht gegangen. Dann hab ich versucht, dich rauszudrängen. Das wolltest du nicht, aber ich war stärker als du. Da hast du dann gesagt: ›Ich hau dir gleich eine.‹ Nun will ich auch noch sagen, wie ich mich gefühlt habe. Ich hab mich auf die Unterrichtsstunde gefreut, war froh und locker, aber dann habe ich gemerkt, daß ihr gar nicht auf mich, sondern auf Malte gehört habt. Da bin ich dann ärgerlich geworden und auch wütend. Ich fand das nicht gut, ich hab mich nicht wohl gefühlt.«

Ich: »Wir wissen jetzt, was abgelaufen ist. Wir haben auch gehört, wie sich Frau Mertens, Benno und Malte gefühlt haben. Wie kann es nun weitergehen? Ich meine, da ist eine Entschuldigung fällig.«

Es tritt eine angespannte Ruhe ein. »Seid ihr zu einer Entschuldigung bereit?« füge ich nach einer Pause hinzu.

Benno: »Wenn Frau Mertens die Entschuldigung annimmt, dann würde ich mich entschuldigen.« Frau Mertens nickt, Benno steht auf, reicht ihr die Hand und entschuldigt sich.

Malte blickt still vor sich hin. Auf meine Nachfrage antwortet er, im Moment sei er dazu noch nicht in der Lage, aber morgen vielleicht. Mit dieser Perspektive beendet Frau Mertens den Unterricht. Am nächsten Tag berichtet sie mir, Malte habe sich ebenfalls bei ihr entschuldigt.

Aufarbeitung der Situation im Team: Frau Mertens berichtet, in der Sache sei sie sicher gewesen, aber sie sei mit »weichen Knien« in die Klasse gegangen. Eine gewisse Unsicherheit habe sich zu Beginn eingestellt. Aber die Kinder seien aufmerksam gewesen, sie hätten ihr dadurch geholfen. »In der Sache war ich im Verlauf der Stunde sicher. Ich habe die Fragen der Kinder aufgegriffen und auch bearbeitet. Im weiteren Verlauf wurde ich ruhiger und gelöster. Meine Angst wurde kleiner. Wohltuend war für mich die Ruhe. So habe ich lange nicht mehr unterrichtet. Danach hatte ich mich lange Zeit vergeblich gesehnt. Ich konnte sachbezogen bleiben, fühlte mich auch frei mit dem Rücken zur Klasse. Sicherheit bekam ich auch über einige Gesten meiner Schüler. Sie waren sehr bemüht.« (Frau Mertens läßt in ihrer Schilderung die wichtige Schlußphase aus. Erst auf meinen Hinweis erzählt sie.) »Die Phase im Kreis war voller Spannung. Das Vorbereitungsgespräch hat mir sehr geholfen. Die Entschuldigung von Benno konnte ich gut annehmen, und es war mir möglich, Malte noch Zeit für seine Entschuldigung einzuräumen.«

Interpretation: Werfen wir noch einen Blick auf das Geschehen in der Klasse. Schon in der Phase vor Beginn des Unterrichts, als Malte merkt, daß er bei Frau Mertens Unterricht hat, aktiviert er sein Muster »Haben wir bei der Unterricht?!« Sein Verhalten ist auf Destruktion gerichtet. Auch Benno hat sein Muster aktiviert. Er frühstückt, obwohl das zu diesem Zeitpunkt nicht vorgesehen ist. Störung und Machtkampf liegen seinem Verhalten zugrunde.

Die Muster der Mitschüler sind ebenfalls aktiviert. Der Hinweis »Herr Gebauer ist hier« kann als Warnung an Benno gewertet werden. Warum tut das ein Schüler? Es ist sicher der Versuch, sich bei Malte einzuschmeicheln.

Wenn unsere Kollegin in ihrer Reflexion die Schlußphase erst nach meinem Hinweis erwähnt, dann hat es wahrscheinlich damit zu tun, daß sie auch in dieser Phase wieder an ihre Grenzen gestoßen ist und daß sie dieses Erlebnis bereits ausgeblendet hatte. So wie Malte zunächst nicht darüber berichtet, daß er von Frau Mertens mit Gewalt aus dem Klassenraum gedrängt wurde und er ihr daraufhin eine Ohrfeige angedroht hatte. Die gegenseitige Macht-/Ohnmachtsfrage wird von beiden ausgeklammert. Aber genau dies ist ihr Verwicklungspunkt. Frau Mertens wäre trotz guter Vorbereitung, die sie auch betont, in der Situation möglicherweise wieder gescheitert. Malte blieb zunächst stumm auf seinem Stuhl sitzen, Benno tat so, als wisse er nicht, worum es eigentlich ging. Erst mein Hinweis, über die Gefühle der am Konflikt beteiligten Personen zu sprechen, brachte den Prozeß weiter, so weit, daß von allen ein Sprechen über die Vorfälle und die sie begleitenden Gefühle möglich war. Der Verwicklungspunkt ist der der Macht und Ohnmacht.

Exkurs: Ich kenne die familiären Hintergründe von beiden Jungen. Ich will sie nur kurz skizzieren. Maltes Vater ist Alkoholiker, die Familie lebt von der Sozialhilfe. Die Mutter hat ihren Mann aus dem Haus geworfen. Seitdem lebt er auf der Straße.

Die Mutter von Benno ist schwer krank. Sein Vater ist Schichtarbeiter. Er kümmert sich nur selten um seinen Sohn.

Ich gehe von der Hypothese aus, daß beide Jungen zur Wahrung ihres Selbstbewußtseins die Auseinandersetzung mit ihrer Lehrerin suchen. Sie treffen offensichtlich eine empfindliche Stelle bei ihr, durch die sie zu verunsichern und hilflos und klein zu machen ist. Auf diese Weise können sich die beiden Jungen als groß und mächtig erleben. Im Kern sind sie beide klein, hilflos und allein. Sie müssen eine andere Person klein und ohnmächtig machen, damit sie das Erlebnis von Größe haben. Das ist natürlich nur eine Scheingröße. Aber solange die übrigen Schüler mitspielen, können sie, die so tief gedemütigt worden sind, eine ungeheure Macht entfalten, die eine Lehrerin, wenn sie die Inszenierungen nicht durchschaut, in eine totale Hilflosigkeit führt. Wenn die erwachsene Bezugsperson nicht mehr für Sicherheit in den Beziehungen sorgt, kann ein Beziehungschaos entstehen. Die Gesamtsituation wird für alle Beteiligten unübersichtlich. Jedes Kind muß zunächst für sich eine gesicherte Position schaffen. Es entstehen Rangordnungskämpfe. Während einige Kinder versuchen, als Stärkste aus diesen Auseinandersetzungen hervorzugehen, suchen andere sich verstärkt über Freundschaftskontakte eine größere Sicherheit zu verschaffen. Begleitet wird eine solche Phase von großer Unruhe und ständigen körperlichen Auseinandersetzungen. Im Hintergrund steht bei vielen Kindern die Angst, keine geborgene und gesicherte Position zu erhalten. Die vielen Konflikte, die entstehen, müssen in der Regel von den Kindern allein gelöst werden. Da die Lehrerin in einer solchen Phase als ordnende und Sicherheit gebende Kraft ausfällt, toben die Auseinandersetzungen auf der offenen Bühne des Klassenraumes. Wenn durch die eingeschränkte Handlungsfähigkeit einer Lehrerin die Atmosphäre in einer Klasse von vielen destruktiven Aktivitäten bestimmt wird, dann ist es auch für die Fachlehrer nicht leicht, mit den Kindern angemessen zu arbeiten. Es kann leicht ein Teufelskreis entstehen, in den auch sie hineingezogen werden. Der dabei entstehende Ärger kann sich dann auch auf die Kollegin beziehen, die nicht für eine angemessene Arbeitssituation in der Klasse gesorgt hat. Ein solcher Teufelskreis ist am ehesten dann zu durchbrechen, wenn ein Team über Methoden und Arbeitsstrukturen verfügt, mit denen solche Situationen des Scheiterns gemeinsam bearbeitet werden können. Im vorliegenden Fall ist die Lösung des Konfliktes auf die Arbeit im Team zurückzuführen. Wesentlich war die Unterstützung der Kollegin durch ein Teammitglied (in diesem Fall war es der Schulleiter) in der konkreten Situation. Die kritisch begleitende Anwesenheit eines Kollegen, sein Hinweis an entscheidender Stelle, nun auf die Gefühlsebene zu gehen, und das Akzeptieren seines Hinweises durch Lehrerin und Schüler hat in der Situation zu einer positiven Lösung geführt. Für eine langfristige Stabilisierung der Handlungsweisen der beteiligten Personen sind sicherlich weitere Teamgespräche und konkrete Interventionen erforderlich. Ist eine Lehrkraft in eine solche Situation der Hilflosigkeit und Ohnmacht geraten, dann muß langfristig geplant und gehandelt werden. Hier kann es sehr hilfreich sein, sich mit den unterschiedlichen Methoden der Streßbearbeitung auseinanderzusetzen und, soweit es möglich ist, sie auch zu erproben.

»Am liebsten hätte ich mich in ein Mauseloch verkrochen.«

Themen: Macht und Scham in einer unkontrollierbaren Streßsituation
Methodenkombination: Assoziativ-reflexives-Erinnern, Rollenspiel, Gespräch

Im Rahmen einer Fortbildungsveranstaltung geht es um die konstruktive Bearbeitung von Situationen, durch die sich Lehrkräfte sehr belastet fühlen. Dabei kann die Umsetzung in einem Rollenspiel hilfreich sein. Zunächst skizziere ich die wesentlichen Schritte der methodischen Arbeit. Danach konkretisiere ich das methodische Vorgehen an einer Situation, die ich mit einem Grundschulkollegium bearbeitet habe.

Einstieg: Der Moderator bittet die Teilnehmer, eine belastende Situation zu erinnern. Dabei gibt er Erinnerungshilfen.

Entscheidung für die Bearbeitung einer Situation: Der Moderator fragt, wer seine Situation in der Gruppe bearbeiten möchte.

Schilderung einer belastenden Situation: Eine Teilnehmerin schildert ihre Situation. Dabei wird sie von den übrigen Teilnehmerinnen nicht unterbrochen.

Rollenverteilung: Die Erzählerin wählt nun Spieler aus und weist ihnen Rollen zu. Dabei berücksichtigt sie, ob eine Bereitschaft zum Spiel vorhanden ist. An dieser Stelle können auch von den Spielern Nachfragen zum Ablauf der Ereignisse gestellt werden.

Spielversuche: Die Erzählerin korrigiert die Darstellung nur dann, wenn sie zu stark von der Realität abweicht.

Emotionale Wahrnehmungen: Zunächst schildern die Spieler ihre emotionalen Wahrnehmungen, danach können die Zuschauer und auch die Erzählerin ihre Gefühle mitteilen.

Interpretationen: Hier können alle Teilnehmer das Gesamtgeschehen interpretieren. Es ist denkbar, daß es zu unterschiedlichen Interpretationen kommt. Es muß zu diesem Zeitpunkt keine pädagogische Handlungsanweisung als Ergebnis formuliert werden. Die künftigen Handlungsmöglichkeiten können angedeutet werden. Offenheit an dieser Stelle regt das Weiterdenken und das tiefere Einfühlen stärker an als eine vorschnelle Handlungsanweisung.

Einstieg: Assoziativ-reflexives Erinnern
Ich bitte die anwesenden Mitglieder eines Grundschulkollegiums, eine Situation zu erinnern, durch die sie sehr belastet waren oder noch sind.

Meine Anweisungen lauten: »Stellen Sie sich bitte eine Situation vor, die für Sie sehr schwer war. Vielleicht fallen Ihnen mehrere Situationen ein. Versuchen Sie zu erfühlen, durch welche Situation Sie am stärksten belastet waren. Entscheiden Sie sich jetzt für eine Situation. Wo findet das Ereignis statt? Welche Personen waren daran beteiligt? Was genau lief ab? Wo befanden Sie sich in der Situation? Was haben Sie gemacht? Wie haben Sie sich gefühlt? Wie haben Sie versucht, die Situation zu lösen? Sind Sie mit Ihrer Lösung zufrieden? Ist etwas hängen geblieben, was Sie noch heute belastet? Wenn ja – was genau ist es? Beschreiben Sie bitte das Gefühl, das Sie haben, wenn Sie sich in diese Situation einfühlen. Wenn Ihnen mehrere Wörter einfallen, entscheiden Sie sich für das Wort, das nach Ihrer Meinung Ihr Gefühl am besten kennzeichnet.«

Entscheidung für die Bearbeitung einer Situation in der Gruppe

»Überlegen Sie bitte, ob Sie Ihr Ereignis in der Gruppe vorstellen und bearbeiten möchten. Nehmen Sie sich Zeit. – Treffen Sie jetzt Ihre Entscheidung.«

(Liegen mehrere Wünsche vor, muß eine Auswahl getroffen werden.)

Schilderung einer belastenden Situation

Eine Lehrerin erzählt (dabei wird sie von den Teilnehmern nicht unterbrochen):

»Ich will meinen Unterricht in einer dritten Klasse beginnen. Da steht plötzlich der Vater eines Mädchens in der noch geöffneten Klassentür. Er müsse dringend etwas mit mir besprechen. Ich wende mich von der Klasse ab, spreche mit ihm. In diesem Augenblick kommt es in der Klasse zu einer großen Unruhe, zu einem regelrechten Tumult. Ich lasse den Vater einfach in der Tür stehen. Das passiert mir leider immer wieder, daß Eltern im ungünstigsten Augenblick kommen, um noch schnell etwas mit mir zu besprechen. Als ich mich zur Klasse drehe, sehe ich, wie Arne seine Mitschüler aus einem Schlauchring mit Wasser bespritzt. Ich brülle ihn an: ›Gib mir sofort den Ring!‹. Aber der denkt gar nicht daran. Ob der Vater da noch in der Tür steht, weiß ich nicht. Ich renne jedenfalls hinter Arne her, greife nach dem Ring und will ihn ihm entreißen. Er hält fest. Als er merkt, daß seine Kraft nachläßt, beißt er mich in die Hand. Ich lasse los und rufe einer Schülerin zu, sie solle sofort die Schulassistentin holen. Ich brauche Hilfe. Der ist schon öfters ausgerastet. Dann ist er mit Worten nicht zu erreichen. Jetzt setzt er sich auf seinen Platz, sagt nichts und tut auch nichts. Da kommt die Schulassistentin herein. Ihr gebe ich den Auftrag, Arnes Mutter anzurufen und ihr zu sagen, sie solle ihn abholen. Den will ich an dem Tag nicht mehr in der Klasse haben. Die übrigen Kinder sind ganz still. Ich beginne mit Mathematik. Es wird ruhig. Die Kinder arbeiten konzentriert mit. Arne beachte ich nicht. Nach Minuten will er mitmachen. Plötzlich klopft es, seine Mutter steht in der Tür. Sie will wissen, was passiert ist. Da fauche ich sie an, dafür hätte ich meine Sprechzeiten. Sie solle ihren Sohn einfach nur mitnehmen, reden würde ich später mit ihr. Da fängt sie an, mir Vorwürfe zu machen. Ich würde ihren Sohn nicht richtig behandeln. Schließlich fordert sie ihn auf, mitzukommen. Der denkt gar nicht daran. Da geht sie auf ihn zu, packt ihn am Arm. Er entwindet sich. Auch das ist keine Lösung. Schließlich geht die Mutter wieder. Ich war so wütend auf den Jungen. Ich bin im Nachhinein froh, daß ich ihm keine gelangt habe. Warum muß der auch so trotzig sein. Weiter ist nichts erfolgt. Er hat dann wieder mitgearbeitet, war freundlich zu mir. Ich freundlich zu ihm. Man weiß nie, wie der reagiert. So versuche ich nun durchzukommen. Manchmal lege ich ihm die Hand auf die Schulter und hoffe, daß ich ihn so besänftigen kann.«

Rollenverteilung

Nach dieser Schilderung bitte ich die Kollegin, aus dem Kolleginnenkreis Spielerinnen auszuwählen für eine Bearbeitung im Rollenspiel. Sie wählt Spieler aus für den Schüler Arne, für die Lehrerin, die Mutter, die Schulassistentin und den Vater.

Spielversuche

Die Darsteller spielen die Situation. Am Ende – nur in Ausnahmefällen im Verlauf – nimmt die Erzählerin zum Spielversuch Stellung. Sie korrigiert die Darstellung nur dann, wenn sie zu weit von der Realität abweicht.

Emotionale Wahrnehmungen

Ich bitte nun die Darstellerinnen zu schildern, was sie während ihres Spieles erlebt haben. In der konkreten Situation berichten sie:

Arne: »Ich fand das Spritzen lustig. Alle guckten, alle schrien. Meine Mitschüler fanden das auch lustig. Ich habe nicht verstanden, warum ich das lassen sollte. Es hat doch Spaß gemacht. Beinahe hätte mich die Lehrerin in ihrer scheinheiligen Art überredet. Aber das habe ich gemerkt. Da bin ich wütend geworden. Und als sie mir meinen Ring wegnehmen wollte, da hab ich gebissen. Und dann kommt meine Mutter, die blöde Kuh. Die hätte nicht so an mir reißen sollen. Die hätte mich in den Arm nehmen sollen. Irgendwie war plötzlich alles ziemlich blöd. Am liebsten hätte ich mich in ein Mauseloch verkrochen.«

Mutter: »Es war eine ganz blöde Situation für mich. Da werde ich in die Schule gerufen, weil mein Sohn wieder etwas angestellt haben soll. Ich weiß, daß er manchmal Unfug macht. Aber er ist es nicht allein. Es liegt auch an der Lehrerin. Die weiß ihn nicht zu nehmen. Ich war aufgebracht, gleichzeitig wollte ich es nicht noch schlimmer machen. Ich versuchte zunächst mein Kind mitzunehmen. Aber da war dann seine Bockigkeit. Das wollte ich nicht zulassen und habe es doch nicht geschafft. Ich bin dann ohne ihn gegangen. Das war kein gutes Gefühl.«

Vater: »Ich wollte mit der Lehrerin was klären. Aber das ging schief. Sie hat es nicht auf die Reihe gebracht. Das ist ärgerlich. Ich muß einen neuen Versuch machen.«

Schulassistentin: »Ich war ärgerlich. Nun mußte ich wegen dieses Jungen schon wieder meine Arbeit unterbrechen. Das war nun schon das dritte Mal, daß ich gerufen wurde. Eigentlich müßte doch die Klassenlehrerin mit der Situation fertig werden. Die ist doch dafür ausgebildet.«

Lehrerin: »Ich hatte ambivalente Gefühle. Ich wollte konsequent sein, fühlte mich dabei aber nicht gut. Dann kam es bei mir zu einer innerlichen Eskalation meiner ablehnenden Gefühle Arne gegenüber. ›Ich will nicht, daß du so trotzig bist‹, das setzte sich bei mir gefühlsmäßig durch. ›Jetzt erst recht‹, habe ich gedacht, ›du machst mir den Unterricht kaputt, das lasse ich nicht zu. Her mit dem Ring!‹ Damit war die Machtfrage gestellt. ›Du gibst mir jetzt den Ring, und wenn du es nicht tust, dann hole ich ihn mir mit Gewalt.‹ Es war eine Intensivierung meiner Machtgefühle zu spüren. Ja, und dann gibt es die Gegengewalt des Schülers. Er setzt sich zur Wehr und beißt zu. Ich bin innerlich auf dem Höhepunkt meiner Erregung. Sie ist gestiegen, als ich meine Niederlage dem Schüler gegenüber erlebte. In meiner Hilflosigkeit hatte ich keine andere Wahl, als die Schulassistentin holen zu lassen. Und als dann die Mutter erschien, lief es ja im Unterricht schon wieder recht gut. Arne machte mit. Seinen

Ring hatte er zur Seite gelegt. Ich hatte die Mutter schon vergessen, da stand sie in der Tür. Nun wollte die auch noch eine Erklärung von mir und machte mir zusätzlich noch Vorwürfe. Durch das Gezerre an ihrem Sohn trat erneut Unruhe ein. Irgendwie verstärkt sich in mir das Gefühl einer totalen Hilflosigkeit und Ohnmacht diesem Schüler gegenüber.«

Interpretation

Die nachfolgende Erörterung in der Lehrerinnengruppe bezieht sich vorwiegend auf die emotionale Situation der Lehrerin und des Schülers. Dabei kommt es zu folgenden Überlegungen:

Der Schüler ist schon öfter durch sein Verhalten auffällig geworden. Handelte es sich um ein einmaliges Ereignis, so könnte man Verständnis für sein Verhalten haben, auch dafür, daß es ihm Spaß macht, mit Wasser in der Klasse zu spritzen. Insgesamt war es für die Kinder ein eher heiteres Ereignis. Problematisch wird es dadurch, daß Arne öfter solche Störungen verursacht. Deshalb ist keine Toleranz der Lehrerin ihm gegenüber zu erwarten. Offensichtlich läßt er sich auch durch gutes Zureden nicht überzeugen. Man kann davon ausgehen, daß zwischen Lehrerin und Schüler ein Machtkampf ausgebrochen ist, der seine Ursachen in zurückliegenden Ereignissen hat. In der gegenwärtigen Situation zeigt sich eine Aktualisierung und Intensivierung der Problematik. Gleichzeitig wird die Ausweglosigkeit des Agierens beider Seiten sichtbar. Die Gespräche der Lehrerin mit der Mutter des Schülers haben bisher zu keiner Verhaltensänderung geführt. Ja, es steht der Vorwurf im Raum, die Lehrerin würde nicht richtig mit dem Schüler umgehen. Die emotionale Grundstimmung der Lehrerin ist durch Hilflosigkeit und Ohnmacht gekennzeichnet. In ihrem Verhalten wird dies sehr deutlich. Im Gesamtgeschehen ist eine Eskalation dieser Ohnmacht zu erkennen. Die Entwicklung beginnt in dem Augenblick, in dem die Lehrerin mit dem in der Tür stehenden Vater eine Unterhaltung beginnt, statt deutlich Grenzen zu setzen und ihn auf ihre Sprechstunde zu verweisen. Hätte sie sich bereits hier der Klasse zugewandt, wäre es möglicherweise nicht zu der Störung gekommen. Nachdem der Schüler ihre Aufforderung, ihr den Ring zu geben, nicht befolgt, steigt ihre innere emotionale Erregung. Ihre Empörung über das Schülerverhalten wächst in dem Maße, wie ihre eigene Hilflosigkeit zunimmt. Ein innerer Stop der emotionalen Eskalation ist ihr nicht möglich. Die Ereignisse gleiten unaufhaltsam in eine unkontrollierbare Streßsituation hinein.

Hier ist der Schlüssel für eine alternative Lösung zu suchen. Die innere Eskalation der Gefühle hat ihre Entsprechung in der äußeren Handlung. Hier kommt es nun von der Lehrerin zu einer Gewaltanwendung. Sie versucht mit Körperkraft, dem Schüler den Ring zu entreißen. Der Junge setzt sich zur Wehr. Als er seine Niederlage kommen sieht, beißt er zu. Damit hat die Auseinandersetzung äußerlich ihren Höhepunkt erreicht. Es hat aber nicht nur eine äußere Verletzung gegeben. Dieses Tun hat eine erhebliche Verletzung im Inneren der Lehrerin und auch des Schülers zur Folge. Auch hier wäre noch eine Möglichkeit gewesen, einzuhalten und den Vorfall innerhalb der Klasse zu klären. Die tiefe Verletzung der Lehrerin läßt dies aber nicht zu. In ihrer Hilflosigkeit schickt sie eine Schülerin zur Schulassistentin. Diese innerlich schwache Lehrerin holt sich nun mehrere Helfer, um den störenden, widerborstigen und beißenden Schüler zu besänftigen und in seine Grenzen zu weisen. Damit tut sie sich keinen Gefallen. Denn nun ist ihre Schwäche vor allen Kindern noch offensichtlicher. Sie braucht sogar für die Durchsetzung ihrer Erziehungsaufgaben die Hilfe einer Schülerin und die der Schulassistentin. Diese Intervention verschlechtert die Situation nur noch. Die Ankunft der Mutter bringt keine Entlastung. Neben den Vorwürfen an die Lehrerin stellt das Verhalten der Mutter ein weiteres Muster des Versagens einer erwachsenen Person gegenüber diesem Kind dar.

Letztlich kommt es im Inneren der Lehrerin nicht zu einer Bearbeitung ihrer emotionalen Verletzungen. Ihr Gefühl von Hilflosigkeit und Ohnmacht ist geblieben. Es ist durch das unbearbeitete Ereignis noch verstärkt worden. Ein Ausweg aus der Situation scheint ferner denn je zuvor. Ihr Gefühl von Hilflosigkeit sagt ihr, daß dieser Schüler jederzeit wieder so ausfällig werden kann. Dafür ist sie nicht gerüstet. Um weitere innere und äußere Niederlagen zu vermeiden, legt sie ihre Hand auf dessen Schulter. So hofft sie, dieses – aus ihrer Sicht nicht zu bändigende – Kind besänftigen zu können. Die sich hinter dieser Unwahrheit verbergende Ohnmacht wird natürlich von dem Schüler und auch von den übrigen Schülerinnen und Schülern der Klasse wahrgenommen. Im Spiel hatte dies die Darstellerin des Schülers genau empfunden und zur Sprache gebracht: »Beinahe hätte mich die Lehrerin in ihrer scheinheiligen Art überredet. Aber das habe ich gemerkt. Da bin ich wütend geworden.«

Das Spielen einer solchen Situation läßt die emotionale Entwicklung und den Zusammenhang mit den äußeren Ereignissen erkennen. Eine Lehrerin, die eine so hohe Diskrepanz zwischen ihrem Verhalten und ihren Emotionen erkennen läßt, wird den Schülern gegenüber unglaubwürdig. Sie stellt durch ihr Verhalten kein Modell für einen erfolgreichen Erziehungsprozeß dar. Die Chance einer Veränderung liegt allein in der Akzeptanz ihrer Hilflosigkeit und Ohnmacht. Dies gehört allerdings zu den schwierigsten Dingen im Arbeitsprozeß einer Lehrerin/eines Lehrers, denn es bedeutet das Anerkennen des eigenen Scheiterns. Dies ist nur über die Akzeptanz von Scham zu erreichen.

Damit sind wir beim Kern der emotionalen Arbeit angelangt. Ich komme zu jenem Punkt zurück, in dem ich den Schlüssel zur Lösung gesehen habe, die Situation, in der der Schüler sich der Aufforderung nach Aushändigung des Ringes widersetzt. Dieses Verhalten führt bei der Lehrerin zu einem Gefühl von Hilflosigkeit, das sich aufgrund vorausgegangener Erfahrungen zu einem Gefühl von Ohnmacht steigert. Hätte sie hier innerlich an sich arbeiten können, wäre ihr die weit schlimmere innere und äußere Verletzung, nämlich von einem Schüler gebissen zu werden, erspart geblieben. Die Erfahrung eigener Hilflosigkeit hätte auf einer Vorstufe der inneren und äußeren Eskalation bearbeitet werden können. Erforderlich ist eine emotionale Kompetenz, die sowohl die Emotionen der Schüler als auch die eigenen berücksichtigt und achtsam damit umgeht. Es haftet dem Vorgehen auf Schüler- und Lehrerseite ein gewisses Maß an emotionaler Härte an. Von der Lehrerin ist zu erwarten, daß sie sich professionell damit befaßt und in solchen Situationen angemessen handeln kann. Die Schüler müssen lernen, auf ihre Emotionen zu achten. Dabei brauchen sie die Hilfe ihrer Erzieher. Wenn die versagen, können sie auch nur wahrnehmen, daß Menschen mit solchen Situationen nicht zurecht kommen.

Für den vorliegenden Fall will ich andeuten, wie eine alternative Fühl- und Verhaltensweise auf Lehrerseite aussehen könnte. Die Lehrerin hätte an jener Stelle, an der ihre Anweisung nicht befolgt wird, sagen können: »Arne, du machst hier Sachen, die ich nicht dulde. Ich habe dich aufgefordert, mir deinen Spritzring zu geben. Dazu bist du im Moment nicht bereit. Ich könnte dir den Ring abnehmen. Darauf verzichte ich. Leg ihn bitte zur Seite. Du hast für Unruhe gesorgt. Ich möchte, daß wir jetzt in Ruhe arbeiten. Ich sage euch, was ihr jetzt in Mathematik machen sollt. Danach nehme ich mir Zeit und werde mit dir über das Ereignis sprechen.«

Mit diesen Äußerungen hätte eine Lehrkraft, die sich nicht von ihren Emotionen beherrschen läßt, die Eskalation der Ereignisse verhindert. Die Arbeitssituation wäre hergestellt gewesen und der Prozeß einer Lösung wäre in Gang gesetzt worden. Dabei hätte sie für sich eine Teilniederlage, daß ihr nämlich der Ring nicht ausgehändigt wurde, akzeptieren und verarbeiten müssen. Es gab an dieser Stelle nicht den absoluten Gehorsam des Schülers seiner Lehrerin gegenüber. Ich will sein Verhalten nicht gutheißen. Ich plädiere lediglich dafür, Konflikte zu entschärfen und nicht so weit eskalieren zu lassen, daß am Ende für alle Beteiligten das Gefühl von Ohnmacht überwiegt.

Auch aus der Perspektive des Schülers wäre eine Alternative hilfreicher gewesen. Die Kollegin, die seine Rolle spielt, formuliert: »Am liebsten hätte ich mich in ein Mauseloch verkrochen.« In dieser Empfindung wird Scham sichtbar. Sicherlich hat der Schüler seinen Spaß dabei gehabt, seine Mitschüler naß zu spritzen. Auch die aufkommende Unruhe hat eher ein Lust- als ein Unlustgefühl geweckt. Ich will auch unterstellen, daß es ihm eine stille Freude bereitet, seine Lehrerin zu ärgern. Aber eine Eskalation in diesem Maße hat er sicher nicht gewollt. In seinem Erleben ist es vermutlich zu einem jähen Umschlag von gefühlter Freude zu einer plötzlichen Verteidigungssituation gekommen. In dem Augenblick, in dem ihn die Lehrerin anbrüllt, steht er voll im Regen. Eben war er noch derjenige, der die Zügel in der Hand hielt und das Ereignis bestimmte. Er konnte sich groß und anerkannt fühlen. Er schaffte es, die Klasse zum Quietschen zu bringen. Mit dem Brüllen seiner Lehrerin fällt er zurück in die Bedeutungslosigkeit. Seine grandiose Selbstinszenierung bricht zusammen. Den Angriff auf seinen Spritzring mag er nun im übertragenen Sinn als Angriff auf sein innerstes Selbst empfinden. Dies muß er verhindern, muß sich zur Wehr setzen.

Exkurs: Erklären kann man diesen Vorgang mit neueren Ergebnissen aus der Hirnforschung.

Die bisherige Auffassung vom Funktionieren unseres Gehirns bei Konflikten läßt sich so beschreiben: Auge/Ohr und andere Sinnesorgane nehmen ein Ereignis wahr und leiten die Reize zum Thalamus und danach zu den verarbeitenden Teilen des Gehirns. Dort kommt es zur Analyse, Verarbeitung und Weitersendung zum limbischen Gehirn. Von dort erfolgen die entsprechenden Reaktionen. Dieser Prozeß dauert länger als der Weg über ein erst vor einigen Jahren entdecktes »Seitengäßchen«. Auge, Ohr und andere Sinnesorgane nehmen ein Ereignis wahr, leiten die Wahrnehmung zum Thalamus, von dort führt der Weg über eine einzige Synapse zum Mandelkern. Der Thalamus sendet zwar ein zusätzliches Signal zum Neokortex, dem »denkenden« Teil unseres Gehirns. Aber der Weg über die Schnellstraße der neuronalen Gefühlsbahnen erlaubt es dem Mandelkern, vor dem Neokortex zu reagieren. »Es sind unsere primitivsten und stärksten Gefühle, die den direkten Weg über den Mandelkern nehmen.« (Goleman, 1996) Hier liegt die Ursache für viele spontane Verhaltensweisen von Kindern und Lehrern. Der Mandelkern veranlaßt zum Handeln, während der verzweigtere Bereich des Neokortex noch mit der Analyse und einem verfeinerten Plan der Reaktion beschäftigt ist. Das emotionale System kann anatomisch unabhängig vom

Neokortex agieren. Der Mandelkern enthält Erinnerungen und Reaktionsmuster, die wir umsetzen, ohne recht zu wissen, warum. Das emotionale Gehirn ist schnell, aber ungenau. Viele mächtige emotionale Erinnerungen gehen auf die ersten Lebensjahre zurück. Das gilt besonders für traumatische Ereignisse wie Schläge oder Verwahrlosung. Diese ersten emotionalen Erinnerungen werden sozusagen gespeichert, bevor das Kleinkind Worte für seine Erlebnisse hat. Emotionale Ausbrüche können uns deshalb so verwirren, weil sie aus einer Phase stammen, in der wir noch keine Worte für sie hatten.

»Der Mandelkern kann in einem Delirium der Wut oder Angst reagieren, bevor der Kortex weiß, was los ist, weil die grobe Emotion unabhängig vom Denken und zeitlich vor ihm ausgelöst wird.« (Goleman, 1996, S. 44)

Bei emotionalen Entgleisungen sind zwei Vorgänge am Werk: Auslösung durch den Mandelkern und Ausbleiben der neokortikalen Prozesse, die normalerweise die emotionale Reaktion zügeln. Hirnforscher interpretieren diesen Vorgang als ein Frühwarnsystem, welches im Notfall auch ohne zeitraubende bewußte Reflexion ein adäquates Verhalten auslöst. Erst sekundär würden blitzschnelle Schreck- oder Angstreaktionen über die längeren Verbindungsbahnen vom Thalamus zur Hirnrinde dann einer bewußten kognitiven Kontrolle und Verarbeitung unterzogen.

Diese Hinweise wollen und können keinen Beweis für die Verhaltensweisen des Jungen liefern. Es könnte so gewesen sein, daß er sich blitzschnell in eine Angstsituation versetzt gefühlt hat, die ihren Ursprung in ganz anderen Ereignissen aus einer anderen Zeit hatte.

Sein spontanes Gefühl führt im äußeren Bereich zur Verteidigung. Das mag in der konkreten Situation, besonders aus dem Blickwinkel der Lehrerin, unangemessen erscheinen. Die Spielsituation läßt allerdings deutlich werden, daß der Schüler im nachhinein, dann, wenn die verarbeitenden Teile seines Gehirns wieder die Oberhand gewinnen, Scham empfindet. Ein Teil dieser Scham hätte ihm erspart werden können, wenn die Lehrerin aufgrund eigener emotionaler Bearbeitung ein anderes Verhalten gezeigt hätte.

Nun ist man leicht geneigt, diesem Schüler, der aus der Sicht der Lehrerin schon öfter ein unkontrolliertes Verhalten gezeigt hat, zu unterstellen, daß es sich um ein fest gefügtes Verhaltensmuster handle, dem eben nur durch Strenge zu begegnen sei. Damit würde man allerdings verkennen, daß der Biß in die Hand der Lehrerin sicher ein einmaliges Ereignis ist, das aus allen bisherigen Verhaltensweisen herausfällt. Genau diese Eskalation hätte vermieden werden können. Selbst jetzt ist noch die Möglichkeit gegeben, konstruktiv an dem Ereignis zu arbeiten, wenn man bereit ist, die emotionale Ebene zu berücksichtigen. Sowohl im Erleben der Lehrerin wie auch im Erleben des Schülers hat eine unkontrollierbare Streßsituation ihren Lauf genommen.

Die Aufgabe der Lehrerin und eines sie begleitenden Teams könnte darin bestehen, aus dem Netz der Methoden solche auszuwählen, die in künftigen Situationen ein solches Geschehen kontrollierbar machen.

▨ »Ihr Mistkerle!«

Thema: Ohnmacht
Methode: Einen hilfreichen Namen finden

Es gibt Verhaltensweisen von Schülerinnen, Schülern oder Schülergruppen, die bei Lehrkräften starke emotionale Reaktionen auslösen. Oft verstärkt eine Lehrkraft durch ihr unkontrolliertes affektives Reagieren die unerwünschten Verhaltensweisen. Werden aufkommende Gefühle wie Ärger, Wut, Hilflosigkeit oder Rache bearbeitet, dann besteht die Chance, in emotional sehr aufgeladenen Situationen aus der erforderlichen Distanz zu handeln; die Situation kann konstruktiv bearbeitet werden, Wiederholungshandlungen lassen nach und hören schließlich auf. Diese Handlungsweise setzt emotionale Kompetenz voraus. Sie kann erworben werden und muß wie viele andere Formen professionellen Lehrerverhaltens geübt und gefestigt werden. Die Schilderung der Methode, das sich anschließende Beispiel und die theoretischen Überlegungen bieten eine Chance, sich mit diesem Verfahren vertraut zu machen und es schließlich in der eigenen Praxis zu erproben. Die Anregung zu diesem methodischen Vorgehen verdanke ich den finnischen Autoren Ben Furman und Tapani Ahola. Sie beschreiben ihre systemtherapeutische Arbeit in ihrem Buch »Die Zukunft ist das Land, das niemandem gehört« (1995). Zusammen mit meinen Kolleginnen habe ich dieses Verfahren für die Arbeit in der Schule konkretisiert. Im nachfolgenden Beispiel zeige ich die Umsetzung im Rahmen eines Workshops mit einem anderen Kollegium.

Methode: Einen hilfreichen Namen innerhalb eines Teams finden

Einstieg: Eine Lehrerin/ein Lehrer schildert eine Situation, in der die Verhaltensweisen eines Schülers/einer Schülerin oder einer Schülergruppe als sehr störend empfunden worden sind.

Arbeitsschritt: »Ich gebe dir/euch den Namen ...«: Vor dem Hintergrund der Schilderung suchen die beteiligten Personen für diesen Schüler/diese Schülergruppe einen Namen, der möglichst ihre emotionale Empfindung ungeschönt zum Ausdruck bringt. Jede/r Teilnehmer/in sucht und nennt einen Namen. Im weiteren Verlauf verwendet man diesen Namen. Er enthält viel von den spontanen Emotionen der Teilnehmer, zum Beispiel »Miststück«.

Arbeitsschritt: »..., du löst in mir aus: ...«: Jede/r Teilnehmer/in nennt den Schüler/die Schülergruppe nun mit dem gefundenen Namen, zum Beispiel: »Du Miststück machst, daß ich die Beherrschung verliere.«

Arbeitsschritt: »..., ich mache mir eine Modellvorstellung von dir: ...«: Schüler/ Schülerinnen oder Schülergruppen, die uns durch ihr Verhalten stark in unseren Emotionen tangieren, haben sich auf diesem Weg einen Zugang zu unserer inneren

Wahrnehmung verschafft. Dabei spielt es keine Rolle, ob uns das paßt oder nicht. Wir reagieren und machen uns dabei immer ein Bild von dem »Aggressor«. Dieses Bild ist meistens emotional und wenig rational bestimmt. Im dritten Arbeitsschritt geht es nun darum, ein Stück Rationalität in den Prozeß einzubringen. Wir machen uns bewußt eine Modellvorstellung von dem »Aggressor«, zum Beispiel: »Du Miststück kannst dir nicht zugestehen, daß du schwach bist.«

Arbeitsschritt: »..., mit dir will ich in Zukunft so arbeiten: ...«: Eventuell wird schon an dieser Stelle deutlich, daß der emotional bestimmte Name durch einen neuen ersetzt werden kann, der auch dem bezeichneten Schüler/der Schülergruppe gefallen könnte.

Situation: Im Rahmen einer schulinternen Fortbildung für ein Kollegium einer Schule für Lernhilfe (Sonderschule), an der zehn Kolleginnen teilnehmen, geht es um die Frage, auf welche Weise besonders belastende Situationen bearbeitet werden können. Man benötige dringend neue und erfolgreiche Formen des Umgangs gerade mit Schülern, die in ihrem Verhalten immer wieder auffällig werden. Oft sei Gewalt im Spiel. Eine Kollegin schildert die folgende Situation: Vier ausländische Schüler verwickeln immer wieder Mitschüler in Konflikte und Schlägereien. Oft gehen sie dabei auf einen Schüler los. Sie sei so wütend auf diese Gruppe, daß sie gar nicht wisse, was sie mit ihrer Wut anfangen solle.

Ich führe das Kollegium kurz in das oben skizzierte methodische Verfahren ein.

1. Schritt: Wir geben den Jungen einen Namen. Es kommen die folgenden Nennungen:

»Arschlöcher«, »Macker«, »Mafiosi«, »Moslems«, »Mißachter«, »Scheißkerle«, »Grobiane«, »Asoziale Anstifter«, »Miststücke«, »Frauenverächter« ...

2. Schritt: Was lösen die so bezeichneten Jungen bei den Lehrerinnen aus? Antworten der Lehrerinnen:

»Ihr Arschlöcher macht, daß ich die Beherrschung verliere.«

»Ihr Macker, ich habe keine Lust hinzunehmen, daß ihr die Gesetze überschreitet.«

»Ihr Mafiosi, ihr macht mich wütend, ich möchte euch loswerden.«

»Ihr Moslems, ihr löst in mir das Gefühl aus, daß ihr abhauen sollt, und ich denke, macht das in eurem Land.«

»Ihr Mißachter, ich möchte euch auch nicht achten.«

»Ihr Scheißkerle, ich denke: ›macht doch, was ihr wollt‹.«

»Ihr Grobiane, haut euch doch die Köpfe ein, das denke ich.«

»Ihr Frauenverächter, ich könnte euch zu Brei schlagen.«

3. Schritt: Verstehen des Verhaltens über das ausgelöste Gefühl (Modellvorstellungen):

»Ihr Arschlöcher, ich glaube, ihr habt keine Unterstützung von zu Hause.«

»Ihr Macker, ihr fühlt euch selbst unterdrückt, deshalb wollt ihr mächtig sein.«

»Ihr Moslems, ihr seid orientierungslos in einer fremden Kultur.«

»Ihr Mafiosi, ihr fühlt euch allein.«

»Ihr Miststücke, ihr könnt euch nicht zugestehen, daß ihr schwach seid.«

»Ihr Jungs, ihr mißachtet andere, weil ihr nicht glauben könnt, daß ihr geachtet werdet.«

4. Schritt: So will ich euch morgen begegnen: Alle Teilnehmer stellen sich in einen Kreis, jeder überprüft, ob der vergebene Name noch stimmt, und spricht die Jungen an mit der Formel: »Ihr ..., morgen werde ich euch so begegnen. – Also dann bis morgen.«

Reflexion in der Gruppe: Im Verlauf dieses methodischen Verfahrens folgen die Teilnehmerinnen den Anregungen des Moderators. Dabei befinden sie sich in aller Regel sehr stark auf der emotionalen Erlebnisebene. Gleichzeitig erinnern und werten sie erlebte Situationen und überprüfen, wie eine Veränderung ihres Verhaltens am nächsten Tag aussehen könnte. Jede Teilnehmerin macht diesen Prozeß individuell durch und nimmt gleichzeitig durch das Aussprechen der individuellen Ergebnisse am Arbeitsprozeß ihrer Kolleginnen teil. Es findet ein komplexer Arbeitsprozeß statt, in dem die konkreten Erlebnisse der einzelnen Personen auf der emotionalen und rationalen Ebene wahrgenommen, verarbeitet und mitgeteilt werden. So finden intrapsychische Prozesse statt, die mit den Prozessen anderer Personen interagieren. Das Einzelerlebnis wird zum Gemeinschaftserlebnis und wirkt auf den einzelnen zurück.

In der nachfolgenden Reflexion tritt wieder stärker der rationale Aspekt in den Vordergrund. Er findet auf einer mitgeteilten emotionalen Basis statt. Nun werden die vorausgegangenen emotionalen Erfahrungen noch einmal in die rationale Kommunikationsebene gebracht.

Im vorliegenden Beispiel arbeiteten die Teilnehmerinnen heraus, daß einzelne während ihres erzieherischen Umgangs mit diesen Schülern die Beherrschung verlieren, wütend werden, keine Achtung mehr vor diesen Jungen haben (Verlust der Würde), und daß sich ein Gefühl von Gleichgültigkeit einstellt. Die Jungen lösen durch ihr Verhalten Gewaltphantasien aus: »Ich könnte euch zu Brei schlagen.« Am liebsten würden die Lehrerinnen diese Schüler los sein. Die emotionale Grundstimmung ist von Hilflosigkeit und Ohnmacht gekennzeichnet.

Eine emotionale Grundlage für eine erfolgreiche Erziehung ist damit nicht mehr gegeben. Deutlicher als in dem oben geschilderten Prozeß kann das Versagen der Lehrerinnen vor den Verhaltensweisen dieser 14jährigen Jungen nicht zum Ausdruck gebracht werden. »Wir wissen nicht weiter«, dieser Ausspruch einer Lehrerin kennzeichnet die Situation. Der Wunsch nach einer von außen kommenden Veränderung wird sehr deutlich. Am liebsten möchte man diese Schüler nicht mehr unterrichten müssen. Dieser Wunsch ist unrealistisch. Das wissen alle Teilnehmerinnen. Sie wissen natürlich auch, daß ihre Gewaltphantasien ihnen in der Praxis nicht weiterhelfen. Für die Offenheit der Mitteilung ihrer emotionalen Erlebnisse gebührt diesem Kollegium zunächst einmal Dank.

Auch wenn es im Rahmen dieser Veranstaltung nicht thematisiert worden ist, steht im Hintergrund das Erlebnis von Scham. Diese speist sich aus der Erfahrung, nicht über genügend Kompetenz zu verfügen, mit der die geschilderte unerträgliche Situation für alle Beteiligten konstruktiv bearbeitet werden könnte. Nicht eingestandene Scham kann sehr schnell zu aggressiven Verhaltensweisen sich selbst oder anderen gegenüber führen, im Extremfall zum Verlust der Würde. Dies wird im Beispiel sehr deutlich. Kommt es auf beiden Seiten, bei den Schülern und bei den Lehrerinnen so weit, dann ist die Grundlage für ein erfolgreiches Miteinander entzogen. Auch in einer so ausweglos erscheinenden Situation bleibt es die Aufgabe der Lehrerinnen, nach Auswegen zu suchen.

Eine erste Chance, nicht die Handlungsfähigkeit zu verlieren, bietet der nächste Schritt, bei dem es um Verständnis für die Situation der Schüler geht. Es gilt zu prüfen, ob noch innerhalb der gegebenen Konstellation über empathische Bahnen mindestens ein Verstehen der Verhaltensweisen möglich ist. »Ihr habt zu Hause keine Unterstützung«, »fühlt euch unterdrückt«, seid »orientierungslos«, »fühlt euch alleine«, »fühlt euch schwach und könnt es euch nicht zugestehen«, das sind Äußerungen der Lehrerinnen, die unter Einbeziehung des gesellschaftlichen Lebenshintergrundes der Jungen noch rationale und emotionale Anteile enthalten.

Nun haben wir eine Stelle im Arbeitsprozeß erreicht, an der sowohl die Situation der Lehrerinnen als auch die der Schüler auf der emotionalen und rationalen Ebene klar erkennbar ist. Das Wahrnehmen allein reicht natürlich noch nicht aus, um in konkreten Situationen handlungsfähig zu sein und zu bleiben. So schließt sich nun der nächste Schritt an, in dem es nach einer kurzen Pause darum geht, ob einzelne Teilnehmerinnen vor dem Hintergrund der bisherigen Erfahrungen bereits einen Ansatz für künftiges Verhalten erkennen. Indem sie auch in dieser Phase noch einmal den für die Schüler gewählten Namen verwenden, wird nichts von der Härte der Situation ausgeblendet. Nun können die Ansätze für den nächsten Tag formuliert werden. »..., dir will ich morgen so begegnen« enthält eventuell ein Minimum an veränderter Einstellung.

Damit wäre die Chance zu einem Prozeß der Veränderung eingeleitet.

Es kann sich dabei nur um einen ersten Schritt handeln. Denn die Gesamtsituation ihrer Schüler können die Lehrerinnen nicht ändern, sie haben auch keinen Einfluß auf die Rahmenbedingungen ihrer Arbeit. Allerdings können sie unter Einbeziehung der äußeren Rahmenvorgaben den Versuch machen, die Beziehungsebene miteinander soweit zu klären, daß zufriedenstellendes erzieherisches Handeln möglich ist. Dafür benötigen sie das Vertrauen in das eigene Können und das Wissen, daß Veränderungen, die in ihrem Inneren beginnen, immer Auswirkungen auf ihr Gegenüber haben werden. Eine Erweiterung ihrer emotionalen Kompetenz führt zu einer größeren inneren Sicherheit und damit zu einer veränderten Handlungskompetenz. So kehrt die Achtung vor sich selbst zurück, und es wird die Grundlage geschaffen, auch wieder Achtung vor den Schülern zu haben. Eine kaum noch kontrollierbare Streßsituation kann über ein solches Verfahren zu einer neuen Motivation und zu veränderten Handlungsversuchen führen.

▌ »Weil ich Jurek gern weinen sehe.«

Themen: Macht, Gewalt, eine Inszenierung und die Hilflosigkeit von Lehrkräften
Methodenkombination: Reflexiv-assoziatives Erinnern,
Wahrnehmen und Benennen von Gefühlen,
Suche nach dem Verwicklungspunkt, Interpretationsversuche, Teamarbeit, Perspektiven eröffnen

Exkurs: Inszenierungen

Zum besseren Verständnis der folgenden Situation gebe ich eine kurze Einführung in das Problem der Inszenierungen. In vielen alltäglichen pädagogischen Situationen werden Konflikte aus früheren Erfahrungen der Kinder reproduziert. Oft werden Kinder als schwierig erlebt, bei denen frühe Beziehungen gescheitert sind. Diese Erfahrung hat zu Kränkungen und psychischen Verletzungen geführt. Wenn sich nun für diese Kinder in der Schule etwas ereignet, was diese frühen Verletzungen tangiert, brechen oft alte Wunden wieder auf. So kann zum Beispiel der Weggang eines Mitschülers eine frühe Trennungserfahrung aktualisieren.

Kinder, die in ihren ersten Lebensjahren vernachlässigt wurden, wollen gerade durch ihr Verhalten erproben, ob die erwachsene Person ihnen standhält, ob sie ihnen Halt geben kann oder sich »zerstören« läßt. So ist zu verstehen, daß sogenannte auffällige Kinder einen ihnen schwach erscheinenden Lehrer immer wieder bei seiner Arbeit stören und ihn auch durch aggressives Verhalten anderen Kindern gegenüber immer wieder herausfordern.

Situationen, die von einem Kind immer wieder mit nahen Bezugspersonen erlebt wurden, kann man mit der Inszenierung eines Dramas vergleichen, das später bei ähnlichen Gelegenheiten mit anderen Partnern wiederholt wird. Das gilt besonders für Erfahrungen der Demütigung, die mit Scham verbunden waren. Diese Erfahrungen werden in entsprechenden Situationen remobilisiert und inszeniert. So werden zum Beispiel Lehrkräfte durch das Verhalten der Kinder unbewußt dazu veranlaßt, Reaktionen zu zeigen, die zu einer Demütigung führen. Es kann auch sein, daß eine Lehrerin in eine Situation gedrängt wird, in der das Kind erwartet, daß seine Lehrerin alle Wünsche, die früher versagt blieben, nun erfüllen wird. Daraus ergibt sich die wichtige Aufgabe für Lehrerinnen und Lehrer, solche Zuschreibungen zu erkennen, um nicht in die Szene des Kindes verwickelt zu werden. Szenisches Verstehen bedeutet demnach, zu erfassen, wie Kinder ihren Lehrer oder ihre Lehrerin durch ihre Mitteilung oder ihr verschlüsseltes Verhalten in ihre Szenen einbeziehen.

Oft ist die ganze Klasse von einer solchen Inszenierung betroffen. Es bilden sich gefühlsmäßige Strömungen, an denen alle Kinder teilhaben. In Konflikten gibt es zwar Protagonisten, aber die übrigen Kinder sind nicht weniger beteiligt. Sie setzen dann frühe Konflikte auf einer unbewußten Ebene gemeinsam in verteilten Rollen in Szene. Zu den Rollen gehören dann auch Kinder, die zum Beispiel den Lehrer verteidigen, um sich vor den Folgen ihres eigenen Aggressionspotentials zu schützen.

Manche Kinder können in Spielen nicht verlieren. Sie müssen gewinnen. Wenn ihnen das nicht gelingt, zerstören sie das Spiel, machen andere verantwortlich oder schlagen ihre Mitschüler. Erklären läßt sich ein solches Verhalten zum Beispiel durch frühes Alleingelassensein. Nun versucht ein Kind sich zu retten, indem es sich eine solche Größe gibt, daß es von allen anerkannt werden muß. Damit scheitert es oft. Es gerät in einen Teufelskreis von Inszenierungen. Ein Kind, das auf Bewunderung angewiesen ist, erfährt seine Niederlage, die es durch Aggression zu übertönen sucht. Im Verlauf dieses Verhaltens entsteht Scham. Diese muß nun auch noch überdeckt werden. So kann ein winziger Anlaß zu einer heftigen Schlägerei ausarten, die aus der Perspektive eines neutralen Betrachters als völlig unangemessen erscheint. Vom persönlichen Drama des Kindes her läßt sich das Verhalten erklären. Das Kind kann sein Verhalten nicht angemessen steuern. Es führt sich und damit oft auch eine Lehrerin in ständig wiederkehrende unkontrollierbare Streßsituationen. Gelingt es einer Lehrkraft, die Inszenierungsprozesse der Kinder zu durchschauen, dann kann sie wesentlich dazu beitragen, daß neue und tragende Beziehungen aufgebaut werden können.

Wie können Lehrerinnen und Lehrer einen kompetenten Umgang mit solchen Situationen erwerben? Wo liegen die besonderen Schwierigkeiten? Der konstruktive Umgang mit Inszenierungen setzt eine Überprüfung der Beziehung zu den Kindern voraus. Diese hat sich über die besondere Art des Umgangs miteinander gebildet. Es gibt auf der Seite der Schüler und der der Lehrer bereits Vorerfahrungen. In Konfliktsituationen können die bisherigen Beziehungen helfenden oder störenden Charakter haben.

So entstehen tragende Beziehungen: Sie entwickeln sich in ernsten Situationen, zum Beispiel bei der Klärung von Konflikten. Die Kinder sind gefühlsmäßig beteiligt, eventuell hat es körperliche Verletzungen gegeben. Die Folgen des Tuns werden sichtbar.

Gewaltsituationen zeichnen sich durch Schnelligkeit, Un-überschaubarkeit, Verworrenheit, Ausweglosigkeit aus. In Klärungssituationen kann der Lehrer als Rekonstrukteur der Ereignisse auftreten, zusammen mit den Kindern an einem Verstehen der äußeren und inneren Vorgänge arbeiten und als Konstrukteur Perspektiven für die Zukunft eröffnen. Die Kinder erleben ihn als Helfer. Es entsteht Anerkennung über Dankbarkeit. Sie erleben, wie das eigene Handeln und Fühlen und das der beteiligten Mitschüler durchschaubar wird. Über das Wahrnehmen dessen, was gewesen ist, und das nochmalige Durchleben in der Rekonstruktion erhellt sich die Situation. Sie klärt sich. Das hat in der Regel eine befreiende Wirkung. Die betroffenen Kinder erleben eine Erleichterung. Der Klärungsprozeß mit Hilfe des Lehrers wird positiv erlebt, verinnerlicht und bildet ein Potential für künftige Situationen.

Die folgende Skizze (S. 93) verdeutlicht den Prozeß. Mit der Klärung von Konflikten (1) sammeln die Schülerinnen und Schüler nicht nur kognitive, sondern auch emotionale Klärungserfahrung (2). In der Verbindung von Kognition und Emotion liegt die positive Wirkung. Fehlt der emotionale Anteil, so bleiben die Ergebnisse weitgehend wirkungslos. Gelingt ein Klärungsgespräch, dann haben die betroffenen Kinder meistens ein Gefühl der Erleichterung. Sie erleben das Klärungsbemühen der erwachsenen Person als Hilfe (3). Aus diesem emotionalen Erleben heraus entwickelt sich Dankbarkeit gegenüber der helfenden Person (4). Dankbarkeit ist eine Grundlage für Vertrauen (5). Dieses Vertrauen wurde in einer Beziehungssituation erworben und stärkt damit diese Beziehung. Je öfter solche Erfahrungen gemacht werden, desto größer ist die Chance, zu einer Beziehungssicherheit zu gelangen (6). Beziehungssicherheit bildet die Grundlage für emotionale Sicherheit (7).

Damit sind wir beim Kern angelangt. Viele Kinder leben in der heutigen Zeit ohne Beziehungssicherheit und ohne eine ausreichende emotionale Sicherheit. Wenn es in der Schule gelingt, über Konfliktbearbeitung zur Bildung von emotionaler Sicherheit beizutragen, dann haben diese Kinder die Chance, mit einem größeren Selbstbewußtsein die alltäglichen

Anforderungen, die an sie gestellt werden, besser zu bewältigen. Sie selbst geraten nicht mehr so oft in Streßsituationen und müssen andere auch nicht durch ihre Inszenierungen hineinziehen. Die erworbene emotionale Kompetenz wirkt sich auf das System Schulklasse positiv aus. So kann eine Lehrkraft dazu beitragen, daß aus sehr belastenden und oft unkontrollierbaren Streßsituationen über den Aufbau von tragenden Beziehungen Klarheit in den Handlungsprozeß kommt. Diese Aufgabe ist nicht einfach, wie das nachfolgende Beispiel (S. 94 f.) zeigen wird.

Bildlich gesprochen, werden die Unübersichtlichkeit und die Verworrenheit durch das Anlegen neuer Pfade begehbar und übersichtlich gemacht. Es entstehen Wegenetze oder Netze von Pfaden. Diese Vernetzungen können bei künftigen Problemen genutzt werden. Ein Kind kann sich mit seinen es überwältigenden Affektstürmen auf einen Pfad flüchten und so ein rettendes Haus erreichen.

Dies alles setzt einen Lehrer voraus, der in der Schaffung tragender Beziehungen kompetent ist. Die Arbeit mit Lehrerinnen und Lehrern zeigt, daß viele von ihnen angesichts von Gewaltsituationen hilflos sind. Sie haben selbst ein hohes Maß an Wut und Rache, und ihre Handlungen speisen sich aus solchen Gefühlen, weil sie nicht über ausreichende Verarbeitungsmöglichkeiten verfügen. Es ergibt sich aus ihrer Perspektive fast nur eine Beziehung des ›Gegen‹, nicht eine Beziehung des ›Mit‹. Dabei werden sie von den Schülern als klein und hilflos erlebt. So stärken sie unbewußt die Macht der gewalttätigen Schüler. Es ist wichtig, daß sie ihre Gefühle bearbeiten und dann aus einer Position des Konstrukteurs neue Impulse geben. Sie müssen sich als Pfadfinder betätigen und bewähren und nicht als Verweigerer und Fallensteller. Konstruktive Formen der Konfliktbearbeitung können gelernt werden.

Modell für den Umgang mit Inszenierungen
Für die Arbeit in einer Lehrergruppe schlage ich folgendes Modell vor:

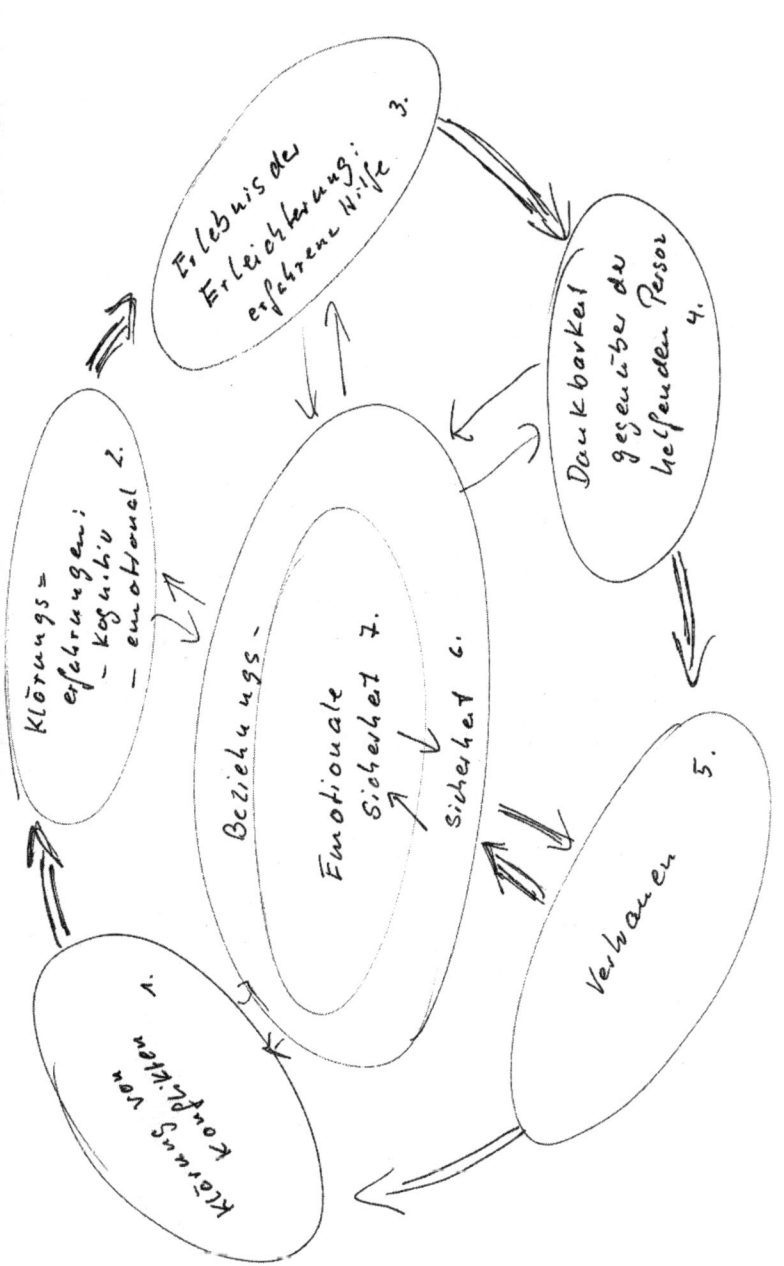

1. Klärung von Konflikten
2. Klärungs-erfahrungen: – kognitiv – emotional
3. Erlebnis der Erleichterung: erfahrene Hilfe
4. Dankbarkeit gegenüber der helfenden Person
5. Vertrauen
6. Sicherheit
7. Emotionale Sicherheit

Beziehungs-

93

Ein Moderator führt kurz in die theoretischen Hintergründe ein. Danach leitet er den emotionalen Reflexionsprozeß der Teilnehmer nach folgenden Schritten an:

- Versuchen Sie eine Situation zu erinnern, in der Sie durch das Verhalten eines Kindes (oder mehrerer Kinder) emotional stark tangiert waren. ... Eventuell fallen Ihnen mehrere Situationen ein ... Wählen Sie möglichst die Situation aus, bei der Sie die heftigsten Gefühle empfinden.
- Versuchen Sie nun, diese Gefühle zu benennen. Suchen Sie nach passenden Worten. Scheuen Sie sich nicht vor unangenehmen Bezeichnungen ... Entscheiden Sie sich nun für die Bezeichnung, die Ihr Gefühl /Ihre Gefühle am treffendsten wiedergibt.
- Versuchen Sie nun die »Verwicklungsstelle« innerhalb der Inszenierung zu erkennen. Überlegen Sie, wie Sie an Ihren eigenen Gefühlen arbeiten könnten.
- Entwickeln Sie kleine Schritte für die nächste Zeit.
- Testen Sie Ihre Handlungsperspektiven bei der nächsten Gelegenheit.

Ein Beispiel aus einer Lehrergruppe: Nachdem der Moderator wie oben beschrieben in die Situation eingeführt hat, schildert eine Lehrerin folgendes:

»Während meines Unterrichts ging Sören zum Papierkorb. Auf dem Weg dorthin gab er Jurek eine schallende Ohrfeige. Mein spontanes Gefühl: ›Schon wieder Sören‹. Ich konnte es nicht fassen, daß er so brutal zuschlug. Jurek weinte. Ich bat beide Jungen zu mir und führte mit ihnen ein Gespräch:

Jurek: ›Sören hat mir eine geknallt.‹
Sören: ›Ich wollte an Jurek vorbei. Der hat mich nicht vorbei gelassen.‹
Jurek: ›Ja, ich habe ihn geschubst.‹
Lehrerin: ›Sören, warum hast du Jurek geohrfeigt?‹
Sören: ›Weil ich Jurek gern weinen sehe!‹«

Nach dieser Schilderung wendet sich die Lehrerin an die Gruppenmitglieder:

»Ich war erschrocken, betroffen und wütend. Sören sagte, er

habe das schon öfter gemacht. Was wollte er mir durch sein Verhalten mitteilen? Kann ich, was er gesagt hat, ernst nehmen? Ich war unsicher und habe ihn am nächsten Tag noch einmal nach dem Grund gefragt, und er hat wieder geantwortet: ›Ja, das ist so. Ich habe ihn geohrfeigt, weil ich ihn gern weinen sehe.‹ Ich wollte es nicht glauben und gab zu bedenken, ob nicht vielleicht doch Jureks Schubsen den Grund geliefert hätte. ›Nein‹, antwortete Sören, ›ich hab es gemacht, weil ich ihn gerne weinen sehe.‹ Wie soll ich mich in einer solchen Situation verhalten? Ich bin überfordert und hilflos.«

Mitteilung von Gefühlen: Der Moderator bittet die übrigen zehn Gruppenmitglieder, ihre Gefühle nach dieser Schilderung mitzuteilen.

»Ich fühle mich damit auch überfordert. Ich bin wütend darüber, daß ich mich damit befassen muß. Das hat doch mit uns nichts zu tun. Das ist doch eine Aufgabe der Mutter. Ich bin ratlos.«

»Ich bin auch ratlos, fühle mich selbst erniedrigt. Die Stärke, die dieses Kind auch in anderen Situationen zeigt, macht mich hilflos. Er ist dann so groß, und ich fühle mich so klein.«

»Ich fühle Wut und Hilflosigkeit.«

»Ich möchte am liebsten aus einer solchen Situation weglaufen. Ich fühle Wut und Mitleid.«

»Ich bin betroffen und habe Mitgefühl. Aber wenn ich diese Situation selbst erlebt hätte, wäre ich stinkwütend. Ich denke, daß ich als Privatperson mehr Möglichkeiten hätte als in meiner Rolle als Lehrerin. Privat könnte ich ihm eine knallen oder ihn in den Arm nehmen. So breit wäre die Palette.«

»Häufig denke ich fast so schnell wie ich fühle. Seine Schwäche ist seine Stärke, das springt mir gleich in den Kopf. Einerseits habe ich Wut auf ihn und bewundere ihn andererseits, weil er es schafft, das zu sagen.«

»Du armes Schwein, denke ich. Was muß man dir angetan haben, daß du so empfindest.«

»Erschrocken, ich bin ganz einfach erschrocken über die Art, wie der Junge darüber redet.«

»Ich bin geschockt, fühle mich ratlos. Es entsteht in mir ein Gefühl von Traurigkeit. Ich fühle mich weit weg von ihm. Alles, was mir einfällt, wirkt so pädagogisierend. Es wäre keine Hilfe.«

Suche nach dem Verwicklungspunkt: Der Moderator bittet die Teilnehmer, nun nach jener Stelle zu suchen, die die Verwicklung auf der Gefühlsebene mit dem Schüler kennzeichnet. Er betont, daß auch unvollständig, ungenau und unfertig gedacht und formuliert werden darf.

»Ich bin schockiert. Ich muß mich pädagogisch bremsen. Es kommt mir vor wie ein Herumreden. Ich weiß nicht.«

»Es ist die Solidarität mit dem Opfer und die Wut auf den Täter. Irgendwie scheint das die Verwicklungsstelle zu sein.«

»Vielleicht sieht der Schüler seine Lehrerin so gerne sprachlos.«

»Was der für eine Macht austestet. Er hat dich als wütend erlebt und als ratlos. Er hat gemerkt, wie er dich kriegen kann.«

»Der Verwicklungspunkt ist der Machtkampf, in den ich mich mit diesem Schüler einlassen würde. Das weiß ich. Er kann großes Geschütz auffahren, und er tut es.«

»Sprachlosigkeit, das ist mein Verwicklungspunkt. Das kann er nicht ernst gemeint haben, habe ich in der Situation gedacht. Morgen wird sich alles aufklären, das habe ich gehofft. Dann wird tatsächlich alles klar. Er hat es so gemeint. Und das sagt er ruhig und sachlich. Das macht mich ratlos.«

»Mich überrascht meine eigene Unsicherheit. Daß der das so sagt, daß ich unsicher bin, das ist die Verwicklung.«

»Ja, daß er es wagt, das zu sagen. Das ist der Punkt.«

»Daß er es in einem normalen Ton sagt.«

»Das ist ein bewußtes Spiel. Es macht ihm Spaß.«

»Im Grunde hat er nicht nur seinem Mitschüler eine geklebt – auch seiner Lehrerin im übertragenen Sinn.«

Noch eine Ebene tiefer: Der Moderator ermuntert die Teilnehmer, mit ihm noch eine Ebene tiefer in die Welt der Gefühle hinabzusteigen. Was löst dieser Junge im Kern aus, oder was verbindet alle diese Gefühle miteinander?

»Macht – Ohnmacht – Angst.«

»Er löst aus, daß ich mich sehr klein fühle, so etwas wie ›Mund zu!‹. Er ist so etwas wie eine Autorität, die nichts erklärt. Ratlosigkeit spüre ich in der Tiefe.«

»Er reißt alles runter, was man auch tut.«

»Wie oft muß er schon zum Weinen gebracht worden sein.«

»Ich weine, und ihr schaut zu.«

»Wie stark muß er verletzt worden sein, daß er in der Lage ist, mir so etwas zu sagen.«

»Auch Angst, wie soll er dir begegnen. Ich habe Angst vor dir, fühle mich dir gegenüber ohnmächtig.«

»Mein Selbstbewußtsein in der Rolle, die ich habe, ist angekratzt.«

Perspektiven der ›inneren‹ Lehrerin: Der Moderator ermutigt, nun zu überlegen, was die Lehrerin am nächsten Tag tun könnte. Kann sie sich innerlich stark machen?

»Wärme und Offenheit.«

»Was du gesagt hast, das schreibe ich auf. Ich halte es fest. Ich finde es nicht in Ordnung. Ich habe es gehört und lasse es so stehen.«

»Die innere Lehrerin sollte auf das Maß von Zuwendung und Grenze achten. Ich wende mich dir zu (wenn sie es kann), aber es gibt Grenzen. Dieses Verhalten dulde ich nicht.«

»Ich werde mich ihm auf der Sachebene zuwenden. Da habe ich meine Stärke, da kann ich ihm als stark begegnen.«

»Ich muß überlegen, wo ich in anderen Situationen gut und richtig reagiert habe. Das muß ich erinnern, muß mich selbst bestärken.«

»Er baut ja Distanz zu mir auf. Ich müßte versuchen, eine Beziehung zu ihm aufzubauen. Ich muß selber eine emotionale Beziehung zu ihm bekommen. Ich empfinde Sympathie ihm gegenüber, auch Mitleid, und dennoch bin ich ratlos. Er hat alle in der Hand!«

»Mir kommt ein Bild mit Tränen. Wenn der in Tränen aus-

bräche, das machte mir Angst.«
»Ich habe Sorge, daß ich es nicht schaffe.«

Erste Interpretation: Das Beispiel macht deutlich, wie ein Team, in dem Vertrauen vorhanden ist, an einer Inszenierung arbeiten kann. Eine Lehrerin trägt ihr Erlebnis vor, das sie sehr belastet, und alle Mitglieder des Teams begeben sich in diese Situation und versuchen sie über die angebotenen methodischen Schritte nachzuerleben. Der Problemstellerin werden keine Ratschläge erteilt. Jede Teilnehmerin erlebt für sich die Situation und ist gleichzeitig Teil eines Gruppenprozesses. Was die einzelnen Mitglieder im Anschluß daraus für ihr Handeln ableiten, ist ihnen überlassen.

Insgesamt zeigt das Beispiel, wie groß die Hilflosigkeit von Lehrkräften angesichts solcher Inszenierungen ist. Dabei sind sie immer noch näher bei dem agierenden Kind als bei sich selber. Sie suchen Erklärungen für dessen Verhalten, zeigen Empörung, Angst und Empathie. Eigentlich wollen sie die Situation nicht so haben, wie sie ist. Ihre Erwartungen hinsichtlich einer Veränderung richten sich auf den Jungen. Gleichzeitig wissen sie, daß dies unrealistisch ist. Sie müßten bei sich selbst, bei ihrem Verhalten und Erleben in einer solchen Situation ansetzen. Das fällt schwer. Es fehlt offensichtlich das methodische Handwerkszeug. Die Erkenntnis reicht bis zum Formulieren von Hilflosigkeit, Ohnmacht und Angst, allerdings auf einer eher kognitiven Ebene. Was müßten Lehrerinnen, die alle länger als zwanzig Jahre im Schuldienst sind, angesichts einer solchen Situation empfinden? Ich meine, daß es ihnen eigentlich peinlich sein müßte, so hilflos dem Verhalten eines neunjährigen Jungen gegenüberzustehen. Das Empfinden von Scham wäre auf der emotionalen Ebene das entsprechende Gefühl, Scham über die nicht ausreichende Kompetenz zur Lösung des vorgestellten Problems: Kompetenzscham. Möglicherweise wurde diese von einigen Teilnehmerinnen empfunden, ausgesprochen wurde es nicht. Ähnliche Situationen sind im Unterrichtsalltag an der Tagesordnung. Was passiert mit den Lehrerinnen, die keine Möglichkeiten der konstruktiven Bearbeitung haben? Sie müssen ihre Kompetenzscham verbergen, und das geht am einfachsten, indem man die eigene Scham auf die Schüler abwälzt. Ein Problem entsteht dann, wenn der Schüler, wie im geschilderten Fall, bei seinem destruktiven Gefühl bleibt. Er tut seiner Lehrerin nicht den Gefallen, sich zu schämen. Er ist mit sich identisch. Das macht die erwachsenen Personen hilflos. Akzeptanz der eigenen Scham über das Unvermögen, konstruktiv an der Situation zu arbeiten, ist die Voraussetzung dafür, solchen Schülern angstfrei zu begegnen. Die Intensität der Scham angesichts vieler, fast täglicher Versagenssituationen führt bei vielen Lehrkräften zu einem heftigen Verdrängungsprozeß. Kann die Scham angenommen werden, dann setzt sie Energien frei. Die Aneignung neuer und anderer Methoden als die in der pädagogischen Praxis gängigen Formen ist die logische Folge. Neben dem Verständnis solcher Schülerverhaltensweisen ist es von besonderer Bedeutung, die Wirkung auf das eigene Erleben und Verhalten zu thematisieren. Dazu braucht man ein Team. Die Aneignung neuer Methoden kann schließlich dazu führen, daß eine Distanz zu solchen Ereignissen gefunden und solche Anregungen gegeben werden, die schließlich zu einer Veränderung des Schülerverhaltens führen werden.

▨ »Ich finde Menschen, die weinen, stark!«

*Themen: Traurigkeit, Empathie, Gewalt, Umwandlung
    einer diffusen in eine kontrollierte Streßsituation,
    Inszenierungen, Einbeziehung der Familie
Methoden: Die Wunderfrage stellen, eine weitere Person
    an einer Lösung beteiligen, Bewegung und Affekt-
    bearbeitung, Klärungsdialoge, Ringkämpfe*

Mit den Eltern reden, Eltern einbeziehen in die schulischen Lernprozesse, Elternmitwirkung in den unterschiedlichen Gremien, Elternabende, gemeinsame Feste und Feiern, Elternsprechtage – das sind Stichworte für die Zusammenarbeit von Schule und Elternhaus. Es ist gut, daß es die unterschiedlichsten Formen und Kommunikationsmöglichkeiten im Überschneidungsbereich familiärer und schulischer Erziehung gibt. Konflikte gehören dazu ebenso wie Enttäuschungen. Aber es gibt auch Freude über gelungene Kooperationsformen. In Einzelfällen wird die Zusammenarbeit sehr intensiv sein. Und oft wird es bei einem Telefongespräch bleiben. Im folgenden will ich an einer komplexen schulischen Situation zeigen, daß an einer bestimmten Stelle ein Kontakt zwischen Lehrer und Eltern wichtig ist. Dieser ist kurz, aber wirksam. Es ist ein Beispiel für Öffnung in der Zusammenarbeit. Anlaß ist ein heftiger emotionaler Ausbruch einer Schülerin. Oft kommt es in kritischen Situationen zu gegenseitigen Schuldzuweisungen oder Zuweisung von Erziehungsarbeit, die der jeweils andere zu leisten hätte. Manchmal sind solche Zuweisungen mit Kritik und moralischer Belehrung verbunden. Das Beispiel macht deutlich, daß im System Schule eine eigenständige Arbeit, die das System Familie nicht außen vor läßt, zu leisten ist. Dennoch muß bewußt bleiben, daß Schule nicht in die familiäre Dynamik eingreifen kann. Im günstigsten Fall kann sie einen Anstoß geben. Das gilt besonders für Situationen, die stark emotional geprägt sind. Werden hier die gegenseitigen Grenzen überschritten, dann kann dies zu Ärger und Scham auf der jeweils anderen Seite führen.

Anlaß: Eine Schlägerei vor der Weihnachtsfeier

Die Weihnachtsfeier steht unmittelbar bevor. Ich hole die Kinder eines ersten Schuljahres vom Pausenhof ab und will mit ihnen zur gemeinsamen Feier gehen. Aufgeregt kommen einige Mädchen auf mich zugerannt und rufen: »Thomas hat Janina geschlagen. Und dann haben sich auch noch Lennart und Thomas gekloppt.« Janina sitzt auf der kleinen Mauer und heult. Es ist nicht möglich, mit ihr zu reden. Sie kann in der Situation nur schluchzen. Zu einer ruhigen Klärung ist keine Zeit. Alle anderen Kinder der Schule sind schon in der Aula zur Weihnachtsfeier versammelt. Es gibt lautstarke Hinweise auf weitere Schlägereien während der Pause.

Mir paßt die Situation, wie man sich leicht vorstellen kann, überhaupt nicht. Viele Kinder sind aufgebracht und erregt. Ich werde ärgerlich und möchte mit den Kindern am liebsten nicht zur Feier gehen. Ich befinde mich plötzlich in einer Streßsituation, aus der ich keinen Ausweg weiß. Die Diskrepanz zwischen der Prügelei der Kinder und der friedlichen Situation unterm Tannenbaum ist zu groß, als daß ich spontan eine Lösung wüßte. Affektarbeit ist angesagt. Die Zeit drängt. Da ich in diesem inneren Zustand unter keinen Umständen zur Feier gehen möchte, schlage ich mit den Kindern zusammen den Weg zur Klasse ein.

Ich habe damit spontan etwas gemacht, was eine streßlösende Wirkung hat. In solchen Situationen werden vermehrt Streßhormone (Adrenalin, Noradrenalin und Kortisol) ausgeschüttet und tragen zu einer erhöhten Handlungsbereitschaft bei. Der Körper ist auf Flucht oder Angriff eingestellt. Ich ergriff die Flucht zusammen mit den Kindern Richtung Klassenzimmer. Noch ist darin kein souveränes Handeln zu erkennen. Die Bewegung tat gut. Ich habe die Möglichkeit, auch wenn der Weg nur kurz und die Zeit knapp ist, meine inneren Turbulenzen zu ordnen.

Rational wird mir sehr schnell klar, daß ich als Schulleiter der Feier in keinem Fall fernbleiben kann. Ich kann es auch nicht den Kindern zumuten. Die meisten von ihnen hatten den Vorfall gar nicht bemerkt. Es würde einer kollektiven Bestrafung gleichkommen, wenn ich nicht mit ihnen zur Feier ginge. Vor allem aber würde es über die Weihnachtsferien für Gesprächsstoff in den Familien sorgen. Meine partielle Hilflosigkeit würde in einer Weise ausgedehnt und aufgebläht werden, die ein völlig falsches Licht auf meine pädagogischen Möglichkeiten werfen würde. Diese Gedanken rasen blitzschnell durch meinen Kopf.

Im Flur bleibe ich stehen, versammle die Kinder um mich, sage: »Das war eben zu viel für mich. Die Kloppereien auf dem Schulhof und die geplante Weihnachtsfeier in der Aula. Mit soviel Unruhe kann man eigentlich nicht zur Feier gehen.« Es tritt Schweigen ein. Natürlich wissen die Kinder auch keine Lösung. Ich muß eine souveräne Entscheidung fällen. »Wir nehmen an der Feier teil«, sage ich, »bevor ihr aber anschließend nach Hause geht, klären wir, wie es zu dieser

Unruhe gekommen ist.« Dieses Klärungsversprechen beruhigt sowohl die Kinder als auch mich. Wir gehen zur Feier, überstehen sie und finden uns anschließend wieder in der Klasse ein. Insgesamt kläre ich drei Konflikte und überschreite damit zum erstenmal in diesem Jahr die Unterrichtszeit.

In diesem Zusammenhang möchte ich auf den Konflikt mit Janina eingehen. Ich fand zunächst keine Erklärung für die Situation. Die Kinder halfen – wie so oft. Das Ergebnis unseres Gesprächs: Janina hat auf der Mauer gesessen und geweint. Mehrere Kinder sind zu ihr gegangen, haben nachgefragt und versucht, sie zu trösten. Janina konnte nicht antworten. Mit dieser Reaktion konnten einige Jungen nichts anfangen. Er habe nur gefragt, was denn sei, beteuert Thomas. Da habe Janina ihm so stark gegen das Schienbein getreten, daß es richtig weh getan habe. Da sei er sauer geworden, habe gefragt, was das denn solle, er habe ihr doch gar nichts getan. Da habe sie ihn noch einmal kräftig getreten. Dann habe er zurückgetreten. Das wiederum habe Lennart gesehen und sich auf ihn gestürzt. Ganz schnell sei das alles gegangen. Eigentlich habe er sich nur um Janina kümmern wollen.

Bei diesem Diskussionsstand entlasse ich die Kinder. Zuvor sage ich noch, daß wir jetzt wenigstens wüßten, was da abgelaufen sei. Warum das alles so gekommen sei, darüber hätten wir noch nicht gesprochen. Es ist uns möglich, so in die Weihnachtsferien zu gehen.

Reflexion: Ich bin froh, daß ich mit den Kindern noch so weit gekommen bin. Das Beispiel macht deutlich, welchen Ausgangspunkt Schlägereien manchmal haben können. Schnell sind die Kinder in Situationen verwickelt, die sie selber nicht oder nur sehr begrenzt durchschauen. Wäre ich nur den Hinweisen der Mädchen und meinem spontan einsetzenden Ärger gefolgt, dann hätte ich einen »Schläger« zur Rede gestellt. Bei unreflektiertem Handeln meinerseits hätte er unmittelbar vor der Weihnachtsfeier vielleicht eine deftige moralische Belehrung erhalten. Das Beispiel zeigt also, wie wichtig es ist, eine Zeitspanne zur Reflexion einzulegen. Es macht weiter deutlich, daß die Jungen, die als »Schläger« angesehen werden, eigentlich beachtenswerte Motive für ihr Tun hatten. Der erste wollte sich um Janina kümmern, der zweite wollte den ersten von ihr fernhalten, nachdem der Kontakt in heftige gegenseitige Fußtritte ausgeartet war. Eine allgemeine Erklärung für die Unruhe an diesem Tag läßt sich aus einem größeren Zusammenhang ableiten.

Wir beobachten nicht nur montags bei unseren Schülerinnen und Schülern eine große Unruhe, etwas schwächer zeigt sich diese auch freitags, besonders stark aber ist sie vor den Ferien. Obwohl wir uns oft für die Übergangsphase von der Schulzeit in die Ferienzeit etwas »Schönes« vornehmen wie diese Weihnachtsfeier, sind die Kinder mit ihren Gedanken und Gefühlen längst in der Zukunft und beschäftigen sich mit dem Leben in ihrem jeweiligen familiären Kontext. Für einen Teil unserer Schülerinnen und Schüler ist diese Perspektive nicht erfreulich.

Für manche Kinder ist noch nicht klar, ob sie mit Vater, Mutter oder mit Freunden oder Verwandten den Urlaub verbringen. Oft haben im Vorfeld darüber heftige Streitereien stattgefunden.

Manche Kinder werden während der Ferienzeit ziemlich isoliert sein und kaum Kontakte zu ihren schulischen Freunden und Freundinnen haben, weil diese zum Beispiel verreist sind oder weil die sozialen Unterschiede so groß sind, daß sie sich nicht besuchen dürfen.

Kinder aus Kriegsgebieten wissen oft nicht, ob sie nach den Ferien noch die Schule besuchen werden.

Wieder andere Kinder werden die schulfreie Zeit mit erwachsenen Personen verbringen, die alkohol- oder drogenabhängig sind. Kinder, die eigentlich Zuwendung und Wärme brauchen, müssen manchmal in solchen Situationen die Elternrolle übernehmen. Damit sind sie natürlich überfordert. Einige Kinder wissen, daß die eigenen Eltern kein Interesse an ihnen haben. Drohungen, sie in ein Heim abzuschieben, sind für sie an der Tagesordnung. So verwundert es nicht, daß die Zahl der emotional vernachlässigten Kinder bei 20 % liegt.

Diesen Kindern muß eine Weihnachtsfeier als Übergang in ihr jeweiliges familiäres System höchst problematisch vorkommen und die Diskrepanz zwischen häuslichem und schulischem System noch stärker ins Bewußtsein rücken. Zum Glück leben viele Kinder in anderen Verhältnissen. Gerade zu Beginn der Weihnachtsferien werden die Unterschiede in den sozialen Systemen und in der emotionalen Zuwendung besonders intensiv erlebt. So kann man die Unruhe am letzten Schultag erklären.

Lehrerinnen und Lehrer müssen täglich immer wieder in Konfliktsituationen geistesgegenwärtig handeln. Sie müssen eine Situation blitzschnell interpretieren, ihre eigenen Gefühle klären und handlungsfähig bleiben. Dabei ist die allgemeine Berücksichtigung der Lebenssituation heutiger Kinder wichtig. Nur in Einzelfällen werden Lehrerinnen und Lehrer die individuelle Lebenssituation eines Kindes genauer wahrnehmen und die Dynamik des familiären Systems kennenlernen. Wenn man nun nicht angesichts der Vielfalt individueller Lebenswelten verzweifelt aufgeben oder innerlich kalt werden möchte, dann stellt sich die Frage, ob und wie im System Schule angemessen auf individuelle Aspekte eingegangen werden kann. Dieses Vorgehen und seinen theoretischen Hintergrund will ich an dem Beispiel von Janina verdeutlichen. Für die Kinder und für mich war der Klärungsversuch nicht zu einem Abschluß gekommen. Ich hatte mir vorgenommen, zu Beginn des neuen Jahres besonders auf Janina zu achten.

»Ich finde Menschen, die weinen, stark!«
Eine Woche nach den Weihnachtsferien fängt Janina während des Unterrichts an zu weinen. Ich bitte sie zu mir. Zunächst bleibt sie auf ihrem Platz. Nach wenigen Minuten erhebt sie sich langsam und kommt an meinen Tisch.

Ich: »Kannst du mir sagen, warum du weinst?« »Ich weiß es doch auch nicht«, antwortet sie. Ich nehme ein Blatt Papier, male einige Tränen darauf und beginne einen Satz: »Ich weine, weil ich …«. Janina schüttelt den Kopf und antwortet schnell: »Ich weiß es doch nicht.« Ich: »Was müßte geschehen, damit du nicht traurig sein mußt?« Janina: »Und Oma will nicht, daß ich weine. Aber das geht nicht. Da krieg ich immer Ärger. Sie schimpft. ›Janina, warum weinst du‹, sagt sie zu mir und ›du mußt doch einen Grund haben.‹ Aber ich kenne den Grund nicht. Mama sagt auch, man muß einen Grund haben. Und Oma sagt, ich soll daran denken, daß ich stark sein will. Das mach ich, aber es geht nicht.«

»Ich finde Menschen, die weinen, stark«, sage ich. Alexander, Janinas Tischnachbar und Freund, steht neben uns und fügt spontan hinzu: »Ich finde das auch.« Janina guckt uns beide mit noch verweinten Augen an. »Kannst du das auch sagen?« frage ich sie. »Nee«, antwortet sie. Sie solle an Alexanders und an meine Meinung denken, wenn sie wieder weinen müsse, sage ich.

Klärung eines starken Gefühls

Es handelt sich um eine ähnliche Situation wie vor den Weihnachtsferien. In Janina drängt ein starkes Gefühl nach außen. Sie kann nicht sagen, wo der Grund dafür liegt. Sie ist bereit, mit mir zu reden, während sie am letzten Schultag vor den Ferien einem Mitschüler noch kräftig gegen das Bein getreten hatte, als der sich nach ihrem Befinden erkundigte. In dem kurzen Gespräch wird deutlich, daß ihre Mutter und ihre Großmutter über diesen emotionalen Ausbruch verunsichert sind. Sie wollen den Grund wissen, den Janina nicht sagen kann. Die nahen Erwachsenen können nicht die Tränen des Kindes annehmen. Sie solle stark sein, das verlangen und erwarten sie von Janina. Tränen werden als Schwäche gedeutet. Was auch immer Janinas Problem sein mag, sie hat in ihrer unmittelbaren Nähe, in ihrem familiären System, keine Person, die ihr verständnisvoll zugewandt ist.

Was kann ein Lehrer in einer solchen Situation tun? Reden, um Verständnis für das Kind werben, das werden viele Leserinnen und Leser denken. Aber wie reden und mit welchen Hinweisen? Ist es möglich, ohne Kenntnis der konkreten familiären Situation, sich hier als Berater anzubieten? Übersteigt es nicht die Kompetenz einer Lehrkraft? Alle diese Fragen sind berechtigt. Im folgenden will ich meine Handlungsweise darstellen.

Ich muß Janinas Mutter wegen einer schulorganisatori-schen Frage, die mit der konkreten Situation nichts zu tun hat, anrufen. Während des Gesprächs fragt die Mutter, ob Janina wieder geweint habe. »Ja«, sage ich und füge hinzu: »Ich finde ein Kind stark, das weinen kann.« Darüber ist Janinas Mutter sehr erstaunt. Sie machten sich in der Familie alle Sorgen, wüßten nicht zu erklären, wo die Gründe lägen. Sonst sei sie ein fröhliches Kind. Aber Janina werde oft traurig, wenn sie an die Schule denke. »Was auch immer der Grund ihrer Trau-rigkeit sein mag«, sage ich, »Ihre Tochter öffnet sich, indem sie weint. Sie läßt uns an ihrer Traurigkeit teilhaben. Sie kann nur so mitteilen, daß sie traurig ist. Gründe kann sie nicht nen-nen. Damit ist sie überfordert. Wir sollten keinen zusätzlichen Druck auf sie ausüben. Vielleicht fragen Sie Ihre Tochter ein-mal, was passieren müßte, damit sie nicht mehr traurig sein müßte. Blicken Sie mit ihr in die Zukunft.« Die Mutter bedankt sich für diese Hinweise und fügt hinzu: »Daß man das auch so sehen kann, hätte ich nicht gedacht.«

Einige Tage später kommt Janina mit verweinten Augen zur Schule. Sie sitzt weinend auf ihrem Platz. Einige Mitschüle-rinnen machen mich aufgeregt aufmerksam. Ich hatte es schon gesehen. Es gab auch einen Blickkontakt zwischen Janina und mir. Sie wußte, daß ich sie wahrgenommen hatte. Mit einem Kopfnicken bitte ich sie zu mir. Daß ich nicht direkt auf die Hinweise der Mädchen eingehe, hat seinen Grund darin, daß ich die Hektik und Dramatik aus einem solchen Geschehen nehmen und die Szene auch nicht unnötig ausweiten möchte. Andere hätten die Chance, sich als Helferinnen zu betätigen. Mir scheint, daß dies jetzt nicht im Vordergrund stehen sollte. Ich interpretiere das Geschehen für mich so, daß Janina eine Situation inszeniert, in der sie bemitleidet werden möchte. Sie lenkt die Aufmerksamkeit ihrer Mitschüler und ihres Lehrers auf sich und weckt die Erwartung nach Trost und Zuwendung. Das mag in manchen Situationen angemessen sein. Es gibt aber auch eine problematische Entwicklung, bei der sich ein Kind immer wieder in solche Situationen bringt und die Hilfe der anderen beansprucht. Zuwendung wird in der Regel posi-tiv bewertet. Die Helfer ziehen einen persönlichen Nutzen aus ihrem Einsatz. Das Kind, das Hilfe einfordert, wird aber bei diesem Muster möglicherweise immer hilfloser. Wichtig ist, daß es selbst durch eine konstruktive Bearbeitung seines Problems zu einer größeren Selbstsicherheit findet. Janina hatte erlebt, daß ich mich in einer ähnlichen Situation um sie gekümmert habe. Das ist ein Teil ihrer Erfahrung im Zusammenhang mit schulischen Lernprozessen.

Klärungsdialog: Nach einer Weile kommt Janina zu mir und erzählt ungefragt:»Ich will nicht zu meiner Oma.« Dann heult sie bitterlich. Ich antworte in ihr Weinen hinein: »Du bist so traurig und mußt weinen, weil du nach der Schule zu deiner Oma mußt.« Janina nickt. Meine Frage, wo denn die Oma wohne, beantwortet sie mit einer ungenauen Ortsbeschreibung.»Ich möchte nach Hause«, dieser Satz bricht als Wunsch aus ihr heraus. »Du bist jetzt in der Schule«, entgegne ich ruhig.»Ich meine, du solltest auch hier bleiben. Wir machen zunächst eine Weile Mathematik, und dann folgen Ringkämpfe«, antworte ich ruhig. Janina geht auf ihren Platz, macht Mathematik. Als wir in den Turnraum gehen, kommt ein Mädchen zu mir und berichtet, Janina müsse sich übergeben. Ich gehe kurz zu ihr, frage nach und zeige ihr den Weg zur Toilette für den Fall, daß ihr wirklich übel ist. Sie sitzt noch eine Weile auf der Bank, schaut zu, als sich die anderen Kinder für die Ringkämpfe warm machen. Dann steht sie auf, stellt sich dazwischen und ruft mir zu, sie wolle auch kämpfen. Sie kämpft gegen ihren Freund Alexander. Dabei zeigt sie Einsatz. Zu meinem großen Erstaunen wird sie während des Kampfes immer lockerer. Sie lacht und hat Spaß am wilden Spiel. Janina bleibt an diesem Tag in der Schule. Im Ringkampf spürt sie ihre körperliche Stärke. Sie strahlt Lebenslust und Freude aus. Ihre persönliche Situation kann ich nicht verändern, aber ich kann ihr helfen, sich selbst zu stärken, selbstbewußt zu werden und nicht in die Abhängigkeit zu flüchten. Am nächsten Tag kommt Janina zu Beginn des Unterrichts zu mir und sagt: »Heute bin ich nicht traurig.«

In die Zukunft blicken

Die Erfahrung, die sie gemacht hat, trägt. In den nächsten Monaten wird ihre Selbstsicherheit stärker. Sie strahlt Freude und Zuversicht aus. Ein weiteres Gespräch mit der Mutter hat nicht stattgefunden. Welche Handlungsperspektiven werden sichtbar?

Ich bemühe mich um einen wachen Blick für komplexe Situationen. Dabei achte ich auf meine aufkommenden Emotionen und versuche, sie in der Situation zu bearbeiten, damit sie mir bei meiner Arbeit mit den Kindern nicht den Weg verbauen. Nur so ist souveränes Handeln möglich.

Dabei achte ich darauf, daß ich den Kindern zugewandt bleibe, mich aber nicht in ihre Szenen verstricken lasse.

Ich versuche, die Quelle der Lösung in dem Problem selbst zu entdecken. Mit dieser Haltung verlieren viele Probleme ihre bedrückende Last. Ich kann das Problem so annehmen, wie es sich mir darstellt und weiß, daß ich den Schlüssel der Lösung im Problem selbst finden kann. Ich muß es nur zum Lerngegenstand machen.

Ich versuche mehrere Optionen für die Erklärung von Problemen offen zu halten. In vielen Fällen liegen die Ursachen in einer familiären Problematik. Hier bemühe ich mich um ein konstruktives Gespräch mit den Eltern. Oft sind es aber auch die Situationen und die Konstellationen in einer Klasse, die zur Problementstehung beitragen. Diese Haltung schützt vor einer vorschnellen Schuldzuweisung.

Ich konfrontiere die Kinder mit der Realität, die ich in den meisten Fällen nicht ändern kann. Aber ich kann Situationen für sie schaffen, in denen sie ihr Selbstbewußtsein aufbauen und stärken können. Aus einer Stärkeposition lassen sich Perspektiven für die Zukunft eröffnen.

Beim Finden von Lösungen können Mitschüler oft eine große Hilfe sein. So bin ich sehr froh, daß mir Janinas Mitschüler Alexander beipflichten kann, auch er finde Kinder stark, die weinen können.

Die vielen Probleme, die täglich zu bearbeiten sind, lassen sich eher bewältigen, wenn ich mit den Kindern oder deren Eltern den Blick in die Zukunft wende. »Was müßte geschehen, damit sich etwas ändert?« Tiefgründige Erörterungen über mögliche Ursachen von Problemen gehören in den therapeutischen Bereich.

Ich versuche auf die kleinsten Erfolge meines pädagogischen Handelns zu bauen. Ich bin weit von der Annahme entfernt, die Schule könne die familiären Probleme ihrer Schüler lösen. Die Lebenssituation der Kinder ernst nehmen und ihnen in der Schule Entwicklungsmöglichkeiten eröffnen, darauf kommt es an.

▌ »Ruben ist ein Giftzwerg!«

*Themen: Chaos in einer Klasse, Inszenierungen, Hilflosigkeit,
   Autoritätsverlust, Streß
Methode: Einen hilfreichen Namen finden*

Chaotische Verhältnisse in einer Schulklasse können für Vertretungslehrkräfte oder für die Fachlehrer eine besondere Belastung darstellen. Oft ist es so, daß die Schülerinnen und Schüler ihre eingespielten Muster auch bei der Vertretungskraft mobilisieren.

Ich mußte während einer solchen Phase in einer Klasse Vertretungsunterricht übernehmen. Die Situation der Klasse kannte ich aus gemeinsamen Teamgesprächen. Aber nun war ich Handelnder in der Klasse. Innerhalb weniger Minuten wurde meine Professionalität auf eine harte Probe gestellt. Es gelang mir weder durch deutliche Hinweise darauf, daß ich mit dem Unterricht beginnen möchte, noch durch lautstarkes Einfordern von Ruhe, die Aufmerksamkeit der Schüler auf mich zu lenken. Sie machten einfach, was sie wollten. Das zunächst vorhandene Erstaunen über diese Dreistigkeit schlug schnell um in Ärger über diese Art der scheinbar absoluten Unerreichbarkeit. Im Umkehrschluß mußte ich für mich feststellen, daß ich für die Schüler gar nicht zu existieren schien.

Affektkontrolle über Selbstbeobachtung

Zum Glück hatte ich solche Situationen nicht zum erstenmal erlebt, fand mich also relativ schnell zurecht in dem Durcheinander unterschiedlicher Schüleraktivitäten, die sich auf alles, nur nicht auf mein Unterrichtsthema richteten. Ich stellte mir in dieser Situation die Aufgabe, nicht nur das Geschehen in der Klasse zu beobachten, sondern vor allem auf meine Gefühle zu achten. Damit war die Aufgabe, vor der ich stand, nicht leichter geworden, aber sie hatte einen konstruktiven Zug bekommen. Ich hatte mich vor allem in die erforderliche Distanz zu den Schülerverhaltensweisen gebracht. Aus dieser Perspektive konnte ich nun die Aktivitäten der Schüler wahrnehmen, konnte meine Aktionen planen und die Reaktionen der Schüler beobachten. Ich hatte mir vorgenommen, die Entwicklungslinien meiner Emotionen zu verfolgen. Es wurde interessant.

»Ich bin für sie Luft«, das ging mir durch den Kopf, und zu meinem Erstaunen stellte ich fest, daß mein großer Ärger, der eben noch vorhanden gewesen war, auf ein Minimum geschrumpft war. »Was ist hier passiert, daß sie mich nicht in meiner Rolle als Lehrer akzeptieren?« Mit dieser Frage hatte ich für mich einen Denkhorizont eröffnet und fühlte mich nun mindestens auf der kognitiven Ebene souverän. Daß sie mich nicht ernst nahmen, mußte ich zunächst akzeptieren, und ich konnte es nach diesem emotionalen und kognitiven Prozeß der inneren Auseinandersetzung mit der Situation. Ich hatte eine reflektierende Haltung eingenommen, die von Interesse getragen war. Ich wollte erkennen, welche Ereignisse und Entwicklungslinien zu dieser Situation geführt hatten. Ich hatte mich aus ihrer Inszenierung, die ich durch eine Schnellinterpretation für mich so formulierte: ›Für uns ist der Lehrer Luft‹, befreit. Hier ist es wichtig, den Unterschied zwischen innerer und äußerer Realität zu erfassen. Faktisch war ich noch für sie Luft. Diese Realität hatte ich zu akzeptieren. Gleichzeitig mußte ich in der Situation handlungsfähig bleiben. Über meine emotionale und kognitive Verarbeitung der Situation hatte ich mir die Chance eröffnet, Herr der Lage zu bleiben. Noch war ich nicht der Regisseur, der die Hintergründe und

Absichten eines Stückes kennt und nun souverän seine Anweisungen gibt. Aber auf der Ebene meiner inneren Realität hatte ich mir genau diese Aufgabe gegeben. Ich hatte mir eine Position erarbeitet, die ausbaufähig war. Ich höre die vielen Zwischenrufe meiner Leserinnen und Leser, was ich denn tun würde, wenn sich das Chaos noch steigern und in einer Prügelorgie enden würde. Eine solche Entwicklung ist nicht auszuschließen. Sie ist aber eher unwahrscheinlich, denn der Lehrer, der sich nicht in die Inszenierungen der Schüler verstricken läßt, entwickelt für sich und für die Schüler spürbar eine innere Autorität. Diese strahlt nach außen und entfaltet ihre Wirkung.

Im Außen gab ich gezielte Anweisungen, zum Beispiel sagte ich, sie sollten nun mit ihrer Arbeit beginnen, die Aufgabenstellung sei an der Tafel notiert. Ich würde mir nach einer Weile erste Ergebnisse anschauen.

Auf der inneren Ebene hatte ich meine ganz eigenen Erlebnisse. Ich sehe, daß Ruben ungeniert weiter durch Mimik und Gestik meine Arbeit stört. Er lenkt andere Schüler von ihrer Arbeit ab. Schließlich sticht er seinem Nachbarn mit dem Stift in den Arm. Als dieser aufschreit, ist die Arbeitsatmosphäre wieder zerstört. Ich fordere Ruben auf, sich auf einen anderen Platz zu setzen. Er kommt meiner Aufforderung nach, bohrt dann aber so demonstrativ in der Nase, daß eine Schülerin für sich die Chance sieht, nun ihrerseits einen Teil zur Inszenierung beizutragen: »Iiiih, das Schwein popelt in der Nase.« Nun ist die Aufmerksamkeit der Schüler ganz bei dem Nasenpopler und auch bei mir. Natürlich ist mein Ärgerpegel wieder angestiegen – warum sollte ich das verschweigen.

Aber gleichzeitig springt aus meinem Ärger die innere Formulierung »Giftzwerg« hervor. Damit habe ich die Situation auf der inneren Ebene für mich gerettet. Ich habe, das spüre ich ganz deutlich, ein inneres Bild für das Verhalten dieses Jungen gefunden. Dieses Bild hilft mir, meinen Ärger nicht auf ihn oder die Klasse loszulassen. Ich habe ihn gleichsam in einen Namen verbannt. Einer, der sich so verhält wie Ruben, ist nun in meiner inneren Welt ein Giftzwerg. Giftzwerge gibt es wie Sand am Meer, er ist einer von ihnen, weshalb eine so große Aufregung.

Ich kann im Außen gelassen reagieren. Ich fordere ihn auf, das Popeln zu lassen. Es stellt sich nun nach und nach eine Arbeitsatmosphäre ein, in der die meisten Kinder ruhig arbeiten. Ich habe Zeit gewonnen, meinen Blick vom Lehrerschreibtisch zu den einzelnen Kindern wandern zu lassen, und kann mein Wissen über ihren familiären Hintergrund und meine Emotionen in ein ausgewogenes Verhältnis zueinander bringen. In dieser relativen Ruhe spüre ich Empathie zu vielen Kindern dieser Klasse, wohl wissend, daß ich mich hüten muß, darauf mein Handeln aufzubauen. Mein inneres Bild vom Giftzwerg hat zwei Seiten. Dieser Junge sorgt für Unruhe und ein solches Chaos, daß man sich ärgern muß. Gleichzeitig läßt mich mein reflektierendes Nachdenken spüren, daß es für ihn, in seiner Lebenssituation, nur dieses Muster des Überlebens zu geben scheint.

Exkurs: Rubens Eltern haben sich vor einigen Monaten getrennt. Die Mutter hat die Familie verlassen. Der Vater macht unter anderem seinen Sohn für diese Entwicklung verantwortlich. In der Phase der Trennung hat Ruben beiden Elternteilen erhebliche Schwierigkeiten bereitet. Er hat Symptome gezeigt, die aber von den Eltern in ihrer schwierigen Situation nicht angemessen gedeutet und verstanden werden konnten. Nach dem Weggang der Mutter kommt es zu einem radikalen Bruch. Der Vater wünscht nun keine Kontakte mehr zwischen Mutter und Sohn. Briefe, die die Mutter schreibt, darf der Sohn nicht beantworten. Mir ist bekannt, daß der Vater von der Klassenlehrerin zu mehreren Gesprächen eingeladen war, es hat auch eine Klassenkonferenz mit der Androhung der Versetzung in die Parallelklasse stattgefunden. Dennoch kann der Junge sein Verhalten nicht zureichend kontrollieren. Das ist der Hintergrund meines Wissens. Eingewoben in dieses Wissen ist auch Empathie für den Schüler. Aber Empathie allein reicht nicht für die Bewältigung der Unterrichtssituation. Hier wird von vielen Kolleginnen und Kollegen eine Sackgasse betreten, wenn sie aus zu großem Mitleid für den Schüler zu nachsichtig mit ihm umgehen. Es gilt auf einer empathischen Grundlage Verständnis für seine Situation zu signalisieren und gleichzeitig deutlich zu machen, daß er in der Schule geltende Regeln zu beachten hat.

Der Lehrer darf sich in einer solchen Situation nicht von dem Schüler in die Rolle seines Vaters oder seiner Mutter drängen lassen. Damit gäbe er dem Kind die Möglichkeit, die zu Hause gezeigten Symptome in der Schule fortzusetzen. Der Schüler würde seine Verzweiflung und seine Wut auf einzelne Mitschüler und den Lehrer projizieren und dort weiter ausleben, was er in seiner Familie begonnen hat. Vor allem hätte er jetzt eine viel größere Bühne für seine inneren Belastungen und eine große Mitspieler- und Zuschauerzahl. Er hätte das Erlebnis von Erfolg und Größe, ohne auch nur ein Stück in der Bearbeitung seiner Grundprobleme weiterzukommen.

Handlungsfähigkeit: Dieses Verständnis, das in meinem Inneren wächst und sich aus dem Zusammenspiel von kognitiven und emotionalen Prozessen entwickelt, ist die Grundlage für meine innere Sicherheit und für mein ausgewogenes äußeres Handeln. Meine innere Formulierung »Giftzwerg« charakterisiert die Verhaltensweisen des Schülers und bindet meinen Ärger. In der Härte der Situation erlebe ich diese Fähigkeit, die ich mir erst erarbeiten mußte, als Faszination. Ich muß meine starken Gefühle nicht verdrängen, kann ihnen einen Namen geben. Dabei spüre ich eine Entlastung, die mich frei macht für eine Einfühlung in die Lebenssituation eines Schülers. Gleichzeitig schaffe ich mir damit die Grundlage für erfolgreiches Handeln. Die Schüler spüren meine Zuwendung, und sie merken, daß sie mich nicht in ihre Inszenierungen verwickeln können. Damit werde ich für sie als eigenständige Person sichtbar und erlebbar. Ruhig und sachlich kann ich ihnen sagen, daß ich mir andere Formen des Umgangs miteinander wünsche und daß ich mit ihnen daran arbeiten werde. Es zeichnet sich zu diesem Zeitpunkt ab, daß ich demnächst in dieser Klasse als Fachlehrer arbeiten werde. Ich kann ihnen in verstandlichen Worten sagen, daß ich mit ihnen gemeinsam in das Chaos ihres Verhaltens neue Strukturen bringen werde.

Die hier angewandte Methode darf man nur als eine von mehreren Möglichkeiten sehen. Sie trägt auch nur begrenzt. Sie hat allerdings ihre Aufgabe erfüllt, wenn es gelingt, mit ihrer Hilfe eine unkontrollierbar erscheinende Streßsituation in eine kontrollierte Situation umzuwandeln. Diese Methode muß, wenn man sie spontan in der Praxis zur Verfügung haben möchte, wie alle Methoden geübt werden. Das nachfolgende Beispiel zeigt eine Möglichkeit, die im Rahmen eines Workshops mit einer Gruppe praktiziert wurde.

▉ »Mit der Faust ins Gesicht geschlagen«

Themen: Gewalt, Traurigkeit, Ärger, Wut, Mißverständnisse, Aggressionsmuster, Inszenierungen
Methoden: Emotionale Achtsamkeit, klassen- und schulformübergreifende Klärungsdialoge

Die große Bedeutung der Emotionalität für die Persönlichkeitsentwicklung jedes einzelnen Schülers, für die Atmosphäre in den Klassen, für die Kultur einer Schule und für die Gesundheit der Lehrkräfte macht es erforderlich, ihr eine größere Aufmerksamkeit bei allen Ereignissen eines Tages zu widmen. Dabei ist es wichtig, die Komplexität eines Ereignisses nicht zu vernachlässigen. Emotionale Achtsamkeit als Arbeitsziel ist schnell formuliert. Im Trubel des Schulalltags kostet es schon einige Mühe und Anstrengung, wenn man erfolgreich mit Emotionen umgehen will. Die emotionalen Spuren, die sich durch die Konflikte ziehen, müssen gesucht und gefunden werden. Dabei dürfen die Details nicht vergessen werden. Scheinbare Nebensächlichkeiten (eine Geste, ein Blick) können sich im Verlauf als zentrales Ereignis herausstellen. Ich will am Beispiel eines alltäglichen Konfliktes deutlich machen, wie leicht durch Unachtsamkeit in der emotionalen Wahrnehmung Fehldeutungen erfolgen und damit Lern- und Erziehungsprozesse behindert werden können. Im Rahmen von Fortbildungsveranstaltungen schildere ich solche Situationen, unterbreche an bestimmten Stellen, um den Teilnehmern Gelegenheit zu geben, ihre Emotionen zu diesem Zeitpunkt des Prozesses wahrzunehmen. Ich schildere das nachfolgende Beispiel vor zwei Erfahrungshintergründen. Zum einen ist es mein eigenes Erleben. Ich nehme nicht die Ergebnisse vorweg, sondern teile den Ablauf so mit, wie ich ihn erlebt und unter Einbeziehung meiner Gefühle bearbeitet habe. Darüber hinaus stelle ich ihn so dar, wie ich ihn auch im Rahmen von Fortbildungsveranstaltungen eingesetzt habe. Mein Ziel ist es, die eigene Achtsamkeit hinsichtlich emotionaler Prozesse zu verbessern und auch auf Fallen hinzuweisen.

Situation: Ich gehe auf den Schulhof, um die Kinder einer vierten Klasse abzuholen. Einige Lehrer sind schon mit ihren Schülerinnen und Schülern in die Klassen gegangen, andere sind gerade dabei. Es ist viel Bewegung auf dem Schulhof. Als ich mich den Kindern der 4. Klasse nähere, fällt mir Jonas auf. Er weint und wirkt sehr bedrückt. Ich frage ihn nach der Ursache. Ein Schüler aus der Orientierungsstufe (Klassen 5 und 6) habe ihn mit der Faust ins Gesicht geschlagen, genau an eine Stelle, an der er vor zwei Tagen eine Zahnoperation hatte. Andere Kinder kommen hinzu und bestätigen den Vorfall.

Emotionale Achtsamkeit: Bereits an dieser Stelle macht sich in mir ein starkes Gefühl breit. Am Ende der Darstellung werde ich meine emotionalen Wahrnehmungen mitteilen und auch interpretieren. Bei einer Fortbildungsveranstaltung habe ich die Teilnehmer aufgefordert, ihre Empfindungen auf einen Zettel zu schreiben und anschließend auch noch ihre pädagogischen Handlungsvorschläge zu notieren.

So ging die Geschichte weiter: Jonas' Mitschüler sind sehr aufgeregt. Sie sagen, es sei ein Junge mit roten Haaren gewesen, der gerade mit seiner Klasse in das Schulgebäude gegangen sei. Er habe Jonas, als dieser schon am Boden lag, noch in den Bauch getreten. Ich bitte Jonas, mit mir gemeinsam diesen Schüler zu suchen. Es gelingt uns nach einigem Hin und Her, ihn im Klassenraum einer 5. Klasse zu entdecken. Die Klassenlehrerin sei erkrankt, erfahre ich auf Nachfrage, eine Vertretungslehrerin werde gleich kommen. Ich bitte den Schüler in den Flur. Er folgt unwillig, zeigt wenig Bereitschaft, sich auf ein Gespräch einzulassen. Er lehnt sich an die Wand, guckt mich skeptisch an.

Emotionale Achtsamkeit: Diese Szene löst in mir ein bestimmtes Gefühl aus. Für die Teilnehmer der Fortbildungsveranstaltung gilt, zu prüfen, ob ihr bisheriges Gefühl bestehen bleibt oder sich verändert.

Ich sage dem Schüler, den ich nicht kenne und der mir auf Nachfrage bestätigt, daß er auch nicht weiß, mit wem er es zu tun hat, daß ich der Schulleiter der Grundschule bin und von ihm erwarte, daß er mit mir über die Vorwürfe spreche. »Einige Schüler behaupten, daß du diesem Schüler (ich zeige auf Jonas) mit der Faust ins Gesicht geschlagen und ihn anschließend, als er schon auf dem Boden lag, in den Bauch getreten haben sollst.« Er sei das nicht gewesen, behauptet er. Ich halte dagegen, es gebe Zeugen, die den Vorfall bestätigen könnten. Er kontert, Zeugen habe er auch für seine Version. Ich bitte ihn um seinen Namen. Er heißt Thorsten. Ich sage ihm, daß ich, da seine Klassenlehrerin im Moment nicht da sei, noch im Verlauf des Vormittags zusammen mit dem Schulleiter der Orientierungsstufe auf den Vorfall zurückkommen werde. Der Schüler guckt mich mit großen Augen an. Eine genauere Verarbeitung dieses Blickes gelingt mir erst später. Er solle sich in der Zwischenzeit überlegen, ob ihm eine Form der Wiedergutmachung einfalle.

Emotionale Achtsamkeit: Bleibt es bei den bisher wahrgenommenen Gefühlen? Sind Änderungen eingetreten?

Zum Fortgang der Ereignisse: Während ich noch mit dem Schüler rede, kommt eine Vertretungskraft, mit der ich kurz den Vorfall anspreche, dann begebe ich mich zusammen mit den übrigen Schülern der 4. Klasse in den Klassenraum. Ich entscheide mich nach der Einführung in das inhaltliche Thema, mit den Kindern, die etwas über den Vorfall aussagen können, den Ablauf zu klären.

Erster Versuch einer Klärung:

Lena: »Jonas und der Junge (seinen Namen kennt sie nicht) haben sich geschubst. Der Junge hat Jonas mit der Faust ins Gesicht geschlagen.« Diese Version wird von sechs Mitschülerinnen und Mitschülern bestätigt.

Lea: »Jonas lag auf dem Boden. Der Junge hat ihm in den Bauch getreten.«

Josephine: »Der Junge hat Jonas auf den Boden gepreßt.«

Marlene: »Jonas ist mit hingefallen. Der Junge hat ihn an den Armen hochgenommen und hat ihn hingeschleudert.«

Alexander, Paul, Lena: »›Ich bring dich um!‹ hat er geschrien.«

Ich: »Was ist vorausgegangen? Wie hat der Streit angefangen?«

Jonas: »Ein Junge aus der 1. Klasse hat zu mir gesagt: ›Du Spasti, du Mißgeburt.‹ Der große Junge hat dabeigestanden. Da hat Gero aus der 3. Klasse gesagt: ›Guck mal, da ist dieser Rotkopf‹ (Gero hat selbst rote Haare). Er ist hinter dem Rotkopf her und ich auch. Da hat der sich plötzlich umgedreht und hat mich getreten. Ich hab ihn dann auch beschimpft, weil die mich ja auch beschimpft haben. Danach sind wir weggegangen. Aber dann haben wir die wieder gesehen. Dann hat er mich auf den Boden geschleudert. Ich glaube, daß alles mit Gero begann.«

Einige Mädchen: »Der große Junge schubst uns immer, ohne daß wir was gemacht haben.«

Ich: »Jonas, warum mußtest du mitmachen, als Gero hinter dem Jungen herlief? Wärst du auf deinem Platz stehen geblieben, wäre wahrscheinlich nichts passiert.«

Jonas: »Da war früher schon etwas.«

Paul: »Der Junge ist immer gereizt und schlägt gleich zu.«

Jonas: »Ja, der benutzt seinen kleinen Freund, der sagt Schimpfwörter, dann werden wir ärgerlich, und so kommt es dann zu der Klopperei.«

Ich sage, daß ich noch im Verlauf des Vormittags mit den beteiligten Schülern und dem Schulleiter der Orientierungsstufe den Vorfall klären werde.

Emotionale Achtsamkeit: Bitte an die Teilnehmer der Fortbildungsveranstaltung, wieder die eigenen Gefühle zu notieren.

Da wir nun schon mehr über die Kontrahenten wissen, kann der Anteil von Sympathie oder Ablehnung den beteiligten Schülern gegenüber schon etwas genauer beschrieben werden.

Zum weiteren Fortgang (Klärungserweiterung): Im Anschluß habe ich in der 3. Klasse, die Gero besucht, Unterricht. Ich spreche mit ihm das Problem an. Er bestätigt die Schilderung. Es sei richtig, daß er auf den Jungen gezeigt und ein Wort gesagt habe. Meiner Bitte, genau zu erinnern, was er gesagt habe, und mir dieses Wort auch zu sagen, weicht er aus. Aber es sei richtig, daß er auf den Jungen gezeigt und ihm ein Schimpfwort zugerufen habe. Dann sei der hinter ihnen her. Ich belasse es dabei und wende mich meinem Unterricht zu.

Die Anstöße zum Klärungsprozeß zeigen eine Wirkung: Nach der ersten großen Pause kommen Jonas und Gero auf mich zu und erklären, sie hätten sich bereits wieder mit Thorsten vertragen. Ich sage, daß wir uns trotzdem noch zusammensetzen würden, mich interessiere die Art, wie sie sich vertragen hätten. Im Anschluß an die letzte Stunde sollen sie alle in mein Büro kommen.

Emotionale Achtsamkeit: Welche Gefühle stellen sich bei diesem Stand des Wissens ein?

Zum Fortgang der Ereignisse: Nach Schulschluß herrscht vor dem Sekretariat Hektik. Ein Mädchen hatte einen Sportunfall. Der Schulleiter der Orientierungsstufe war dadurch in Anspruch genommen. Benachrichtigung der Eltern, Anruf bei der Rettungsstelle haben Vorrang. So kommt es, daß uns Gero nicht findet. Aber der Schulleiter der Orientierungsstufe, den ich über den bisherigen Stand informiert habe, Thorsten, Jonas und ich setzen uns zusammen.

Klärungsdialog: Das bisher Bekannte wird um wichtige Details ergänzt und an einem wesentlichen Punkt korrigiert. Nicht Thorsten hat Jonas mit der Faust ins Gesicht geschlagen, sondern im Verlauf der Schlägerei hat ihn ein Schüler eines

1. Schuljahres mit dem Fuß ins Gesicht getreten, als Jonas unten lag. Gero habe Rotfischkopf zu Thorsten gesagt, das habe ihn wütend gemacht. Es sei richtig, daß die Kleinen (Julian und Philipp) die Jungen aus der 3. und 4. Klasse beschimpft hätten. Während der Pause hätten sie sich gegenseitig gesucht und sich entschuldigt. Für sie sei das jetzt in Ordnung, sagen Thorsten und Jonas.

Emotionale Achtsamkeit: Wie steht es mit den Gefühlen? Ändert sich etwas? Wie sieht es mit Sympathie und Antipathie gegenüber den beteiligten Schülern aus?

Wie kam es überhaupt zu der Konstellation, das wollten wir nun von den Schülern wissen. Thorsten erklärt, er gehe immer zum Anstellplatz der Kleinen. »Ich passe auf, daß denen nichts passiert!«

Emotionale Achtsamkeit und pädagogisches Handeln: Nun sind die Teilnehmer der Fortbildungsveranstaltung nahezu umfassend über den Vorgang aufgeklärt. (Über die beteiligten Schüler aus einem 1. Schuljahr wissen wir zur Zeit noch nichts Näheres.) Wie würden sie vor dem Hintergrund ihrer gefühlsmäßigen Wahrnehmung und nach einer Interpretation des Gesamtereignisses handeln? Das ist die Frage, die es nun zu beantworten gilt.

Hier zunächst die Handlungsweise der beiden Schulleiter: Beide Schulleiter erwähnen, daß sie jetzt wüßten, wie der Ablauf gewesen sei. Sie heben hervor, daß die Schüler selbständig eine Form der Wiedergutmachung gefunden haben. Für die Zukunft gilt, daß sich Thorsten von den Kleinen fernhalten soll.

Unserer Maßnahme liegt folgende Interpretation zugrunde: Thorsten, ein Junge mit Schwierigkeiten, ist ohne Freunde. In seiner Grundschulzeit hatte es oft Probleme mit Mitschülern gegeben. Er begibt sich während der Anstellphasen (die Zeit unmittelbar nach dem Klingelzeichen bis zum Unterrichtsbeginn) zu den Kleinen (1. Klasse) und paßt auf, daß denen nichts passiert. Hier kann er sein geringes Selbstwertgefühl aufbauen. Er findet bei den Kleinen Anerkennung und kann sich

119

groß und stark fühlen. Einige Kleine (Philipp, Julian) fühlen sich in seiner Nähe und durch seinen Schutz stark. Auch sie können ihr Selbstwertgefühl stärken, indem sie größere Jungen beschimpfen. Die Reaktion der Großen ist eindeutig. Sie beschimpfen ebenfalls die Kleinen, stoßen sie zurück. Nun tritt Thorsten als Beschützer auf. Er hat jetzt einen Anlaß zuzuschlagen. Ein Muster wird sichtbar: Thorsten schafft (bewußt) unbewußt einen Aggressionsgrund, bei dem Zuschlagen und Treten möglich werden. Er kann dabei glauben, daß er sich für eine gute Sache einsetzt. Die Kleinen nutzen ihre Chance, sich ebenfalls groß und stark zu fühlen.

Jonas und Gero könnten die Provokationen der Kleinen übersehen, wenn sie über ein ausreichendes Selbstwertgefühl verfügten. Da dies aber nicht der Fall ist, steigen sie in die Inszenierung ein, beziehungsweise sie bereiten sie vor (Gero hat Rotfischkopf gesagt).

Im Kern sind alle Aktivitäten als Konstruktionen des eigenen Selbst zu werten. Leider geht dies in allen Fällen auf Kosten anderer. Es schafft keine echte Befriedigung. Auch Thorsten wird in der Folge solcher Aktionen gehetzt. Daß Jonas und Gero einsteigen, ist bereits eine Folge anderer Vorfälle. Es ist also ein Teufelskreis, in dem alle bereits drin stecken. Gero, der Thorsten einen Rotfischkopf nennt, ist selbst ein Rotkopf.

Die Inszenierung geht über mehrere Klassen (Thorsten, Klasse 5; Jonas, Klasse 4; Gero, Klasse 3; Julian und Philipp, Klasse 1).

Pädagogisches Handeln:
- Stärkung des Selbstwertgefühls der Jungen.
- Hilfe bei der Suche nach Freunden.
- Unterstützung bei der sexuellen Identität der großen Jungen. Sie befinden sich in einem Alter, in dem andere bereits Kontakte zu Mädchen knüpfen und darüber Erfolgserlebnisse und Bestätigungen haben.

Jonas sucht sein mangelndes Selbstbewußtsein in der Demütigung und Ablehnung anderer Kinder, dabei ist es besonders ein Mädchen aus seiner Klasse, das er stark ablehnt.

Gero hat ebenfalls Probleme bei der Identitätsfindung als Junge. Er hat noch große Probleme beim Schreiben und beim Lesen. Eine starke Mutter und eine kluge Schwester stehen hinter ihm. Der Vater ist während der Woche abwesend. Gero hatte immer wieder Probleme, mit seiner großen Wut umzugehen.

Philipp und Julian: Zu diesem Zeitpunkt kenne ich nur ihre Namen, ich muß nachsehen, in welche Klasse sie gehen, und mit den Klassenlehrerinnen sprechen.

Für Thorsten trägt die Orientierungsstufe Verantwortung. Die Klassenlehrerin wird nach ihrer Rückkehr informiert.

Eigene emotionale Bearbeitung der Situation: Nach dieser Interpretation mit angedeuteten pädagogischen Handlungsmöglichkeiten möchte ich abschließend meine emotionale Bearbeitung der Situation darstellen.

Die Konfrontation mit der Situation auf dem Schulhof löste in mir einen diffusen Ärger auf Schüler der Orientierungsstufe aus. In der letzten Zeit war es öfter zu Auseinandersetzungen zwischen ihnen und Schülern der Grundschule gekommen. Mein Ärger hatte seinen Grund darin, daß diese schulformübergreifenden Konflikte sehr schnell abliefen und insgesamt sehr unklar blieben. Da sich die Schüler untereinander nicht kennen, können sie oft nicht sagen, wer am Konflikt beteiligt war. Es setzt dann ein langes Suchen ein, das viel Zeit verschlingt. Außerdem ist die Zusammenarbeit mit einigen Kollegen der Orientierungsstufe in der Sache nicht so weit ausgereift wie unter Grundschulkollegen. Ein Unbehagen stellt sich ein, da ich die übrigen Kinder auf dem Schulhof gelassen habe und in der 5. Klasse zunächst keinen Ansprechpartner finde. Als dann der Schüler durch sein abwehrendes Verhalten in mir das Gefühl auslöst, es sei wohl eine Zumutung, ihn auf den Vorfall anzusprechen, kontere ich mit der »Macht« meines Amtes: Ich bin der Schulleiter der Grundschule und ich werde heute noch klären, was hier vorgefallen ist. Ich sehe in Thorsten den Täter, der einem Grundschüler ins Gesicht geschlagen hat. Gleichzeitig, für den Bruchteil einer Sekunde, löst Thorsten in mir ein Gefühl aus, daß ich ihm mit meiner Schuldzuweisung Unrecht tue. Dafür gibt es keine Wörter oder Sätze.

Es ist sein Blick, in dem ich Enttäuschung und Verachtung lese. Diese Interpretation seiner Mimik vertreibt meinen Ärger. Mir wird klar, daß ich mich in die Inszenierung habe verstricken lassen. Mein professionelles Verhalten gewinnt die Oberhand. So gehe ich in die bereits beschriebene Klärungssituation.

Ergebnis: Ich bin sehr froh darüber, daß es mir mehr und mehr gelingt, meine Gefühle in so komplexen Situationen wahrzunehmen. Der Schulalltag ist teilweise von einer solchen Schnelligkeit und Unübersichtlichkeit gekennzeichnet, daß allein die äußeren Ereignisse davon abhalten können, sich auf einen Klärungsweg zu machen. In einer Situation, in der 400 Schülerinnen und Schüler nach der Pause in die Schule drängen, werde ich plötzlich auf einen Jungen aufmerksam, der weint und unter Schmerzen leidet. Es ist laut und hektisch. Nun gilt es die Situation zu erfassen und relativ schnell zu entscheiden, was zu tun ist. Dabei gilt es die allgemeine Aufsichtspflicht wahrzunehmen. Die Erkrankung einer Lehrkraft, in diesem Beispiel ist es die Klassenlehrerin von Thorsten, macht die Klärung nicht leichter. Im Fall ihrer Anwesenheit hätten einfach mehr Informationen über Thorsten zur Verfügung gestanden. Sie hätte an der Klärung beteiligt werden können. Die Schwere des Vorfalls ließ keinen Aufschub zu. Also mußte das Ereignis während des Vormittags erörtert und möglichst auch geklärt werden. Dabei waren die Konstellationen nicht immer günstig. In Ruhe konnte ich mit den Schülern der 3. und 4. Klasse reden. Die Gesprächssituation mit Thorsten war von den äußeren Bedingungen her unbefriedigend. Zunächst habe ich in ihm den Täter gesehen. Meine Gefühle richteten sich gegen ihn. Sein Blick traf mich, und ich konnte zu meiner professionellen Arbeitsform finden. So war es mir möglich, einen Klärungsprozeß einzuleiten, bei dem die betroffenen Schüler bereits am gleichen Tag selbst zu einer Form der Wiedergutmachung finden konnten. Damit habe ich dazu beigetragen, daß ihr Selbstbewußtsein gestärkt wird. Ich habe sie nicht in eine Schamsituation gebracht, aus der heraus neue Provokationen möglich wären.

Hintergrund dieser Klärungsbemühungen ist die allgemeine Belastung in der Schule. Es gibt Einzelereignisse, die diese Belastungen intensivieren. Nun ist es wichtig, herauszufinden, ob noch eine Pufferzone vorhanden ist, die konstruktives Klären möglich macht, oder ob die Situation bereits als unkontrollierbar erlebt wird. Eine Reaktion könnte dann sein, die Kinder mit ihren Problemen einfach zu ignorieren. Daraus würden dann aber neue Streßsituationen entstehen. Aus der Rückschau kann ich sagen, daß sich zwischen den an diesem Konflikt beteiligten Kindern keine ähnliche Situation mehr entwickelt hat.

▨ »Ach, das ist doch nicht wichtig.«

Themen: Unruhe, diffuse Situation, Freundschaft
Methoden: Skulpturbildung, Klärungsgespräch

Situation: Nach der ersten großen Pause hole ich die Kinder vom Anstellplatz ab. Ich spüre sofort eine große Unruhe, die zwischen den Kindern herrscht. Die Unruhe setzt sich auch in der Klasse fort. Aus diesem Grund beginne ich mit einer Konzentrationsübung, bei der alle Kinder ihre Arme auf die Bank und ihren Kopf auf die Arme legen. Aufgabenstellung: Denkt darüber nach, was euch so unruhig macht.

Äußerungen: Janne: »Mich machen die Jungen unruhig.« Gero und Jonas reagieren sofort: Janne würde sie immer ärgern. Sie fangen an, sie nachzuahmen, wodurch Janne sich beleidigt fühlt. Jonas: »Lars soll verkloppt werden, das macht mich unruhig.« Einige Kinder meinen, sie seien so unruhig, weil sie Kopfschmerzen hätten.

Malte sagt, er sei stark erkältet und habe Angst, daß er operiert werden müsse.

Ich kann mich nicht allen Sorgen zuwenden, entscheide mich für das Problem von Lars, bitte die übrigen Kinder, im Mathebuch weiterzuarbeiten.

Lars erklärt, Philipp und Matthias seien auch noch am Konflikt beteiligt. Ich gehe mit den Jungen in den Flur, lasse die Tür zum Klassenraum offen.

Gespräch:

Ich: »Matthias, ich habe dich als besonders unruhig erlebt. Fang bitte an.«

Matthias: »Am Ende der Pause hat mich Lars hier und hier getreten (zeigt es). Ich hab zurückgetreten. Da hat er Philipp angeheuert, der soll gegen mich kämpfen. Da ist Philipp gekommen und hat mich gehauen.«

Lars: »Ich hab mich nur umgedreht, dabei habe ich Matthias gestoßen. Ich hätte mich entschuldigen sollen, aber das hab ich nicht gemacht. Dann hat er mich getreten, und ich hab ihn wieder getreten. Philipp wollte mich beschützen.«

Philipp: »Wir sind befreundet. Ich wollte ihn beschützen, das war nicht seine Idee, das war meine Idee.«

Lars: »Eigentlich wollte ich Entschuldigung sagen, aber da hat er schon getreten.«

Philipp: »Ich hab gesehen, daß Lars Streit hat. Da hab ich ihn beschützt. Gestern haben wir uns angefreundet.«

Lars: »Ach, das ist doch nicht wichtig.«

Ich: »Doch, das finde ich sehr wichtig. – Ich glaube, ich habe verstanden, was bei euch abgelaufen ist. Ich möchte das einmal mit euch nachstellen und sehen, was passiert wäre, wenn das mit der Entschuldigung geklappt hätte.«

Wir bilden zum erstenmal in dieser Klasse eine Skulptur.

Ich bitte die Kinder, den Anfang des Streites nachzustellen. Da sie diese Form noch nicht kennen, gebe ich noch einige Hinweise. Es gehe nicht darum, sich erneut zu kloppen, sondern in einzelnen Schritten nachzustellen, was sich ereignet habe, und dann jeweils für kurze Zeit in dieser Haltung zu verharren.

1. Schritt: Lars stößt Matthias. Lars muß sich so zu Matthias drehen, daß er genau an die Stelle stößt, die er auch bei dem Streit getroffen hat. Es geht um eine langsame Annäherung, und dann müssen sie in der Situation verweilen.

2. Schritt: Matthias führt seinen Fuß vorsichtig an die Stelle, die er bei Lars getroffen hat. So muß er einen Moment verweilen.

3. Wiederholung von Schritt 1: Ich fordere Lars auf, noch einmal den ersten Schritt zu tun und dann seine Entschuldigung zu sagen. (Erprobung einer Alternative)
Lars führt diese Übung aus. Sie führt sofort zu gegenseitigen Entschuldigungen. Es tritt eine gelöste Atmosphäre ein. Die Spannung löst sich über Kommunikation und Skulpturbildung.
Danach wollen die Jungen in die Klasse zurück.

Reflexion: Ich habe aus der diffusen Gesamtsituation einen Konflikt herausgegriffen. Diesen konnte ich neben dem Unterrichtsgeschehen bearbeiten. So können die Kinder Erfahrungen sammeln, besser durchschauen, was gewesen ist, was ihre Unruhe ausmacht, welche Perspektiven es gibt. Der oben beschriebene Konflikt hatte bereits dazu geführt, daß Matthias Angst vor Schlägen nach der Schule hatte. Obwohl er einen wesentlichen Anteil am Entstehen des Konfliktes trägt, war er ins Hintertreffen geraten, weil Philipp seinem neuen Freund Lars Beistand leistete. Diese Angst konnte in der Situation abgebaut werden.
Gleichzeitig konnten die Kinder erleben, daß sich Situationen anders entwickeln können, wenn man kleine, aber wich-

tige Einzelheiten beachtet. In diesem Fall ging es um eine Entschuldigung und auch um die Akzeptanz von Entschuldigungen. Damit werden Optionen eröffnet.

In der Situation ist das nicht einfach, wenn die Kinder nicht in Übungssituationen entsprechende Erfahrungen gesammelt haben. Matthias ist wahrscheinlich innerlich so angespannt gewesen, daß er das versehentliche Anstoßen von Lars als Angriff interpretiert und sogleich zugeschlagen hat. Die Folgen seines Tuns bekam er sofort zu spüren.

Die Methode der Skulpturbildung bringt die Ereignisse in die Langsamkeit, läßt die Kinder das Geschehen intensiv nacherleben und eröffnet ihnen eine Alternative. Lars wirkt während der Bearbeitung stark verkrampft. Während der Skulpturbildung löst sich seine Verkrampfung. Es wird eine Form der Bewegung angeboten. Nach dem Nachstellen der Alternative wirkt er gelöst. Damit ist für beide Schüler durch das pädagogische Handeln ihres Lehrers ein akzeptabler Zustand erreicht worden. Vielleicht kann man sogar sagen, daß sie sich wohl fühlen. Damit wäre ein wichtiges Erziehungsziel Wirklichkeit geworden. Büeler schreibt: »Die Funktion des Systems Erziehung liegt darin, alle Rahmenbedingungen dafür zu schaffen, daß die bio-psycho-soziale Entwicklung in einen Zustand mündet, den der einzelne Mensch subjektiv als erfüllend, ja vielleicht gar als beglückend empfindet.« (Büeler, 1994)

Lars' Kommentar zu seiner neuen Freundschaft mit Philipp gibt einen Hinweis auf die Ausbildung seines Selbst. Daß er sagt: »Ach, das ist doch nicht wichtig«, einen Freund zu haben oder Philipp zum Freund zu haben, deutet mindestens auf ein sehr schwaches Selbstbewußtsein hin. Darf er es nicht wahrhaben, daß ihn ein Mitschüler mag? Wenn das zuträfe, wäre die weitere Frage, warum er das nicht wahrhaben darf. Philipp hat ihm in einer kritischen Situation Beistand geleistet. Für ihn zählte dabei nur die Freundschaft.

▌ Exkurs: »Ich hasse das Leben!« –
▌ Stationen einer langsamen Veränderung

Bearbeitung einer ständig wiederkehrenden Inszenierung
Themen: Destruktion, Macht, Wut, Ärger, Ablehnung,
* Freundschaft, Identitätssuche, Demütigung, Hilflosigkeit,*
* Streß, Gewalt, Beziehungsdynamiken, Freude*
Methoden: Teamgespräche, Klärungsdialoge, Zirkuläres
* Fragen, Inneres Bild, Hospitation*

Manche Inszenierungen können von einer solchen Intensität und Dauer sein, daß sie für die beteiligten Lehrkräfte eine tägliche Streßbewältigung bedeuten. Sind Lehrkräfte in solchen Fällen auf sich allein gestellt, dann können die Anforderungen die eigenen Fähigkeiten schnell übersteigen und schließlich in eine Streßsituation führen, die nicht mehr zu kontrollieren ist. Das nachfolgende Beispiel zeigt nicht nur, wie Lehrkräfte an den Rand ihrer Handlungsmöglichkeiten kommen, sondern vor allem, wie sie durch ständige Interpretationsbemühungen ein Verständnis für das Verhalten des betroffenen Kindes entwickeln und sich gegenseitig unterstützen, um handlungsfähig zu sein und zu bleiben. Manche Kinder agieren ihre inneren Erlebnisse so intensiv und immer wieder auf der Bühne des Klassenraumes aus, daß für sie selbst und auch für Mitschüler daraus eine unkontrollierbare Streßsituation werden kann. Oft werden viele Mitschüler – und manchmal auch die Lehrerinnen und Lehrer – in diese Inszenierungen hineingezogen. In solchen Fällen ist es sehr hilfreich, wenn man mit einem Team an der Problematik arbeiten kann. An diesem Beispiel möchte ich auch zeigen, wie wichtig das emotionale Grundvertrauen der Lehrkräfte in ihr eigenes Tun ist, wenn sie einem Kind helfen wollen, etwas Ruhe und Gelassenheit in seine inneren Turbulenzen zu bringen. Ich bin im Verlauf des Prozesses, der sich über einen Zeitraum von eineinhalb Jahren hinzog, als Fachlehrer für Mathematik und als Mitglied des Teams der Klassenstufe beteiligt. Gelegentlich habe ich auch bei Kolleginnen und Kollegen in der Klasse hospitiert, um aus einer gewissen Distanz

die Verhaltensweisen dieses Mädchens und sein Zusammenspiel mit anderen Kindern und den Lehrkräften beobachten zu
können.

Im Mittelpunkt dieser Geschichte steht die Schülerin Alexandra. Sie kam zu Beginn der 3. Klasse in unsere Schule. Ihr
Verhalten löste bei ihren Mitschülerinnen und Mitschülern
und auch bei ihren Lehrerinnen und Lehrern heftige Gefühle
aus. Ärger, Wut, Enttäuschung, Interesse, Unsicherheit und
Freude wechselten miteinander ab. Es kommt alles darauf an,
das Verhalten eines solchen Kindes zu verstehen (Verstehbarkeit). Dazu ist es erforderlich, neben einer genauen Wahrnehmung der inneren und äußeren Abläufe das Verhalten zu
interpretieren. Auf dieser Grundlage ist dann erfolgreiches
pädagogisches Handeln gefragt. Das heißt, es bedarf der Vergewisserung, über welche Methoden das Verhalten eines Kindes angemessen bearbeitet werden kann. Schließlich kommt
es darauf an, das eigene Tun in der Beziehung zu diesem Kind
als sinnvoll anzusehen und auch zu erleben. Vor allem aber ist
wichtig, das Tun des Kindes als bedeutsam für seine Selbstentwicklung anzusehen und zu achten (Bedeutsamkeit).
Damit sind die entscheidenden Merkmale angedeutet, die
Antonovsky als Kohärenzgefühl beschreibt. Es ist das grundlegende emotionale Gefühl des Vertrauens in das mögliche
Gelingen des pädagogischen Handelns. Bei allem Zweifel, der
im Verlauf des Umgangs mit dieser Schülerin auftaucht,
behält doch das Vertrauen in das mögliche Gelingen die Oberhand.

Der Beginn einer intensiven emotionalen Arbeit

Kontext: Ich hatte gerade eine Hospitationsstunde bei einem
Kollegen hinter mich gebracht. Dabei konnte ich in aller Ruhe
die Beziehungen zwischen den Schülerinnen und Schülern
beobachten. Besonders fielen mir Alexandra und Tabea auf.
Sie stritten unaufhörlich miteinander. Sie kamen kaum zum
Arbeiten. Eine Mitschülerin am Gruppentisch sagte stöhnend:
»Ich habe einen Weihnachtswunsch, daß ihr einmal eine
Stunde lang nicht streitet.« Mein Kollege hatte mit vielen
anderen Ereignissen zu tun. Er schenkte den Auseinander-

Klasse 3

A

B

C

D

E

Tafel 1

Tafel 2

Tafel 3

Tafel 4

Tafel 5

Tafel 6

A

B

C

D

Tafel 7

setzungen keine Beachtung. Am Vortag hatten mich beide Mädchen schon auf ihr Problem aufmerksam gemacht. Ich hatte aber noch keine Möglichkeit der Intervention gehabt. Nun inszenierten sie vor meinen Augen ihre Auseinandersetzungen. Nach der Stunde hatte ich Unterricht in der Klasse. Ich nahm mir vor, mit beiden Mädchen an ihrem Problem zu arbeiten.

»Und dann sind wir Freundinnen« – Wünsche formulieren

Ich leitete die Stunde mit einigen Entspannungs- und Konzentrationsübungen ein. Alle Kinder machten interessiert mit. Es entstand eine schöne Atmosphäre. Ich führte in die mathematische Aufgabenstellung ein. Danach sagte ich für alle hörbar, daß Alexandra und Tabea eine eigene Aufgabenstellung bekämen. Sie sollten daran arbeiten, was sie aneinander störe und welche Wünsche sie aneinander hätten. Es lag mir daran, daß alle Schülerinnen und Schüler erfuhren, daß ich mich mit dem Problem der beiden Mädchen befassen würde. Sie hatten ja auch die Störungen während der vorausgegangenen Unterrichtsstunde mitbekommen. Darüber hinaus waren einige von ihnen in Auseinandersetzungen mit den beiden Schülerinnen, die erst seit Beginn des Schuljahres in der Klasse sind, verwickelt. »Ich weiß, daß es noch mehr und andere Probleme gibt«, sagte ich, »aber heute werde ich mit den beiden arbeiten.« Damit war die Aufgabenstellung für alle klar. Sie war begrenzt und überschaubar. Während die übrigen Kinder mit ihrer Arbeit begannen, setzte ich mich zu Tabea und Alexandra, nahm ein leeres Blatt Papier, schrieb auf jedes Blatt den Namen eines Mädchens und fügte hinzu: »Alexandra, überlege bitte, was du an Tabea nicht magst, schreib es auf die obere Hälfte des Blattes. Du kannst auch ein Bild dazu malen. Auf die untere Hälfte schreibe bitte, was du dir von Tabea wünschst.« Und nun schreibe ich diese beiden Fragen vor den Augen der Kinder auf das Blatt. Natürlich kostet das Zeit, aber diese Zeit setzt bereits eine hohe Arbeitsmotivation in Gang. Während ich noch schreibe, können die Mädchen schon nachdenken und überlegen. Das Gleiche mache ich mit Tabeas Arbeitsblatt. Ich nehme, indem ich so vorgehe, die Schnelligkeit und die ständigen Wiederholungen ihres Tuns in die reflektierende Langsamkeit. Alexandra redet mir dazwischen. Sie will erzählen, was ihr Tabea alles Schlimmes angetan habe. Ich wehre ab, verweise auf den Arbeitsauftrag. Sie hätten 15 Minuten Zeit für die Bearbeitung ihrer Aufgaben. Bereits nach einer Minute kommt Alexandra mit ihrem Blatt zu mir. Sie sei fertig. Ich bitte sie, die Zeit voll zu nutzen. Sie könne zu ihren Gedanken auch noch entsprechende Bilder malen. Sie geht etwas unwillig auf ihren Platz zurück, arbeitet dann aber weiter. Nach 15 Minuten bitte ich beide Mädchen, mir ihre Ergebnisse zu zeigen.

Den Auftrag: »Was ich an Alexandra nicht mag?« liest Tabea noch von ihrem Zettel ab, aber dann redet sie schnell und sehr erregt: »Sie nimmt mir alle Freundinnen weg, zum Beispiel Elisabeth, und sie nimmt mir immer Sachen weg. Ich wünsche mir von Alexandra, daß sie aufhört damit und daß wir Freundinnen sind.«

Alexandra liest von ihrem Zettel: »Tabea hat mich heute angelogen, und das mag ich nicht. Und ich wünsche mir von Tabea, daß sie mich nicht ärgert.«

Ich: »Du hast auch Bilder zu jeder Aufgabe gemalt.«

Alexandra: »Ja, da oben, das sind Tabea und ich. Da streiten wir. Und da unten, das sind wir auch. Da hab ich gemalt, daß wir Freundinnen sind.«

Ich: »Du hast Tabea eine Sprechblase gemalt. Sie ruft: ›Ja‹. Und für dich hast du auch eine Sprechblase gemalt. Du rufst: ›Komm!‹«

Alexandra: »Ja, ich rufe und sie kommt, und dann sind wir Freundinnen.«

Während sie das sagt, bekommt Tabea rote Wangen. Ihre Erregung ist nicht zu übersehen. Ich unterstreiche die Aussage mit dem Hinweis: »Hättet ihr das gedacht? Tabea hat als Wunsch den Satz geschrieben: Daß wir Freundinnen sind. Und Alexandra hat ein Bild gemalt, auf dem ihr als Freundinnen zu sehen seid?«

Beide Kinder atmen erleichtert und hörbar auf. Tabea fängt ganz plötzlich an zu lachen. Alexandra stimmt in ihr Lachen ein. Tabea kann ihr Lachen nicht bremsen. Die übrigen Kinder werden aufmerksam, unterbrechen ihre Arbeit, schauen neugierig herüber. Die Freude, die beide Mädchen ausstrahlen, springt über. Ich spüre ebenfalls eine große Freude. Mit dieser Reaktion hatte ich nicht gerechnet. Ich hatte angenommen, daß sie über die Aufgabenstellung ihre Streitereien etwas besser verstehen würden. Daß es spontan eine solche Lösung geben würde, hätte ich nicht zu hoffen gewagt. Es erfolgt regelrecht eine körperliche Lösung. Tabea wirkt sehr entspannt.

Ich bestärke den Vorgang, indem ich abschließend formuliere: »Nun wißt ihr, was ihr euch voneinander wünscht.« Ich gebe beiden Mädchen die Hand und beglückwünsche sie zu ihrer Erkenntnis.

Freude schlägt um in Enttäuschung
Vier Tage später erkundige ich mich bei den Mädchen, ob ihr Wunsch nach gegenseitiger Freundschaft angehalten habe. Es folgt ein betretenes Schweigen. Tabea erzählt, daß Alexandra nicht mehr wolle. Tabea ist sichtlich enttäuscht, während Alexandra auf mich den Eindruck macht, als ob sie distanziert Tabeas Reaktion beobachte. Sie bestätigt, daß es so sei, wie Tabea berichtet hat. Ich sage beiden Mädchen, daß ich dies schade fände, ich würde aber noch einmal mit ihnen darüber reden.

Perspektivenwechsel: Wie erleben die Jungen die Situation?
Ich bin über die heftigen Inszenierungen auf die beiden Mädchen aufmerksam geworden und habe mit ihnen an ihrer Problematik, soweit sie für mich sichtbar geworden ist, gearbeitet. Nun kann ich meinen Verstehenshorizont durch die Arbeit in der Jungengruppe erweitern. (In dieser Klasse haben wir als Basisförderung die Arbeit in der Jungengruppe mit einem Mann und in der Mädchengruppe mit einer Frau eingeführt. Diese Arbeit findet einmal wöchentlich für die Dauer einer Stunde statt. Wir beschäftigen uns gerade mit dem Verhältnis der Jungen zu den Mädchen.)

»Alexandra sieht aus wie eine Kuh!«

Gespräch:

Ich: »Wie geht es euch mit den Mädchen?«

Lars: »Wenn die Mädchen uns ärgern und uns schlagen, dann schlagen wir zurück.«

Jonas: »Also, mein Verhältnis zu Tabea und Alexandra ist gar nicht gut. Ich kann die nicht leiden, weil die sich immer gegenseitig anmachen. Alexandra sagt zum Beispiel zu Tabea, sie soll mit etwas aufhören. Danach macht sie das selber, was sie vorher Tabea verboten hat. Und außerdem mag ich Alexandra nicht, weil, wenn die so lacht, dann werden ihre Backen so dick, und sie sieht aus wie eine Kuh. Sie macht dann auch ihre Augen so groß. Das mag ich nicht. Und dann sagt sie immer: ›Hör doch mal auf!‹ Und ›Arschloch‹ sagt sie auch. Außerdem lügt sie.«

Martin: »Ich finde nicht so schön, wie Tabea so ist. Sie ist so komisch. Sie hat die Klasse belogen und sogar Herrn L. (Referendar). Und zu Jonas hat sie auch gesagt, sie hätte ein Bild gemalt, dabei hatte sie es abgepaust.«

Malte: »Tabea und Alexandra geben an. Alexandra tut so, als wäre sie die Schönste. Sie macht sich schön, hat auch Parfum. An Alexandra finde ich blöd, daß sie so lacht.«

Jonas: »Alexandra nutzt Tabea total aus. Erst schreit sie Tabea an. Wenn sie dann etwas von ihr will, ist sie ganz lieb zu ihr.«

Ole: »Sie flüstern Arschloch zu Jonas. Einmal habe ich in der Pause gehört, wie sie gesagt haben: ›Ole und Jonas sind die Dööfsten in der Klasse!‹«

Malte: »Einmal hat Tabea auf ein Blatt geschrieben: ›Malte ist ein Arschloch‹.«

Stefan: »Ich finde an Alexandra doof, daß sie so komisch guckt. (Er ahmt es nach.) Außerdem finde ich, daß man nicht immer über Tabea rummotzen müßte.«

Jonas: »Eigentlich ist Tabea ganz nett, und man muß Leute so respektieren, wie sie sind.«

Alexander: »Sie aushalten können.«

Lars: »Also, man soll nicht alles auf die Mädchen schieben. Manchmal fangen auch die Jungen an. Aber wenn es erst

zum Streit gekommen ist, dann hören die Mädchen nicht
mehr auf.«

Ole: »Ich finde an Alexandra doof, daß sie uns so oft anmacht.«

Matthias: »Also, die geht auf uns zu und fängt Streit an.«

Jonas: »Einmal hat sie mir in den Bauch geboxt. Dann hat
sie sich umgedreht und hat gesagt: Das war ich nicht, das
war Tabea.«

Ole: »Wenn Alexandra mit Elisabeth zusammen ist, dann ist
sie großmäulig.«

Perspektiven für die Zukunft

Ich: »Ihr habt viel erzählt. Nun blicken wir in die Zukunft.
Wie könnt ihr euch verhalten, damit es euch dabei gut geht?
In mein Tagebuch zeichne ich ein Schild mit der Aufschrift:
NEU.«

Lars: »Nicht beachten. Wenn sie etwas Böses tun, dann
sagen wir es der Lehrerin oder dem Lehrer.«

Jonas: »Einfach weggehen, wenn sie uns anmeckert.«

Matthias: »Also, auch wenn sie uns anmacht und ›hähähä‹
macht, dann verkloppen wir sie doch nicht.«

Lars: »Dann gibt es eine bessere Welt.«

Ole: »Nicht hinhören.«

Ich: »Manchmal ist das nur schwer möglich. Überlegt, was
könntet ihr zu Alexandra sagen?«

(Ich male ein neues Schild und schreibe groß SATZ darauf.)

Jonas: »Hör auf. Ich möchte das nicht.«

Malte: »Hör bitte damit auf.«

Lars: »Wenn du aufhörst, dann höre ich auch auf.«

Alexander: »Geh mir aus dem Weg.«

Interpretation: Obwohl ich in meiner Einleitung deutlich die
Frage nach den Beziehungen zu den Mädchen gestellt
habe, beziehen sich die Jungen sofort auf Alexandra und
Tabea.

Sah es zunächst so aus, als würden die Jungen ihren Unmut
auf beide Schülerinnen gleichmäßig verteilen, so kommt es
dann doch durch den Hinweis von Stefan, man solle nicht so
sehr über Tabea motzen, zu einer deutlichen Differenzierung.

Im Grunde meinen alle Alexandra. Sie ist es, die ihnen Probleme bereitet.

Sie kritisieren ihr Aussehen, ihre Art zu lachen, ihr Verhalten gegenüber Tabea, ihre Angeberei und ihr aggressives Verhalten gegenüber den Jungen. Während Tabea noch wohlwollend betrachtet wird und auch das Mitgefühl einiger Jungen hat, gibt es für Alexandras Verhalten kein Verständnis. Dabei üben sie durchaus Selbstkritik. Sie würden auch Streit anfangen. Allerdings sei es schwer, diesen Streit zu beenden, weil die Mädchen immer weitermachten. Es spricht aus den Worten der Jungen auch eine gewisse Hilflosigkeit. Diese bezieht sich auf einen konstruktiven Lösungsansatz. Offensichtlich sind sie damit überfordert, in geeigneter Weise auf Alexandra einzuwirken, wenn sie Tabea ausnutzt, anbrüllt oder für einen Fausthieb verantwortlich macht, obwohl sie die Schlägerin war.

Ich versuche ihnen einen konstruktiven Weg zu zeigen. Dieses untermauere ich mit dem deutlichen Hinweis auf zwei Schilder: NEU und SATZ. Ich lasse sie einen Satz formulieren, mit dem sie Alexandras Verhalten zurückweisen können.

Arbeit an meinen Belastungen: Es ist möglich, im Team kurz über das Gespräch mit den Jungen zu reden. Dennoch beschäftigt mich der Vorgang den ganzen Tag über. Es ist vor allem die starke Inszenierung, die von Alexandra ausgeht. Es sind Fragen nach dem Lebenshintergrund von Alexandra. Durch ihr Verhalten entwickelt sie eine Kraft und Dynamik, die das gesamte Klassenklima beeinflussen. Zunächst muß ich dies einmal zur Kenntnis nehmen. Mein Unbehagen besteht vor allem darin, daß ich selbst noch nicht weiß, welches pädagogische Handeln erforderlich ist. Der Wunsch nach einer schnellen Lösung wird spürbar und ein Druck, das Problem auch schnell lösen zu können. Aber es braucht Geduld, Reflexion und Beachtung der bewährten Formen. Rational ist mir das klar, aber auf der emotionalen Ebene arbeitet es in mir. Ich werde das Problem nicht los. Ich bin in eine Streßsituation geraten und habe zu diesem Zeitpunkt noch keine Lösung. Das Gespräch mit den Jungen hat mir einen guten Einblick in die Zusammenhänge gegeben.

Soziale Kompetenzen sichern

Situation: Als ich am nächsten Tag den Klassenraum betrete, signalisiert mir die Klassenlehrerin, es habe erhebliche Probleme gegeben. Sie ist von dem Vorfall so stark berührt, daß sie mich bittet, in meiner Stunde mit den Schülern daran zu arbeiten. Tabea und Jonas seien in die Auseinandersetzungen verwickelt. Sie deutet kurz an, worum es gegangen sei. Die Situation erfordert von mir eine spontane Interpretation. Ich muß vor dem Hintergrund der gestrigen Erfahrung eine Entscheidung treffen, die nicht den Ansatz, den ich mit den Jungen erarbeitet hatte, zerstört, sondern ihn wirksam werden läßt. Meine Kurzinterpretation sagt mir, daß ich mich nicht in die Einzelheiten verlieren möchte. Ich will klären, will aber dabei auf der Grundlage der systemischen Beratung auf die vorhandenen Ressourcen setzen, will die guten Ansätze vom gestrigen Tag nutzen und mit den Kindern gemeinsam in die Zukunft blicken. Ich entschließe mich spontan zu einer Bearbeitung der Problematik in der Gesamtgruppe und bitte meine Kollegin als Beobachterin dazu. Ich nehme mir vor, in der ersten Hälfte an der Situation, die ich im Detail nicht kenne, zu arbeiten und in der zweiten Hälfte in jedem Fall Mathematik zu machen. Emotionales und fachorientiertes Lernen sollten ausgewogen sein. Es gibt zum Beispiel viele Kinder, die gern Mathematik machen und enttäuscht wären, wenn ich mit ihnen nur Konfliktklärung machte. Erwähnen möchte ich noch, daß ich im Verlauf meiner Kurzinterpretation dazu komme, daß es sich wahrscheinlich um einen grundlegenden Konflikt zwischen Jungen und Mädchen handelt. Dabei übernehmen dann einzelne Kinder Stellvertreterrollen. In diesem Fall könnten das Tabea und Jonas gewesen sein, von denen die Klassenlehrerin sagt, daß sie sehr heftig aneinandergeraten seien.

Einstieg und Verlauf: Ich: »Ich habe gehört, daß es eine heftige Auseinandersetzung gegeben hat. Ich möchte nicht die Einzelheiten erörtern. Es geht um eine Auseinandersetzung zwischen Jungen und Mädchen. Konflikte zwischen Jungen und Mädchen wird es immer wieder geben. Entscheidend ist, daß ihr sie lösen könnt. Darüber will ich mit euch sprechen. Oft sind es Probleme, die sich immer wiederholen.«

Ich zeichne einen Wiederholungskreis, lasse sie mit der Hand in der Luft diesen Kreis nachfahren, zähle dabei bis 10, und dann suchen wir alle einen Ausweg aus der Situation.

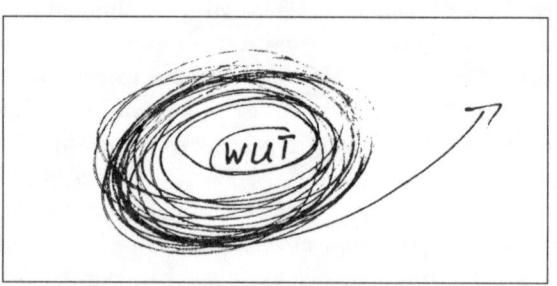

»Da könnte ich Wut hineinschreiben«, sagt Tabea, denn sie sei oft wütend, und wenn sie dann gestreßt sei, würden sich die Probleme immer wiederholen.

Die Schülerinnen und Schüler sind hellwach bei der Sache, als ich sage, daß es um einen Konflikt zwischen Jungen und Mädchen gehe. Sie heben hervor, daß sie schon viel im Umgang miteinander gelernt hätten. Ich notiere einige wesentliche Äußerungen an der Tafel:
- sich aus dem Weg gehen
- sich wieder vertragen
- sich entschuldigen
- nicht treten – sondern reden (den zweiten Teil ergänze ich).

Damit es nicht bei einer reinen Wissensdiskussion bleibt, erhalten die Kinder eine zusätzliche Aufgabenstellung: Stellt euch einen Konflikt vor, bei dem ihr euch aus dem Weg gegangen seid. Bei wem hat es geklappt?

Sie erhalten Zeit für eine Nachdenkphase. Sie sollen überprüfen, welche Relevanz die mündliche Aussage in ihrem tatsächlichen Verhalten hat.

Innerhalb des Gesprächs, das schnell und intensiv verläuft, erklärt Tabea, daß es wichtig sei, daß die Wut, die in einem drin stecke, auch raus könne. Da interveniert Martin. Er fände es

136

nicht gut, die Wut rauszulassen. Es sei besser sie zu verbergen. Ich will seinen Worten nicht glauben. Auf meine Nachfrage bestätigt er seine Aussage: »Wut darf man nicht zeigen.«

Zwischeninterpretation: Tabea ist emotional sehr am Gespräch beteiligt. Als sich zwischen ihr und Martin solche Differenzen auftun, erinnere ich das Gespräch der Jungen über Tabea. Es fällt mir ein, daß sich Martin ganz stark gegen Tabeas Verhalten ausgesprochen hat. Hier werden ganz unterschiedliche Lebensmuster sichtbar. Ich freue mich über Tabeas Beteiligung, erlebe sie als äußerst lebendig. Ich freue mich auch über Martins Meinung. Er teilt allen etwas sehr Wichtiges mit: »Ich darf keine Emotionen zeigen.« Martin war uns durch seine große Zurückhaltung aufgefallen. Bei den Ringkämpfen, die ich in Abständen von 14 Tagen anbot, hielt er sich fast ein Jahr lang zurück, bis er selbst einen Kampf wagte. In mehreren Gesprächen erzählte er etwas über die Leistungen seiner Eltern, sprach nicht über sich. Er wirkt motorisch und emotional sehr gehemmt. Daß er eine solche Aussage macht, sagt viel über ihn aus.

Fortsetzung des Gesprächs: »Es gibt zwischen Jungen und Mädchen Konflikte, aber es gibt auch viele Dinge, die ihr gut miteinander könnt. Was ist das? Was geht gut?« frage ich.
Eifrig zählen die Schülerinnen und Schüler eine ganze Reihe von wilden und interessanten Spielen auf.

Interpretation: Das Entscheidende in dieser Phase liegt darin, den Jungen und Mädchen Formen des Miteinander zu zeigen und ihnen bewußt zu machen, daß es viele Spiele gibt, die sie miteinander spielen können. Bei allen Spielen, die sie selbst nennen, geht es um Geschicklichkeit, Schnelligkeit, Kondition, Kraft, Wildheit und um Regeln. Jungen und Mädchen beherrschen die einzelnen Spielformen unterschiedlich gut. Darauf gilt es Rücksicht zu nehmen. Wenn es im Spiel über Konflikte zum Gegeneinander kommt, das ist im ersten Teil deutlich geworden, haben sie auch dafür eine Lösung. Im Verlauf des

Gesprächs hatten mehrere Schüler erwähnt, wenn man allein nicht zurecht komme, dann könne man immer noch zum Lehrer oder zur Lehrerin gehen. Das bedeutet, daß Konflikte nicht ausgeblendet werden. Sie gehören dazu, und die Kinder müssen es lernen, damit auf eine konstruktive Art umzugehen. Sie wissen, daß sie im Hintergrund die Lehrer haben. Wir Lehrerinnen und Lehrer müssen uns hüten, jeden Konflikt, bei dem es auch um körperliche Attacken geht, gleich als äußerst schwerwiegend zu interpretieren. Wir projizieren oft etwas aus unserer Erwachsenenposition hinein, was von den Kindern leichter genommen wird. So war zum Beispiel zu beobachten, daß Jonas noch zu Anfang unseres Gesprächs zu Tabea hinüber ging, um sich bei ihr zu entschuldigen. Der Konflikt zwischen beiden war von der Klassenlehrerin als so stark erlebt worden, daß sie mich gebeten hatte, darüber mit den Kindern zu reden. Die Schülerinnen und Schüler ernst nehmen, ihr Verhalten und ihre Probleme wahrnehmen, interpretieren und an vorhandenen Ressourcen auch dann noch ansetzen, wenn man selbst in eine Phase der Resignation zu geraten droht; das ist wichtig, denn es passiert leicht, daß bei uns das Gefühl entsteht, wir hätten mit unserer Arbeit versagt oder bestimmte Kinder würden ohnehin nichts aus den Gesprächen lernen.

Emotionale Kohärenz bedeutet, über den Tag hinaus die Entwicklungen wahrnehmen, sie interpretieren und Hoffnung in das positive Wirken der gegebenen Anregungen setzen.

Erwähnen möchte ich eine erste positive Mitteilung von Alexandra. Sie hatte mich den gestrigen Tag beschäftigt. Ich wußte nicht, wie ich ihr Verhalten deuten und ihr weiterhelfen könnte. Hinzu kam, daß sie in Mathematik keine Fortschritte machte. Ich war hinsichtlich der Sozial-, Selbst- und Sachentwicklung dieser Schülerin sehr unsicher. Seit einigen Tagen versuchte ich ihr im Sachbereich zu helfen. Nun kam sie zu mir, zeigte mir ihre Hausaufgaben und erklärte stolz, vom morgigen Tag an werde sie in Mathematik Nachhilfe erhalten. Sie wirkte dabei sehr gelöst.

Arbeit an meiner Gefühlslage: Gestern war ich wenig erfolgreich damit gewesen. Den ganzen Tag über hatten mich die Probleme, auch andere Probleme aus der Schule, nicht verlassen. Nun wird mir klar, daß ich einen tragfähigen Interpretationsansatz habe und daß die Kinder interessiert mitmachen. Mir scheint, es ist auch endlich das Thema klar, um das es geht: »Identität als Junge / Identität als Mädchen.« Das, was mir zunächst noch als Störung erschienen war, zeigt sich nun als Symptom für eine tieferliegende Problematik. Nun, da sie für mich sichtbar ist (Verstehbarkeit), kann ich an ihr arbeiten.

Neben der Identitätsarbeit, die in diesem Alter das Selbstbewußtsein der Kinder oft sehr erschüttert, geht es auch um Bestätigung in den Lernbereichen. Gibt es hier Einbrüche oder Blockaden, dann haben diese Kinder besonders viel zu leisten. Sie geraten in eine Streßsituation, wie es Tabea sagt. Hinzu kommt, daß einige Kinder die Problematik offen vorantreiben. Sie wagen etwas, sie trauen sich weit vor. Wenn dabei etwas schiefgeht, kommt es oft zu Kloppereien. Ohne diese geht es nicht. Wichtig ist, daß wir, die Lehrerinnen und Lehrer, ohne zu große Schwere immer wieder die Basis für das Miteinander legen. Eine Voraussetzung dafür ist die Fähigkeit, sich für belastende Situationen Entlastung zu schaffen.

Ärger und Haß auf Alexandra

Teamgespräch zur Situation der Klasse: In einem Teamgespräch hebt die Klassenlehrerin viele positive Entwicklungsschritte einzelner Kinder ihrer Klasse hervor. Der Zusammenhalt unter den Jungen sei stärker geworden. Insgesamt seien die Kinder offen und einander freundlich zugewandt. Aber wenn sie nicht dabei sei, gebe es immer wieder Streit. Viele Jungen konzentrierten ihren Ärger und Haß auf Alexandra. Sie provozierten am laufenden Band. Innerhalb der Mädchengruppe gebe es auch häufiger Streit in unterschiedlichen Konstellationen. Wir (das Team der Klassenstufe: Klassenlehrerin, Klassenlehrerin der Parallelklasse und ich als Fachlehrer) gewichten die Themen und setzen als Schwerpunkt unseres Gesprächs die Problematik »Jungen gegen Alexandra«.

Den Jungen fehlt es an Partnerinnen. Die Mehrzahl der Mädchen hat offenbar kein Interesse an einer Auseinandersetzung mit ihnen. Hier bietet sich Alexandra an. Allerdings führen die Auseinandersetzungen zu einer großen Heftigkeit. Diese kann auch aus dem Ablösungsprozeß von der jeweiligen Mutter erklärt werden. Alexandra würde dann eine Stellvertreterrolle einnehmen. Dies könnte auch das verborgene Thema in der Beziehung zwischen Alexandra und Jonas sein.

Erweiterung des Erfahrungshintergrundes: Eine nicht erwünschte Tochter

Die Klassenlehrerin (Frau Olms) berichtet von einem Gespräch, das sie mit Alexandras Mutter geführt hat. Alexandra fühle sich nach Aussagen ihrer Mutter ungeliebt. Sie sei auch nicht erwünscht gewesen. Inzwischen haben sich die Eltern getrennt. Die Mutter macht eine Therapie. Ihr Therapeut habe eine Familientherapie vorgeschlagen. Dazu sei es noch nicht gekommen. Mutter: »Der Blick meiner Tochter erinnert mich manchmal an den Blick meines Mannes. Manchmal hasse ich meine Tochter.«

Was bedeutet dieses Wissen für die Interpretation und für unser pädagogisches Handeln? Frau Olms kann zu dem abgelehnten und nicht geliebten Kind von innen heraus sagen: »Ich mag dich.« Mir ist eine Blick-Szene wichtig: Alexandra ärgert durch ihren Blick einige Jungen. Frau Olms ärgert sich darüber, daß sich die Jungen über Alexandras Blick ärgern und diesen als Begründung für ihre Attacken nehmen.

Welche Botschaft transportiert Alexandra mit ihrem Blick? Welche Botschaft legen einige Jungen in ihren Blick? Es steht dahinter die jeweilige existentielle Blickerfahrung aus frühkindlichen Situationen. Alexandras Blick, das wissen wir, erinnert ihre Mutter an den abgelehnten Ehemann. Die Mutter bringt den Blick ihrer Tochter mit ihrer gescheiterten Ehe in Verbindung. Sie hat ihren Mann zurückgewiesen, sie weist auch Alexandra zurück. Es gibt nicht das »Leuchten im Auge der Mutter«, das für die emotionale Selbstsicherheit eines Menschen von zentraler Bedeutung ist.

Ich versuche einmal, Alexandras Blickwinkel einzunehmen. Sie schaut ihre Mutter mit der Absicht an, ihre Liebe und Zuwendung zu erringen. Das Gegenteil ist der Fall. Sie nimmt

Ablehnung wahr. »Das darf doch nicht wahr sein«, mag sie fühlen. In der Folgezeit bringt sie sich immer wieder in Situationen, in denen sie ihren Blick einsetzt. Vielleicht hat sich inzwischen dem Blick etwas beigemischt, was verständlicherweise einer narzißtischen Wut entsprungen sein könnte: »Das darf doch nicht wahr sein, Mutter, daß du mich ablehnst. Ich brauche deine Anerkennung und Liebe. Ich schaue dich so lange an, bis du mich durch deinen Blick akzeptierst. Ich zwinge dich zu einem freundlichen Blick.« Dies gelingt Alexandra nicht. So muß sie diese Erfahrung ständig wiederholen. Die Intensität des narzißtischen Blickes wird immer stärker, die Ablehnung ebenfalls. Nun tritt die Klassenlehrerin in die Inszenierung ein. Sie sieht das schwache Mädchen, das von einigen Jungen attackiert wird, nur weil es diese anguckt. Sie solidarisiert sich mit Alexandra und verstärkt damit deren Inszenierung. Sie wendet sich gegen die Jungen und verstärkt damit ungewollt deren Ablehnungen.

Das Verhalten der Klassenlehrerin ist verständlich. Sie will ein Mädchen, das intensiven Attacken von einigen Jungen ausgesetzt ist, schützen. Es ist eine Reaktion auf das Handeln auf der sichtbaren Ebene. Ihm liegt gleichzeitig ein lineares Verständnis von Provokation und unangemessener Reaktion zugrunde. Dabei, so hat es den Anschein, nimmt die Klassenlehrerin an, daß die Provokation von den Jungen ausgeht.

Ein anderer Blickwinkel: Alexandra sucht Menschen mit einfühlsamen Reaktionen. Ihr Blick signalisiert Erwartung. Diese wird nicht nur nicht erfüllt, sondern es erfolgt Ablehnung. Alexandra braucht Personen, die ihren Wunsch verstehen und ihr dabei helfen, andere Möglichkeiten des Werbens um Anerkennung und Akzeptanz zu finden.

Jonas ist auf dem Weg, sich von seiner Mutter zu lösen, er braucht einfühlsame und starke Personen, die diesen Prozeß verstehen und unterstützen. Im System Schulklasse stoßen zwei Kinder aufeinander, die sich in ihrem Bemühen um Selbstwerdung anziehen und gleichzeitig abstoßen. Im Kern haben sie möglicherweise ähnliche Erfahrungen in ihrer frühen Kindheit gemacht. Wenn ihre Bedürfnisse nach Nähe und Zuwendung nicht erfüllt wurden (Alexandras Mutter spricht dies offen aus), dann kann diese Erfahrung zu einer tiefen Verletzung ihres Selbst geführt haben. Ihre Inszenierungen können als Versuch gedeutet werden, diese »narzißtische Kränkung« (Kohut, 1991) zu heilen.

Dabei machen sie die demütigende Erfahrung, daß sie sich selbst nicht helfen können, sondern sich immer tiefer verstricken. Im Grunde brauchen sie therapeutische Hilfe. In Gesprächen haben wir die Eltern beider Kinder darauf hingewiesen. Auf eine Realisierung haben wir keinen Einfluß. Ob und wie die Eltern mit unseren Ratschlägen umgehen, ist ihre Sache. Wir haben ihre Kinder in der Klasse, ob mit oder ohne Therapie.

Und nun stellt sich für uns die Frage, mit welcher Kompetenz wir diesen Kindern begegnen wollen. Wir könnten unseren pädagogischen Kopf in den Sand stecken und immer wieder fordern, daß diese Kinder dringend einer therapeutischen Behandlung bedürfen. Wir können ärgerlich und wütend formulieren und postulieren, daß wir auf den Umgang so stark agierender Kinder nicht vorbereitet seien. Wir können aber auch der Situation offen begegnen und nach pädagogischen Handlungsmöglichkeiten suchen. Es geht bei unserem Vorhaben nicht um eine Therapie, sondern um verantwortungsvolles Handeln im pädagogischen Bereich. An erster Stelle ist daher wichtig, Kinder mit Verhaltensauffälligkeiten mit der Realität des schulischen Alltags zu konfrontieren.

Das bedeutet mehreres: Lehrerinnen und Lehrer müssen ihre Affekte kontrollieren. Wenn wir ärgerlich auf die Inszenierungen reagieren, weil sie unsere Unterrichtsarbeit stören oder weil sie Mitgefühle wecken, die wir einseitig (nur dem Mädchen, nur dem Jungen) zuteil werden lassen, dann sind wir bereits in ihre Inszenierungen verwickelt, sind Teil davon und können nur schwer hilfreiche Optionen mit den Kindern entwickeln.

In Klärungsdialogen sollten wir die Abläufe zu verstehen suchen und dann alternative Verhaltensformen vorschlagen und zusammen mit den Kindern erproben. Dabei sind viele Entwürfe erforderlich, bis eine neue und tragfähige Erfahrung vorliegt, die alternatives Handeln ermöglicht.

»Die Jungen sind die Bösen«, und der Lehrer ist gekränkt – eine neue Inszenierung

Am nächsten Tag hole ich die Kinder vom Pausenhof ab. Sie spielen dort ihre wilden und schönen Spiele. Im Flur wird Alexandra laut. Sie schreit, die Jungen hätten sie gewürgt. Die Jungen reagieren empört auf diese Unterstellung.

Kurzinterpretation: Ich ordne die Situation der allgemeinen Auseinandersetzung zwischen Jungen und Mädchen zu. (Hier liegt meine Fehleinschätzung, wie sich später herausstellen sollte.) Ich greife die Situation auf, will sie sofort bearbeiten. Alexandras Szene will ich keine übermäßige Beachtung schenken und skizziere daher an der Tafel die folgenden Gedanken:

Wilde Spiele? Ja! – Aber:

- Nicht würgen, treten, schlagen!
- Regeln absprechen und beachten!
- Jungen dürfen auch während der Fangspiele nicht die Mädchentoiletten betreten.
- Mädchen dürfen auch während der Fangspiele nicht die Jungentoiletten betreten.

Ich bitte zu überlegen, ob sie ihre »wilden Spiele« weiter spielen wollen. 7 Jungen und 5 Mädchen sind begeistert. Schließlich entscheiden sich 3 Jungen und 3 Mädchen für »Jungen fangen die Mädchen und Mädchen fangen die Jungen«. Die übrigen Kinder wollen Seilspringen oder in der Hecke spielen.

Interpretation: Es ist bei Jungen und Mädchen ein Interesse an gemeinsamen Spielen da. Allerdings ist es nicht bei allen Kindern gleich stark ausgeprägt. Diese unterschiedlichen Möglichkeiten der Spielsituation werden von allen auf ihre Weise genutzt. Alexandra spielt zusammen mit zwei anderen Mädchen und drei Jungen das Spiel: »Jungen fangen die Mädchen – Mädchen fangen die Jungen.« Als wir gegen Ende der Stunde zurück in die Klasse gehen, regt sich Alexandra im Treppenhaus erneut auf. Sie schreit und heult. Ihr sei von den Jungen Unrecht getan worden. Ich bin in unmittelbarer Nähe, konnte aber nichts feststellen.

Ich hatte zu Beginn der Stunde vorschnell Alexandras Inszenierung in einen allgemeinen Zusammenhang der Auseinandersetzungen zwischen Jungen und Mädchen gestellt. Nach einer kurzen Erörterung der Regeln hatte ich den Kindern die Möglichkeit zum Spielen gegeben. Offensichtlich hatte ich Alexandras Inszenierung nur unterbrochen, denn nun setzt sie diese 30 Minuten später an genau derselben Stelle (Flur) fort. Möglicherweise hat sie die gegenseitigen Kontakte, die das Spiel ermöglicht, nicht als befriedigend erleben können. Die Tatsache, daß ich den Kindern überhaupt Spiele ermöglichte, konnte sie offenbar auch nicht als ein Entgegenkommen sehen. So deute ich ihr Verhalten, für das es keine sichtbaren Anhaltspunkte gibt, als Inszenierung ihrer Ungeborgenheitsgefühle. Dabei beschuldigt sie die Jungen. Ihre Beschuldigung wird empört zurückgewiesen. Sie selbst erfährt dadurch Ablehnung, denn es lassen sich keine Anhaltspunkte für ihre Beschuldigungen finden. Sie erfährt Ablehnung durch die Jungen, sie erfährt auch meine Ablehnung, denn ich fühle mich gekränkt. Und damit sind wir alle auf ihre Inszenierung hereingefallen.

Fünf Tage später: Schon vor Beginn des Unterrichts stürzt Alexandra auf mich zu. Sie wolle mit den Jungen spielen. »Jungen fangen die Mädchen« wollten sie spielen. Es gelingt mir nur schwer, sie zurückzuhalten und auf unseren täglichen Unterrichtsbeginn zu verweisen. Zu Beginn einer Stunde besprechen wir den Ablauf, hier können die Schülerinnen und Schüler auch Wünsche anmelden. Das ist allen bekannt. Ich kann also Alexandra kaum zurückhalten. Sie schreit in den Lärm der anderen Kinder hinein: »Ich will mit den Jungen spielen!«

Bearbeitung meiner Gefühle: Sie drängt sich aggressiv in meine Unterrichtsplanung hinein. Ich spüre schon, daß ihr das Anliegen wichtig ist. Bei mir erweckt sie durch ihr Verhalten Ablehnung. In der Regel nimmt ein Kind in einer solchen Situation meinen Hinweis auf und trägt seinen Wunsch bei der Planung der Stunde erneut vor. »Ich will, ich will, ich will ...«,

144

das nehme ich wahr, meine Hinweise nimmt sie überhaupt nicht zur Kenntnis. Ich spüre meinen Ärger und meine Ablehnung Alexandra gegenüber. Mein Nachdenken sagt mir, daß sie mich in ihre Inszenierung mit Macht hereinzuholen versucht. Das ist ihr insofern gelungen, als ich ganz stark das Gefühl der Ablehnung ihr gegenüber habe, was sie durch andere Verhaltensweisen ja auch bei einigen Mitschülern provoziert. Mein Schutz besteht zu diesem Zeitpunkt nur darin, daß ich dies auf der kognitiven Ebene weiß.

Offenbar kann sie sich nur vorstellen, ihren Wunsch erfüllt zu bekommen, indem sie sich auf diese penetrante Art Gehör verschafft. Im Grunde ist die Ablehnung durch mich schon mit inszeniert. Auch hier sehe ich einen Zusammenhang mit ihrer Lebensgeschichte. Es kommt eine Aggression zum Ausbruch, die ihren Ursprung in der frühen Ablehnung durch die Mutter und/oder den Vater hat.

Durch diese kurze Bearbeitung komme ich zu folgendem Ergebnis: Alexandra versucht mit unbändiger Kraft ihren Wunsch durchzusetzen. Sie tut dies auf eine Art und Weise, mit der sie scheitern muß. Erneut würde sie ihre innere Verarbeitung mit einer bekannten Erfahrung anreichern und bestätigen.

Diesem Ansinnen setze ich eine Alternative entgegen. Ich gehe auf ihren Wunsch ein, ermögliche allen Kindern Freies Spielen. Genau das ist die Stelle innerhalb dieses Prozesses, an der ich uneindeutig bin. Das, was ich als Alternative bezeichne, ist keine. Ich hätte Alexandra mit der Realität konfrontieren müssen, das hätte bedeutet, daß jetzt Unterricht stattgefunden hätte.

Meiner Entscheidung liegt folgender Denkvorgang zugrunde. Ich möchte mich nicht in ihre Inszenierungen verstricken lassen. Ich will sie nicht ablehnen. Aber genau diese Ablehnung spüre ich. Nun glaubte ich, sie und mich überlisten zu können, indem ich so tue, als würde ich ihr entgegenkommen. Ich erfülle ihren Wunsch. Dies tue ich aus einer rationalen Überlegung heraus. Es ist der Versuch, meine Emotionen zu überlisten, was sich schnell rächen wird. Emotionen lassen sich nicht belügen.

In der Situation vor einigen Tagen hatte ich ihre Inszenierung übergangen, hatte sie in den größeren Zusammenhang Jungen/Mädchen gestellt und gehofft, daß Alexandra neue und andere Erfahrungen machen könnte. Damit war ich insofern gescheitert, als Alexandra wohl die Spielmöglichkeit für sich nutzte, aber bei der Rückkehr in die Klasse ihre Inszenierung voll einsetzte. Nun nahm ich mir vor, ihren Wunsch zu erfüllen. Ich wollte beobachten, wie sich das Spiel entwickeln würde.

Ich eröffne den Kindern, daß sie zunächst spielen könnten. Alexandra habe den Wunsch geäußert, das Spiel »Jungen fangen die Mädchen« zu spielen. Insgesamt zeigen sich die Kinder von der Idee begeistert. Einige möchten aber doch lieber Mathematik machen. Dazu gehören ein Junge und fünf Mädchen. Tabea und fünf Jungen entscheiden sich für das von Alexandra vorgeschlagene Spiel. Zu meiner großen Verwunderung gehört Alexandra nicht dazu. Sie habe sich entschieden, mit Elisabeth Gummitwist zu spielen.

Kurzinterpretation: Dieser abrupte Wechsel wunderte mich nicht nur, sondern ärgerte mich auch. Ich war auf ihren Wunsch eingegangen, erlebe, daß einige Kinder lieber in der Klasse bleiben und Mathematik machen würden. Für mich bedeutet es, blitzschnell zu überlegen, wie dies zu organisieren ist, denn ich kann nicht einen Teil der Kinder allein in der Klasse lassen, während ich mit den übrigen draußen spiele. Das ursprünglich so vehement eingeforderte Spiel ist nun nicht mehr interessant, vielleicht gerade deswegen, weil ihr Wunsch in Erfüllung gegangen ist. Sie hat es geschafft, dem Lehrer und ihren Mitschülern ihren Wunsch aufzuzwingen. Sie sieht und erlebt, daß ich mich darauf eingelassen habe und daß fünf Jungen und ein Mädchen mitspielen würden. Ich halte dies für ein Ausspielen ihrer Macht. »Ihr wollt jetzt, aber jetzt will ich nicht«, so mag ihre aggressive Inszenierung von ihr erlebt werden. Von dem Spielangebot, auf das sich die Kinder eingelassen haben, kann ich nun nicht mehr zurück; für die Kinder, die lieber in der Klasse geblieben wären bedeutet es, sich der Anordnung des Lehrers zu beugen und in der Pausenhalle, die vom Schulhof aus einzusehen ist, Mathematik zu machen. Diesen Ortswechsel verdanken sie Alexandra.

Spielverlauf: Einige Kinder gesellen sich zu Alexandra und Elisabeth und spielen Gummitwist. Das Spiel »Jungen fangen die Mädchen« kommt nicht zustande. Tabea, die mitspielen wollte, kommt zu mir, fragt, wo denn die Jungen seien. Keiner sei zu sehen. Als ich mich umsehe, entdecke ich sie im Flurbereich, dort hatten sie sich versteckt. Ich breche das Spiel vorzeitig ab. Ich bin enttäuscht und ärgerlich. Ich gehe mit den Kindern in die Klasse und leite zum gemeinsamen Frühstück über.

»Alexandra ist blöd!« – Inszenierung beim Frühstück
In die Frühstückssituation hinein schreit Jonas: »Alexandra ist blöd!« Malte fügt hinzu: »Sie guckt so blöd.« Ich bin entsetzt über diesen plötzlichen Wutausbruch, fange nun selber an zu brüllen: »Warum immer du, Jonas? Jörn passiert das nicht. Der fühlt sich nicht durch Alexandras Gucken gestört. Alexander auch nicht, Paul nicht, aber du, du und Malte.« Ich schicke im Eifer meiner Erregung Jonas vor die Tür.

Verlust der Affektkontrolle: Ich konnte alles nicht so schnell verarbeiten, was sich vor mir abspielte. Da waren noch in meinen Gefühlen und in meinem Denken die schon geschilderten Verhaltensweisen von Alexandra. Im Grunde hatte sie es mit meiner Hilfe geschafft, die ganze Situation eskalieren zu lassen. Ich war voll verstrickt in ihre Inszenierung, das wird vor allem daran sichtbar, daß ich Jonas gegenüber völlig überzogen reagiere. Ich hole ihn auch sofort wieder zurück, bitte um Entschuldigung und bemühe mich um Klärung. Auf der rationalen Ebene ist es möglich, ruhig und sachlich zu argumentieren. Ich kann meine Erregung beschreiben, sage, daß ich mich über Jonas' Einwurf geärgert hätte. Ich fände es unangemessen, in die Klasse hinein zu schreien, eine Schülerin sei blöd oder würde so blöd gucken. Jonas antwortet mir sachlich: »Wir haben schon mit unserer Klassenlehrerin darüber gesprochen, Alexandra guckt immer so. Ich hätte das nicht in die Klasse rufen sollen.«

Interpretation: Erst am Nachmittag erkenne ich die Zusammenhänge. Auf Alexandras Wunsch hin hatte ich die Spielstunde ermöglicht. Jonas gehörte zu den Jungen, die mit den Mädchen spielen wollten. Nun verweigert sich aber Alexandra dem Spiel. Nur Tabea ist bereit. Darüber sind die Jungen offenbar sauer. Sie verstecken sich. Tabea kommt zu mir und erkundigt sich nach ihnen. Alexandra hat die Jungen zum Spiel herausgefordert, nun läßt sie sie sitzen. Sie hat ihre Macht ausgespielt und die Jungen und ich sind darauf hereingefallen. Die Jungen interpretieren ihren Blick so, daß sie blöd gucke. Ich vermag nur zu interpretieren, was Alexandra in ihren Blick legt und was die Jungen daraus für sich interpretieren. Ich vermute, daß sie ihre Macht auskostet und daß die Jungen an dieser Stelle Alexandras Blick als Triumph empfinden. Alexandra inszeniert und weiß an geeigneter Stelle ihren Blick einzusetzen. Dies muß durchschaut und von mir bearbeitet werden.

In dieser Situation helfen mir die Ausführungen von Hilgers: »»Was guckst du so blöd?!‹ ist eine häufige Reaktion gewalttätiger Personen, die sich durch den Blick des Gegenüber verunsichert und in Frage gestellt fühlen und diese Bedrohung sogleich in Aggressivität verwandeln. Nicht selten ist bereits durch diese Äußerung die Gewaltschwelle überschritten, weil der Betreffende seine extreme Unsicherheit preisgab, daher nicht zurück kann, ohne sein Gesicht zu verlieren und die Schamszene nun in eine Gewaltszene ausmünden läßt.« (Hilgers, 1997) In diesem Fall ist es zwar nicht zu einer körperlichen Gewalttat gekommen, aber es hat durch die Äußerung eine Demütigung von Alexandra vor der ganzen Klasse gegeben. Nur so konnten die beiden beteiligten Jungen ihre extreme Unsicherheit überwinden. Von mir werden sie dafür getadelt. Ich habe zur Eskalation beigetragen, indem ich Alexandras Demütiger demütigte.

Jonas bearbeitet auf seine Weise die Situation. Einige Tage später zeigt mir die Klassenlehrerin Skizzen von Jonas über Alexandra. So etwas habe er über Alexandra gezeichnet. Es klingt vorwurfsvoll. Ich bin von der Zeichenkunst beeindruckt. Noch stärker fesseln mich die Aussagen, die Jonas in seine Bilder legt. Er zeichnet unförmige Tier-Mensch-Gestalten von ihr.

Danger

Ein Riesentier läßt einen Pups, ein anderes läßt seine Exkremente fallen. In jedem Fall geht von Alexandra Gefahr aus. »Danger« steht über einer Skizze. Die Gefahr ist in seinem Erleben so groß, daß er einigen Figuren das Wort Castor beifügt. Es ist die Zeit der Castortransporte, die erhebliches Aufsehen erregen und deren Gefährlichkeit in der Öffentlichkeit diskutiert wird. Die Spitze der Verunglimpfung und Erniedrigung kommt in einer Figur zum Ausdruck, der folgender Text beigegeben ist: Castor Müll, Deine Mama. Hier unterstellt Jonas, Alexandras Mutter würde ihre Tochter so erleben.

Diese Skizzen entdeckt die Klassenlehrerin. Sie ist sehr empört darüber. Die Zusammenhänge mit den oben geschilderten Situationen lassen mich erkennen, daß Jonas in eine unkontrollierte Streßsituation geraten ist. Er versucht sich über seine Skizzen daraus zu befreien. Mit diesem Interpretationsansatz habe ich für mich eine gute Grundlage zur Weiterarbeit gefunden.

Vergewisserung über vorhandene Ressourcen: Die Situation macht es erforderlich, über meine Möglichkeiten des Umgangs mit Alexandra nachzudenken. Ich stelle Überlegungen an, wie mit Alexandra und Jonas unter systemischen Gesichtspunkten gearbeitet werden könnte (Aspekt der Handhabbarkeit). Diese Gedanken trage ich meinen Kolleginnen als gemeinsame Arbeitsgrundlage vor. Es soll uns bei unseren Wahrnehmungen und bei unseren Gesprächen mit den beteiligten Kindern helfen.

Arbeitspapier
Problemzeiten – Nicht-Problemzeiten:
Wie lange ist das Problem nicht aufgetreten?
Was habt ihr und andere während dieser Zeit anders gemacht?
Wie habt ihr es geschafft, daß das Problem nicht aufgetreten ist?
Wie könnt ihr mehr davon erreichen?

Ressourcenfragen:
Was gefällt dir an Jonas/an Alexandra?
Was möchtet ihr gern bewahren?

Die Wunderfrage:
Wenn das Problem über Nacht weg wäre, woran könntet ihr
das erkennen?
Wer würde es als erster erkennen?
Wer wäre am meisten davon überrascht?
Was würdest du dann als erstes machen?

Entscheidend war für mich in dieser Phase, daß ich überhaupt
in der Lage war, einen solchen Fragenkatalog aufzustellen. Er
gab mir das Gefühl, noch über Grundlagen zu verfügen, die
mich bei der Lösung des Problems weiterbringen würden. Ich
bin nicht nach ihm verfahren, aber als Hintergrund war er für
mich sehr wichtig. Unter dem Aspekt der Verstehbarkeit und
Handhabbarkeit hatte ich wieder Boden unter die Füße bekommen. Potentiellen Streßsituationen, in die mich Alexandra
bringen könnte, sah ich nun mit einem gewissen Interesse entgegen. Ich war bereit, sie als Herausforderung anzunehmen.

Der Stinkefinger – die Inszenierungen gehen weiter
Ich mußte nicht lange warten. Im Verlauf einer Unterrichtsstunde kommt Alexandra zu mir und sagt empört: »Tabea
ärgert mich dauernd.« Als Beweis legt sie ein Blatt Papier, auf
dem die Umrisse einer Hand zu erkennen sind, auf meinen
Tisch. Ich frage nach, weil ich zunächst nicht verstehe, was sie
meint. Sie zeigt auf den Mittelfinger der Handskizze. Deutlich
ist dieser Finger verlängert worden. Tabea hat ihr den »Stinkefinger« gezeichnet.

Kontext: Beide Mädchen sind seit einem halben Jahr in der
Klasse. Sie versuchen immer wieder Kontakte zu anderen
Mädchen zu knüpfen, haben aber noch keine tragfähige Bezie-
hung zu Mitschülerinnen entwickeln können. Während Tabea
auf die anderen Mädchen zugeht und offen Kontakt sucht, ist
Alexandra eher zurückhaltend. Da beide Mädchen bei ihrer

Suche nach Kontakten keine positive Resonanz finden, ärgern sie in der letzten Zeit immer wieder ihre Mitschülerinnen. Heute sind sie nun beide aneinander geraten. Ich entscheide mich in der Situation für eine Klärung ihres Ärgers und bitte beide zu mir. Nun geht es für Minuten um ihre Selbst- und Sozialentwicklung, während die übrigen Kinder der Klasse Mathematik machen.

Gespräch: Ich deute auf das Papier und schaue dabei Tabea an. Sie sagt, Alexandra beschimpfe sie, nehme ihr Sachen weg und würde in ihre Richtung so komisch zischen. Das mache Tabea auch, entgegnet Alexandra, und nun habe sie ihr einen Stinkefinger gemalt.

»Überlegt«, sage ich beiden Kindern, die von ihren Streitereien nicht ablassen wollen, »was ihr euch voneinander wünscht.« Nach einer Weile des Nachdenkens sagt Alexandra: »Tabea soll mich nicht ärgern und nicht solche Sachen malen.« Tabea antwortet: »Alexandra soll mich auch nicht dauernd ärgern.«

Ich: »Könnt ihr euch gegenseitig euren Wunsch erfüllen?« Beide Kinder denken einen Moment nach, dann nicken sie zustimmend. Ich bitte sie, dies dann auch auszusprechen und sich dabei anzusehen. Ich sei ihr Zeuge, füge ich noch hinzu. Die ernsten Gesichtszüge beider Mädchen lösen sich, sie schauen sich an und sagen beide nacheinander: »Ich will dich nicht mehr ärgern.«

Ich: »Gibt es etwas, was ihr gern zusammen machen würdet?« Beide Mädchen nicken und sagen wie aus einem Mund: »Spielen«.

Interpretation: Vielleicht denken einige Leserinnen und Leser, dieser Lösungsansatz sei zu einfach und kaum erfolgreich, wenn man bedenke, daß Alexandra immer wieder solche Situationen herbeiführe. Mit ihr sei doch schon oft genug geredet worden. Die Erfolge bleiben doch weitgehend aus. Ich würde einer solchen Argumentation so begegnen: Die tiefe Kränkung, die Alexandra in ihrer frühen Kindheit zugefügt worden ist, die auch heute teilweise noch anhält, hat bei ihr zu Verhaltensmustern geführt, die für sie einer inneren Logik entsprechen. Wir haben eigentlich keine andere Chance, als ihr neue Erlebnisräume zu eröffnen. Dabei ist es wichtig, daß ihr die erwachsene Bezugsperson zugewandt bleibt und sich nicht in ihre Inszenierungen verstricken läßt. So kann Alexandra erleben, daß die erwachsene Person nicht ihre Position und Sichtweise übernimmt, ihr aber dennoch zugewandt bleibt und das Interesse an ihrer Person nicht verliert. Diese Erfahrungen machen es möglich, daß sich bei Alexandra neue neuronale Netzwerke ausbilden, die zur Bewältigung künftiger Situationen bereit stehen. Natürlich sind damit die alten Vernetzungen nicht getilgt. Sie existieren weiterhin und verfügen, weil sie oft von ihr genutzt wurden, über eine erhebliche Kraft und Dynamik. Aber – und das ist das Entscheidende – die neuen Erfahrungen ermöglichen die Ausbildung neuer Netze.

Zurück in die Praxis: Ich ermögliche allen Kindern in der folgenden Stunde eine Spielphase. Vorher frage ich nach ihren Spielwünschen. Alexandra würde am liebsten mit den Jungen Fangen spielen, aber dazu haben die anderen Mädchen keine Lust. Sie wollen Seilspringen oder Malen. Ob Alexandra mit den Jungen auch Fußball spielen würde, frage ich. Sie nickt zu meinem Erstaunen, und Tabea schließt sich dem Spiel an. Sie spielen anschließend in der jeweils gegnerischen Mannschaft, aber sie sind gemeinsam auf dem Spielfeld.

Interpretation: Beide Mädchen haben Kontakte zu Mitschülerinnen gesucht. Es gab auch ein gegenseitiges Interesse. Aber die angeknüpften Beziehungen waren noch nicht tragfähig. Nun geht ihr Weg eventuell über Spielkontakte mit den Jungen. Das Spiel verläuft ohne Komplikationen und darf zu den neuen Erfahrungen gerechnet werden, die Alexandra im Umgang mit Mitschülern sammelt.

Die Klassenlehrerin bittet um Klärungshilfe
In der folgenden Teamsitzung möchte die Klassenlehrerin unbedingt über Alexandras Inszenierungen sprechen. Sie bereite ihr damit nahezu unlösbare Probleme. Ich schlage vor,

bevor sie eine der Geschichten erzählt, die uns ja hinlänglich bekannt sind, eine konstruktive Methode für unser Vorgehen auszuwählen. Es stehen zur Wahl:

- Zirkuläres Fragen
- Einen hilfreichen Namen finden
- Rollenspiel
- Inneres Bild für das Verhalten finden.

Frau Olms entscheidet sich für die Methode des Zirkulären Fragens. Frau Niedeck (Teamkollegin) stellt die Fragen.

Frau Niedeck: »Gibt es Situationen, in denen sich Alexandra sehr sympathisch verhält und dies auch von ihren Mitschülern bemerkt wird, in denen du es aber nicht mitkriegst?«

Frau Olms: »Klar, es läuft nachmittags vieles und sie finden immer wieder einen neuen Anfang. Gerade mit Elisabeth spielt Alexandra nachmittags.«

Frau Niedeck: »Gibt es Jungen, die sie liebenswert finden?«

Frau Olms: »Ja, es fällt mir aber schwer. Es gibt bei den Jungen eine Ambivalenz. Im Grunde ihres Herzens finden sie Alexandra toll, das gilt besonders für Paul.«

Frau Niedeck: »Kannst du dir vorstellen, worauf Paul besonders reagiert?«

Frau Olms: »Alexandra geht auf Paul zu, lächelt, zeigt ihm etwas, spielt gern mit, wenn Jungen etwas vorschlagen.«

Frau Niedeck: »Kannst du dir vorstellen, daß sie andere als Machtsignale aussendet?«

Frau Olms: »Ja, hilflose Signale, herausfordernde Signale. Sie gibt sich auch kokett.«

Frau Niedeck: »Wie empfinden das die anderen Mädchen?«

Frau Olms: »Elisabeth empfindet Alexandra als Konkurrentin. Marlene und Lea finden Alexandras Verhalten affig und albern. Josephine hängt sich an Alexandra an, wenn es um Kontakte zu Jungen geht. Lena macht mit, solange es auf einer lustigen und kameradschaftlichen Ebene bleibt. Sie hat kein Interesse daran, sich in Ärgersituationen mit Jungen hineinziehen zu lassen. Nicole hängt sich gerne an. Tabea macht gerne mit, wenn sie gerade in Alexandras Gunst steht. Wenn sie nicht in ihrer Gunst steht, hält sie

154

sich lieber räumlich von ihr getrennt auf. Julia geht Alexandra aus dem Weg.«

Frau Niedeck: »Warum ist Alexandra für Elisabeth eine Rivalin?«

Frau Olms: »Bevor Alexandra in die Klasse kam, war Elisabeth die, die zu den Jungen die Kontakte herstellte. Die Jungen mochten sie, haben mit ihr auch gern gestritten. Nun ist sie aus dem Blickfeld der Jungen geraten.«

Frau Niedeck: »Als Kumpel oder als Mädchen?«

Frau Olms: »Beides.«

Frau Niedeck: »Hat Alexandra etwas, was Elisabeth nicht hat?«

Frau Olms: »Ja, sie ist offensiver und aggressiver.«

Frau Niedeck: »Elisabeth hast du nicht als hilflos beschrieben!«

Frau Olms: »Sie ist es auch, aber es ist nicht ganz so offensichtlich. Ein Unterschied: Wenn sich Elisabeth hilflos fühlt, zieht sie sich von den Jungen zurück. Wenn Alexandra hilflos ist, bleibt sie da. Elisabeth sackt ab, als ob sie den Boden verlieren würde. Bei Alexandra kann ich es nicht beurteilen. Ihre Hilflosigkeit gehört zu ihrem Reaktionsschema.«

Frau Niedeck: »Aber das ist kein Rollenspiel im Sinne von: ›Schaut her, ich bin schwach, helft mir‹.«

Frau Olms: »Nein, das Verhalten ist internalisiert. Elisabeth zieht sich zurück und weint.«

Frau Niedeck: »Kannst du dir das Muster von Alexandras Verhalten vorstellen?«

Frau Olms: »Ja, sie hat sich inzwischen ihr Verhalten als Muster angeeignet. Sie kommt nicht davon weg.«

Frau Niedeck: »Du bezeichnest Paul als einen Jungen, der auf Alexandra positiv reagieren kann. Das Zusammenspiel geht so, daß Paul auf Alexandras Signale ›ich bin hilflos, bin weiblich‹ reagiert. Paul verhält sich als hilfsbereiter Junge. Wie könnte Jonas reagieren?«

Frau Olms: »Alexandras Verhalten macht ihn wild.«

Frau Niedeck: »Kannst du dir vorstellen, daß du das falsch siehst?«

Frau Olms: »Ja.«

Reflexion:

Frau Niedeck: »Ich fand verblüffend, daß Frau Olms genau die Kinder genannt hat, die an einer Situation beteiligt waren, in der Alexandra bei einer Wanderung an einem steilen Berg nicht weiterging und Hilfe einforderte. Ich habe mich an dieser Situation orientiert, ohne vorher mit Frau Olms darüber gesprochen zu haben. Die Situation bildete den Hintergrund meiner Fragen.«

Frau Olms: »Ich fand die Fragen toll, fand sie sehr intensiv. Ich war permanent dicht am Problem dran.«

Über dieses Gespräch haben wir etwas Distanz gewonnen, sind weg von den oft nervenaufreibenden Alltagsereignissen. Hier ist ein Beleg für die These, daß Lehrerinnen und Lehrer beim Arbeiten nach einer Methode weiterkommen, als wenn sie sich gegenseitig nur ihre oft sehr belastenden Alltagserfahrungen mitteilen. Frau Olms kam völlig gestreßt in die Gesprächssituation. Ich bin froh, daß sie meine Anregung, nach einer Methode zu verfahren, akzeptierte und auch aus meinen Vorschlägen eine Methode auswählte. Hilfreich war auch, daß Frau Niedeck spontan Fragen formulierte, die einen Ausschnitt aus Alexandras Leben umkreisten. Dieses Verfahren war für die drei Teammitglieder befriedigend. Es eröffnete neue Sichtweisen. Alexandra erscheint im Zusammenspiel mit ihren Mitschülern in einem freundlicheren Licht.

»Ich hasse das Leben!«

Einige Tage später: Ich bin mit den Kindern draußen. Sie können in der Hecke, auf dem Fußballplatz oder auf dem Schulhof spielen. Plötzlich entsteht ein lautstarker Konflikt, in dessen Verlauf es auch zu einer körperlichen Auseinandersetzung kommt. Alexandra habe Lena, die ihr kurz vorher noch beim Lösen einer mathematischen Aufgabe geholfen habe, geschubst, beschimpft und getreten. Ich versuche eine Klärung auf dem Schulhof.

Gespräch:

Lena: »Ich versteh das nicht. Sie will meine Freundin sein, dann macht sie so etwas.«

Elisabeth: »Mit mir macht sie das auch. Ich schlage ein Spiel vor, dann schlägt und schimpft sie. Sie reißt Tabea aus dem Spiel heraus.« (Elisabeth ist empört, sie ist kurz vor dem Weinen.)

Alexandra entschuldigt sich bei Lena, die nimmt die Entschuldigung an. Alexandra entschuldigt sich auch bei Elisabeth, die nimmt die Entschuldigung nicht an.

Lena: »Neulich war Alexandra allein, da hat sie mir leid getan. Ich hab mit ihr gespielt, und jetzt schimpft und tritt sie mich.«

Alexandra verläßt unsere Gesprächsrunde. Sie weicht aus und beginnt auf dem Pausenhof ein Hüpfspiel. Ich hole sie zurück.

Ich: »Alexandra, hier geht es um dich. Sag etwas zu dem, was Elisabeth und Lena gesagt haben.« Alexandra verschränkt die Arme vor der Brust und bleibt stumm.

»Alexandra, du machst das immer wieder, fast bei allen Kindern. Du schließt dich selbst aus«, sage ich und wende mich an Lena und Elisabeth: »Ihr müßt überlegen und entscheiden, ob ihr das mitmachen wollt. Eventuell müßt ihr Alexandra deutlich sagen, daß ihr nicht mehr mit ihr spielen wollt.«

Lena und Elisabeth: »Wir überlegen das.«

Alexandra: »Ich mache eine Therapie.«

Ich: »Das ist gut, dort kannst du das Problem bearbeiten. Hier schließt du dich selbst aus.« Meine Stimmung ist gereizt.

10 Minuten später: Alexandra läuft an mir vorüber und ruft laut: »Ich hasse das Leben!« Als wir danach in die Klasse gehen, hat sie innerhalb kurzer Zeit auf dem Weg mit vier Jungen Streit angezettelt und diese gegen sich aufgebracht (Jonas, Lars, Martin, Ole).

Interpretation: »Narzißtische Wut« im Sinne Kohuts, diese Interpretation setzt sich mehr und mehr durch. Ein von den Eltern abgelehntes Mädchen erreicht Mitgefuhl bei ihren Mitschülerinnen und ihrer Klassenlehrerin. Sie bringt durch ihre

Inszenierungen die Menschen nah an sich heran und stößt sie im nächsten Augenblick von sich weg. Sie benutzt sie als Objekte. Sie ist auch distanzlos. So kommt sie oft, wenn ich die Kinder vom Pausenhof abhole, sofort auf mich zugerannt, um mir irgend etwas mitzuteilen. Ich setze Grenzen, bestehe darauf, daß wir uns zunächst begrüßen. Alles weitere habe nach dem Tagesprogramm seinen Platz. Sie kann sich dann kaum auf die Programmgestaltung konzentrieren, weil sie unbedingt das »Ohr« eines Erwachsenen haben will.

Meine Gefühlslage: Ich kann die Situation relativ gelassen angehen, spüre allerdings einen leichten Ärger über diese Penetranz und auch über die Intensität der Störungen. Am Nachmittag versuche ich über das Verfahren des reflexiven Erinnerns eine Struktur in Alexandras Verhalten zu entdecken. Ich skizziere meine Assoziationen. So muß ich nicht immer wieder von vorne beginnen. Die Skizzen haben eine nachhaltige Wirkung. Sie geben mir die Möglichkeit, in künftigen Situationen blitzschnell Alexandras Verhaltensmuster zu erinnern. Geistesgegenwart in Inszenierungsprozessen kann eine von vielen Hilfen darstellen.

Ich zeichne einen Kern in mein Tagebuch und umkreise ihn. Danach entstehen Zickzackformen um die Umkreisungen, es folgen Pfeile, die zunächst nach außen zeigen, sich dann nach innen zum Kern hinwenden.

Es handelt sich um ein eingekapseltes Wiederholungsproblem. Alexandra agiert nach außen, sie bringt Personen in ihre Nähe, um sie sogleich wieder zurückzustoßen. So erfährt sie, wie mächtig sie ist. Gleichzeitig bringt sie sich um Akzeptanz und Anerkennung. Viele Kinder würden sie gern als Spielfreundin haben. Sie hat durchaus Resonanz bei den Mitschülern. Sie zieht Mitschüler an und stößt sie ab.

Ihre Inszenierung heißt: »Komm zu mir, damit ich dich wegwerfen, zurückstoßen, mit Füßen treten und mit Worten beschimpfen kann.«
Wie kann man darauf in der Schule angemessen reagieren? Das Problem ist zu groß für die Schule.

Aber Alexandra ist in der Schule, und fast täglich inszeniert sie ihr Problem. Wie kann ich die erforderliche Distanz zu Alexandra gewinnen und ihr doch gleichzeitig zugewandt bleiben? Diese Fragen beschäftigen mich. Ich werde mit meinen Kolleginnen darüber reden. Ich werde versuchen, ein inneres Bild zu finden.

Veränderungen: Während ich dies schreibe, stellt sich eine märchenhafte Vorstellung ein. Ich sehe ein Mädchen, das sich ausgeschlossen und den Schlüssel weggeworfen hat.
Bei dieser Vorstellung spüre ich, daß ich mitempfinde. Ich sehe Alexandra bei ihrem verzweifelten Versuch, den Schlüssel zu finden. Ich brauche Geduld und Ideen, die ihr helfen könnten, den Schlüssel zu finden. Dabei ist es so, daß sie zunächst ausgeschlossen worden ist (von der Mutter, vom Vater). Es ist ihr vergeblicher Versuch, in die Behausung zurückzukehren. Es scheint so, als habe sie einen Schlüs-

sel, mit dem dies möglich wäre. Aber im entscheidenden Augenblick, kurz bevor sich die Tür öffnet, wirft sie ihn wieder weg.

Zu innerer Zufriedenheit und Geborgenheit zu kommen scheint nicht möglich zu sein. Die Realität ist so hart. Deswegen müssen auch alle Versuche, die Tür zu öffnen, scheitern. Die Vorstellung läßt mich die Härte der Situation erfassen und schafft eine distanzierte Nähe zu Alexandra.

Als ich sie einige Tage später auf dem Schulhof auf mich zukommen sehe, kann ich ihr gelassen und mit Empathie begegnen. Alexandra rennt, als ich die Kinder vom Pausenhof abhole, auf mich zu, begrüßt mich freundlich. Ich kann diese Begrüßung gut annehmen. Das märchenhafte Bild vom »Mädchen, das seinen Schlüssel weggeworfen hat« ermöglicht mir einen emotionalen Zugang zu ihr. Als sie dann während des Mathe-Unterrichts Probleme hat, kann ich ihr auch zugewandt helfen.

Einbeziehung wichtiger Resonanzpersonen

Inszenierungen sind immer auf andere Personen angewiesen. Wenn diese Personen in ihrer Entwicklung Fortschritte machen, dann stehen sie für eigene oder fremde Inszenierungen nicht mehr wie bisher zur Verfügung. Für mich gehört in diesen Rahmen Jonas. Zwischen ihm und Alexandra ist es immer wieder zu heftigen Auseinandersetzungen gekommen. Ich entschließe mich, Jonas eine Aufgabe zu geben, in der es um seine Beziehung zu Alexandra geht. Ohne daß es einen konkreten Konflikt zwischen Alexandra und Jonas gegeben hätte, rede ich mit ihm über vergangene und potentielle Wutattacken.

Gespräch:

Ich: »Überlege, was könnte zu Konflikten führen.«

Jonas: »Alexandra, wenn sie Lars, Martin und mich ärgert, wenn sie uns anguckt.«

Ich: »Wie kannst du diesen Konflikt für dich lösen?«

Jonas: »Sagen, daß sie mich nicht ärgern soll, oder denken, daß Jungen Mädchen nicht ärgern.«

Ich: »Denke bitte an den Ärger, der in dir aufsteigt.« Er dürfe auf Alexandra ärgerlich und wütend sein, sage ich ihm, aber es komme darauf an, wie er mit seinem Ärger und seiner Wut umgehe. Er könne gut malen, diesen Hinweis gebe ich ihm. Vielleicht sei das eine Möglichkeit. Er stimmt zu. Nun warte ich auf Jonas' Wutbild.

Es ist mein Versuch, eine der Personen, bei der Alexandra durch ihr Verhalten eine besondere Resonanz findet, innerlich zu stabilisieren, weniger resonanzanfällig zu machen. Alexandra spielt ihre Szenen mit unverminderter Wucht. Sie wird über verbale Belehrungen nicht davon ablassen. Allerdings läuft sie mit ihrem Spiel ins Leere, wenn sie keine Resonanz bei ihren Mitspielern oder Lehrern findet. Es ist einer der vielen Versuche, Alexandras Inszenierungen zu beeinflussen. Nun ist abwarten angesagt.

Das Mädchen mit dem Regenschirm

In der nächsten Teambesprechung berichtet Frau Olms von einem Gespräch, das sie in der Mädchengruppe über Alexandras Verhalten geführt hat. Das Gespräch sei so intensiv gewesen, daß sie sogar in die Pause hineingearbeitet und dabei ihre Pausenaufsicht vergessen habe, berichtet sie. Ein Mädchen habe berichtet, Alexandra würde sie bei Regen unter ihren Schirm bitten, dann aber einfach zuschlagen.

Meine Gedanken: Alexandra inszeniert so stark, daß sich ihre Lehrerin sogar von der wichtigen Pausenaufsicht abhalten läßt. Dies ist natürlich auch ein Teil der Resonanz, die Alexandra durch ihre Lehrerin erfährt. Sie ist in Alexandras Inszenierungen verstrickt, und so kann Alexandra ihre Macht über die Klassenlehrerin, ohne daß ihr davon etwas bewußt ist, auf die ganze Schule ausdehnen.

Reflexion im Lehrerteam: Das Bild mit dem Regenschirm ist sehr aussagekräftig. Zunächst versucht Alexandra, alle unter einen Schirm zu holen. Dann schiebt sie ihre Mitschülerinnen wieder weg, weil es ihr angeblich zu eng ist. Ja sie schlägt sogar Mitschülerinnen mit dem Schirm. Damit ist ein anderes Bild für Alexandras Inszenierungen gefunden als das oben von mir erwähnte.

Das Bild mit dem Regenschirm führt uns die Problematik deutlich vor Augen.

Welche Anregungen können wir den Mädchen geben, daß sie nicht unter Alexandras Schirm kommen? Jede Resonanzperson, die Klassenlehrerin eingeschlossen, müßte an ihrer Verletzlichkeit arbeiten, damit sie nicht unmittelbar und ungeschützt auf die Inszenierung reagiert. Eine veränderte Resonanz würde in der Folge zu einem veränderten Verhalten von Alexandra führen.

Das Muster des Verhaltens: Das Muster, nach dem die Inszenierung abläuft, läßt sich bildlich so darstellen:

1. Nähe/Geborgenheit: Alexandra sucht Nähe und Geborgenheit. Typisch dafür ist der Regenschirm: »Kommt unter meinen Schirm!«

2. Chaos: In der ersehnten und erlebten Nähe passiert etwas, was diese Nähe sofort zerstört. Dies kann sowohl von Alexandra als auch von ihren Mitschülerinnen ausgehen. Denn inzwischen sind solche Inszenierungen zur Routine geworden. Sie können von allen Mitspielern als Muster genutzt und praktiziert werden.

3. Machterhalt/Drohung/Gewalt: Über diesen Vorgang entwickelt sich Ärger und Wut. Es folgt eine Drohung.

4. *Gegendrohung/Gegengewalt/Ablehnung:* Das lassen sich die Mitschülerinnen nicht gefallen. Sie »schlagen« zurück.

5. *Meine Szene heißt: Traurigkeit, alle lehnen mich ab:* Gegenüber der Lehrerin spielt Alexandra das verlassene, einsame und abgelehnte Mädchen.

6. *Lehrerinnen bauen mich auf, halten zu mir:* Wenn Lehrerinnen und Lehrer sich nicht die Mühe machen, die Inszenierung zu durchschauen und die Wechselwirkungen des Verhaltens aller Beteiligten zu sehen, verstärken sie die Inszenierung.

7. *Drohung und Ermahnung durch Lehrer:* Oft erfolgt dann eine Ermahnung der übrigen Kinder. Manchmal wird sogar gedroht, daß man ihre Eltern benachrichtigen würde. So kann sich Alexandra groß und mächtig fühlen. Die übrigen Kinder aber fühlen sich mißverstanden. In ihnen steigt neuer Ärger und neue Wut auf, die wegen der empfundenen Ungerechtigkeit, die ihnen von Lehrerseite widerfahren ist, noch stärker wird. Für sie führen Alexandras Inszenierungen verbunden mit bestimmten Verhaltensweisen von Lehrern zu unkalkulierbaren Streßsituationen. Der Konflikt eskaliert.

8. *Ich bin groß und mächtig: Kommt unter meinen Schirm:* Die Folge ist ein Anwachsen des Selbstgefühls bei Alexandra. Sie wagt mehr und muß doch erleben, daß sie wieder abstürzt. Denn das über den Beistand des Lehrers gewonnene Selbstwertgefühl ist in sich brüchig.

Es ist ein Teufelskreis. Oft werden Lehrer erst bei Schritt 5 aufmerksam. Wenn sie Alexandra beistehen, weil sie nur dem äußeren Augenschein trauen, tragen sie zur Fortsetzung des Teufelskreises bei. Alexandra gewinnt ihre Stärke nur über die inszenierte Schwäche, in der sie von unkritischen Lehrern »bemuttert« und verteidigt wird. Die Mitschüler erhalten eine Ermahnung oder moralische Belehrung. Nun empfinden sie nur noch mehr Wut auf Alexandra. Es scheint kein Entrinnen zu geben.

Alexandra legt mir ein neues Problem vor die Füße
Die Wiederholungen setzen sich fort. Meine Bereitschaft, an Alexandras Problem zu arbeiten, läßt nach.

Aber bereits zu Beginn der nächsten Stunde steht Alexandra vor mir, erklärt, sie habe ein Problem, und bittet um Zeit für die Klärung. Ich spüre, daß meine Grenze erreicht ist. Blitzschnell interpretiere ich vor den Erfahrungen der letzten Wochen, daß sie sich bereits wieder in den Mittelpunkt stellt. Ich will da nicht mehr mitmachen. Ich schlage ihre Bitte aus und führe in die Mathematikstunde ein. Kurze Zeit später bitte ich Alexandra in die Sitzecke. Ich möchte ihr sagen, warum ich ihre Bitte ausgeschlagen habe. Ich beginne mit einer Skizze mit den Figuren eines Kindes und einer erwachsenen Person. Mit diesen Figuren, sage ich ihr, seien wir beide gemeint.

Ich: »Alexandra, du kommst zu mir und sagst: ›Ich habe ein Problem. Kann ich es klären?‹ Ich antworte dir: ...«
Hier breche ich ab, denn Alexandra schaut weder auf meine Skizzen noch zu mir. Sie ist mit ihren Blicken bei den Mädchen der Klasse. Später stelle ich ihr zwei Fragen: »Warum habe ich dir keine Zeit zur Klärung gegeben?«
»Warum habe ich das begonnene Gespräch abgebrochen?«
Alexandra: »Also, du hast mir keine Zeit zur Klärung gegeben, weil wir morgen einen Mathe-Test schreiben und die Zeit für die Übung brauchen. Und zweitens weil ich nicht aufgepaßt und zu den Kindern geguckt habe, deshalb hast du das Gespräch abgebrochen.«
Ich: »Ich habe noch einen anderen Grund.«
Alexandra denkt nach, kommt zu keinem Ergebnis. Ich wiederhole meine Frage: »Warum habe ich dir keine Zeit zur Problemlösung gegeben? Darüber sollst du nachdenken.«
Alexandra: »Weil du keine Zeit hattest.«
Ich: »Das ist nicht der Grund. Ich habe Zeit. Ich nehme mir ja jetzt gerade Zeit für dich.«

Interpretation: Alexandra kann einige plausible Gründe nennen, daß sie für die Mathe-Arbeit üben müsse, daß ich keine Zeit hätte und daß ich das Gespräch abgebrochen hätte, weil sie nicht aufgepaßt habe. Das ist logisch und trifft in Teilen auch zu. Mein Grund allerdings war, daß ich nicht permanent auf ihre Inszenierung reagieren wollte. Ich vermute, daß sie spürt, was ich meine. Das schließe ich aus ihrer Anfangshaltung. Als ich sie bitte, über mein Verhalten nachzudenken, wirkt sie sehr in sich gekehrt und nahezu bewegungslos. Auf ihrem Gesicht ist eine große Anspannung sichtbar. Sie wirkt traurig. Alexandra stößt durch mein Verhalten an ihre Grenze. Ihre Inszenierung geht nicht auf. Für sie gehört es bereits zur Routine, sich mit ihrem Problem in den Mittelpunkt zu stellen. Ich konfrontiere sie mit der Realität. Ich spiele ihr Spiel nicht mehr mit. Mein Lehrer setzt mir eine Grenze, das mag ihr Gefühl sein. Ich glaube, daß ich Alexandras Inszenierung, die zu einem Wiederholungsproblem geworden ist, unterbrochen habe. Sie ist ins Stocken geraten.

Paul lächelt Alexandra an, eine Geste der Zuneigung

Später, während des Mathematikunterrichts, diese Ereignisse laufen ja parallel dazu, stehen Paul und Alexandra gleichzeitig neben mir. Paul lächelt Alexandra an, und sie lächelt zurück. Pauls Lächeln wirkt lösend. Ich freue mich darüber. Noch ist alles sehr schwer, noch scheint es keine Bewegung aus der Wiederholung heraus zu geben. Aber Pauls und Alexandras Lächeln weist in die Zukunft. Es erfolgt an einer Stelle plötzlich eine Zuwendung, die schöner nicht sein kann. Bei aller Zumutung, die sein muß, ist diese Geste außerordentlich befreiend. Hier gibt es für Alexandra neben meiner Abgrenzung wie aus heiterem Himmel eine Geste der Zuneigung. Beide Erfahrungen werden ihre Wirkung haben. Es gilt weiter abzuwarten.

Wutbilder – Arbeit mit Resonanzpartnern

Mit Jonas hatte ich darüber gesprochen, daß er gut malen und diese Fähigkeit zu seiner Wutbearbeitung einsetzen könne. Dies bezog ich auf die Wut, die Alexandra oft in ihm auslöste, und schlug vor, in einer neuen Situation dieses Können anzuwenden und mir darüber zu berichten. Kurze Zeit später erzählte er mir, daß er große Wut auf seine Mutter habe. Er habe zu ihr im Streit gesagt, sie könne sich das ... sonstwohin stecken. Daraufhin habe er Stubenarrest bekommen, der nur dann schnell aufgehoben werden könne, wenn er die Mathe-Arbeit gut schreibe (Einbeziehung der Schule durch die Eltern in deren Inszenierung). Einige Tage später bringt er ein Wutbild mit, das er gemalt hat. Dabei gehe es um die Situation mit seiner Mutter. Auf dem Bild ist ein feuerspeiender Vulkan zu sehen. Daneben steht: Danger.

Im Gespräch sagt er: »Wenn ich male, werde ich locker. Ich habe dann nicht mehr so eine Riesenwut. Mit meiner Mutter habe ich mich dann wieder versöhnt.«

Es ist schön, so in Ruhe mit Jonas über seine Gefühle und die Art der Bearbeitung zu sprechen. Diese Erfahrung läßt sich dann auch übertragen auf andere Wutsituationen. Sie bestärkt mich in dem Vorhaben, diese Arbeit so fortzusetzen.

Einige Tage später: Konfrontation mit der Realität: Alexandra kommt mir bereits auf dem Weg zum Anstellplatz entgegen und will sich beschweren. Ich erinnere sie an die Aufgabenstellung: »Was ist der Grund dafür, daß ich zu einer Klärung deiner Probleme zur Zeit nicht bereit bin?« Ich erhalte keine Antwort. Auf dem Weg zur Klasse kommt es zu mehreren Ärgersituationen (Sticheleien) mit anderen Kindern. Während des Unterrichts gibt es Ärger zwischen Alexandra und Tabea und zwischen Alexandra und Lena.

Am Ende der Stunde weint Alexandra. Jemand habe ihr Schläge angedroht. Ich beachte sie nicht. Sie verläßt als letzte den Klassenraum, kommt aber sofort wieder zurück. Ich gehe noch kurz in den Gruppenraum. Als ich zurückkomme, steht Alexandra noch immer in der Tür. Ich gehe an ihr vorbei. Lena hat auf sie gewartet, erkundigt sich nach ihrem Problem. Ist hilfsbereit. Niemand ist zu sehen, der Alexandra schlagen könnte.

Alexandra merkt, daß ich mich nicht von ihr vereinnahmen lasse. Nun muß sie ihre Inszenierung intensivieren. Im Zweifel muß sie andere Kinder ärgern, damit die potentielle Gefahr real wird und ich ihre Bedrohung ernst nehmen und mich um sie kümmern muß. Es ist ihre Inszenierung, in der sie um

DANGER

Vulkan

Schutz und Nähe kämpft und doch nur Ablehnung erfährt. Ich gehe nicht auf ihre Inszenierung ein. An ihrem Problem arbeite ich dennoch.

Am nächsten Tag: Der Unterricht hat kaum begonnen, da steht Alexandra bereits an meinem Tisch. Die Jungen würden sie nur mit ihrem Nachnamen anreden. Ich bitte die Jungen, das zu lassen. Sie bestätigen die Beschuldigung mit dem Hinweis: »Wir können die nicht leiden.« Ich bitte sie, es dennoch mit Alexandra zu versuchen. Es geht während der Stunde gut.

In der folgenden Stunde können die Kinder Spielen und Mathematik machen. Es herrscht eine wunderschöne Atmosphäre. Einige Kinder spielen mit Bausteinen, andere malen, zwei Kinder spielen Mühle, und die restlichen Kinder machen Mathematik.

Nach fünf Minuten kommt Alexandra zu mir, verlangt ein neues Blatt, einer habe ihr Blatt kaputt gemacht. Ich weise sie ab. Sie geht zurück. Es war erneut eine Inszenierung, mit der sie auf sich aufmerksam machen wollte. Sie macht einen Mitschüler für eine Schmiererei verantwortlich.

Später sehe ich, daß Lena, Tabea, Elisabeth und Alexandra Briefe schreiben und austauschen. Plötzlich steht Alexandra neben mir: »Die schreiben immer Briefe (deutet auf die Mädchen), das will ich nicht.« Ich gehe in der Situation nicht auf sie ein. Ich kann das Zusammenspiel nicht durchschauen. Mehrere Mädchen schreiben sich Briefe. Das läuft problemlos ab.

Sollte ein Brief an Alexandra eine negative Botschaft enthalten? Kleinste Kritik oder Neckerei wird von ihr sofort als »absolute Ablehnung« interpretiert und gewertet. Kurze Zeit später nehmen Tabea und Lena Kontakt zu ihr auf. Dies geschieht sehr freundlich. Daraus schließe ich, daß sie nichts gegen Alexandra im Schilde führen.

Konsequenzen: Die Resonanzpartnerinnen darin stärken, daß sie Alexandra gegenüber klar sind und bleiben. »Ich möchte mit dir spielen.« »Das habe ich nicht gesagt und auch nicht gemeint.« »Ich sehe das anders als du.« Solche oder ähnliche

Formulierungen könnten sie Alexandra gegenüber wählen, ohne sich jedesmal in emotionale Turbulenzen stürzen zu lassen.

Resonanzarbeit: Am nächsten Tag: Als ich die Kinder vom Pausenhof abhole, sehe ich, wie Elisabeth Alexandra kräftig schubst. Ich nehme mir vor, später mit Elisabeth darüber zu reden.

Elisabeth: »Ich und Lena haben geredet. Da hat Alexandra gesagt: ›Kauf dir mal 'ne Tüte Deutsch.‹ Da hab ich zu ihr gesagt: ›Laß uns in Ruhe, wir können reden was wir wollen.‹ Und dann habe ich Alexandra geschubst, und dann hat sie auch geschubst.«

Ich: »Ich will das mal aufzeichnen.«

1. Kauf dir mal 'ne Tüte
2. Wir können ...
3. Ich habe geschubst
4. Alexandra hat geschubst

Ich: »Wo hätte Schluß sein können?«
Elisabeth: »Nach dem, was ich gesagt habe. Es ist mir dann auch eingefallen.«
Ich: »Das finde ich auch. Das Schubsen hätte nicht sein müssen. Wie verstehst du dich mit Alexandra?«
Elisabeth: »Vor dem Streit ging es sehr gut. Jetzt nicht mehr.«
Ich: »Kannst du was tun?«
Elisabeth: »Ja, nicht schubsen. Sie muß aber aufhören, solche Wörter zu sagen. ›Dumme Ziege‹ sagt sie manchmal.«
Ich: »Überlege bitte, ob du das allein mit ihr klären kannst oder ob du mich dabei brauchst.«
Elisabeth: »Ich versuche es alleine.«

Anschließend sehe ich, wie Elisabeth, Alexandra und Lena in den Gruppenraum gehen und dort miteinander reden. Sie klären die Situation ohne meine Hilfe.

Es folgt eine Spielstunde. Diese habe ich bewußt eingerichtet, damit ich die sozialen Bezüge der Kinder einmal beobachten und auch fördern kann. Es herrscht eine schöne Atmosphäre. Alexandra, Lena, Stephan, Tabea spielen zusammen. Sie haben viel Freude miteinander. Alexandra wirkt gelöst. Es ist keine Auseinandersetzung mit den Jungen zu beobachten. Auch nicht mit Jonas. Sollte sich meine Hypothese bestätigen?

»Ihr habt immer was zu meckern wie meine Mutter!«

Hospitation bei einem Kollegen: Er erzählt den Anfang einer Geschichte, zeichnet sie auf eine Folie und setzt dabei den Overheadprojektor ein. Die Kinder sollen die Geschichte fortsetzen. Sie erhalten Folien und Stifte für die Arbeit an den Gruppentischen. An drei der vier Gruppentische beginnen die Kinder sofort mit der Arbeit. Am Tisch, an dem Alexandra sitzt, gibt es eine Störung. Alexandra streckt ihrer Tischnachbarin Julia die Zunge heraus. Den Anlaß kann ich nicht erkennen. Dann schäkert sie mit den Jungen, hört nicht zu und beginnt auch nicht mit der Arbeit. Julia guckt böse. Alexandra inszeniert sozusagen ihre eigene Geschichte. Sie klopft immer wieder mit den Händen auf den Tisch. Dann sagt sie zu Stephan: »Guck mal, wie die anderen das machen.« Die übrigen Kinder der Tischgruppe wollen anfangen. Sie sind unsicher, wissen nicht, was sie malen sollen. Alexandra: »Mein Vater kann alles malen!« Die Kinder zweifeln an dieser Aussage. Nun zeigt Alexandra Julia die Faust.

Die übrigen Kinder machen einen Anfang. Nun legt Alexandra ihren Kopf auf die Bank. Die vier Kinder sind über die Folie gebeugt, überlegen gemeinsam, wie sie die Aufgabe lösen können. Plötzlich fährt Alexandra Stephan an: »Oh, laß mich doch mal in Ruhe.« Ich kann nicht erkennen, ob Stephan etwas gemacht hat. Jörn malt und erzählt sehr schön zu seiner Absicht. Plötzlich ruft Alexandra: »Oh, spinnst du!« Danach guckt sie in der Gegend herum, wendet sich ab. Die übrigen

Kinder arbeiten konzentriert und interessiert. Plötzlich sagt sie in ruppigem Ton: »Gib her, dann mal ich die Steine.«

Der Lehrer kommt an den Tisch, schaut sich das bisherige Ergebnis der Gruppenarbeit an. Alexandra: »Guck mal, die lassen mich gar nicht.« Der Lehrer übergeht die Bemerkung, geht zu einem anderen Tisch.

Alexandra tut beleidigt, macht abfällige Bemerkungen über die Arbeit der anderen Kinder, wendet sich ab, schmeißt plötzlich einen Stift in die Mitte zwischen die arbeitenden Kinder. Dann guckt sie demonstrativ weg, blickt in die Gegend, wirkt geistesabwesend.

Nun geben ihr ihre Mitschüler die Folie und fordern sie auf, ihren Beitrag zu leisten.

Alexandra: »Wehe, ihr meckert mich an!« Bis dahin hat kein Kind gemeckert. Sie schmeißt den Stift hin, ruft in die Runde: »Du kannst den Scheiß alleine machen!«

Dann wendet sie sich an den Lehrer und sagt: »Guck mal, die meckern immer rum!« Nicht ein Kind hat gemeckert! Der Lehrer hat entweder die Situation nicht wahrgenommen oder er beachtet sie bewußt nicht. Er bittet um Vorstellung der Ergebnisse. Während die Kinder der übrigen Gruppentische nach vorne schauen, malt Alexandra, ruft aber zugleich zu Stephan gewandt: »Ej, lach nicht, da kann ich ja gleich unter den Tisch kriechen.« Das tut sie dann auch, kommt aber bald wieder hervor.

Interpretation: Alexandra sucht Selbstbestätigung angesichts einer für sie schwierigen Aufgabe über die Aufwertung des Vaters bei gleichzeitigem Erleben des eigenen Nicht-Könnens: »Mein Vater kann alles.« Zu ihren Tischnachbarn sagt Alexandra: »Ihr habt immer etwas zu meckern, ›das ist nicht gut, das ist nicht gut‹, wie meine Mutter.« Ihre Tischnachbarn haben sie überhaupt nicht kritisiert.

Der Schlüssel zum Verständnis ihres Verhaltens liefert dieser Satz. Alexandra ist ein Mädchen, das sich nicht nur grundsätzlich abgelehnt fühlt, ihre Arbeitsbemühungen werden auch ständig von der Mutter negativ bewertet. Ein permanent entmutigtes Selbst. Alexandra nimmt die potentielle

Ablehnung beziehungsweise ihre »unzureichende« Leistung vorweg. Sie hat sie internalisiert und projiziert den Prozeß der Ablehnung und Abwertung permanent auf ihre Mitschüler. Objektiv haben sich ihre Tischnachbarn völlig angemessen verhalten. Ich bewundere die Ruhe der übrigen Kinder.

Alexandra schiebt die Folie, auf der sie arbeiten sollte, zur Seite, unterstellt den Mitschülern, sie würden sie tadeln, wehrt ab, bevor sie überhaupt mit der Arbeit begonnen hat. »Wehe, ihr meckert rum.« Sie unterstellt, daß diese meckern würden. Damit muß sie ihre Mitschüler provozieren. Gegenüber ihrem Lehrer beschuldigt sie ihre Mitschüler. Die Beschuldigungen sind aus der Luft gegriffen. Auch das muß ihre Mitschüler provozieren. Würde sie in einer solchen Situation unreflektiert vom Lehrer bestätigt oder würde er gar die übrigen Schüler tadeln, dann müßten sich ihre Mitschüler ungerecht behandelt fühlen. Alexandra hätte für Sekunden einen fadenscheinigen Sieg errungen. Die anderen hätten etwas abbekommen, sie wären die Getadelten und Gedemütigten, sie selbst stünde gut da. Es ist allerdings auch kritisch anzumerken, daß sich der Lehrer nicht um den konkreten Konflikt gekümmert hat. Im Grunde sind Alexandras Tischnachbarn allein nicht in der Lage, die Situation zu klären. Sie geraten in eine unkontrollierbare Streßsituation. Kompetentes Verhalten hätte sich darin gezeigt, wenn sie ihrem Lehrer gegenüber auf die Störungen hingewiesen hätten. Daß sie das nicht tun, läßt den vorläufigen Schluß zu, daß sie von ihm keine Hilfe erwarten. In der Folge können solche Erfahrungen eskalieren und zu gewalttätigen Auseinandersetzungen führen.

Gespräch mit Alexandra in der folgenden Stunde
Ohne die konkreten Ereignisse zu erwähnen, spreche ich mit ihr die Aufgabe an, die ich ihr gegeben habe.

Ich: »Alexandra, wie lautet meine Aufgabe für dich?«

Alexandra: »Wo die mich geärgert haben, wolltest du nicht mit mir reden.« Nach einer Pause fährt sie fort: »Ich habe darüber nachgedacht und ich hoffe, daß es richtig ist: Du hattest keine Zeit.«

Ich: »Das ist es nicht. Warum will ich nicht an deinen Problemen arbeiten?«
Alexandra: »Weil ich auch etwas damit zu tun habe.«
Ich: »Du hast etwas damit zu tun. Willst du wissen, was du damit zu tun hast?« Alexandra nickt.
Ich: »Ich arbeite deshalb nicht mit dir, weil sich deine Probleme jeden Tag wiederholen.« Ich mache eine Skizze.

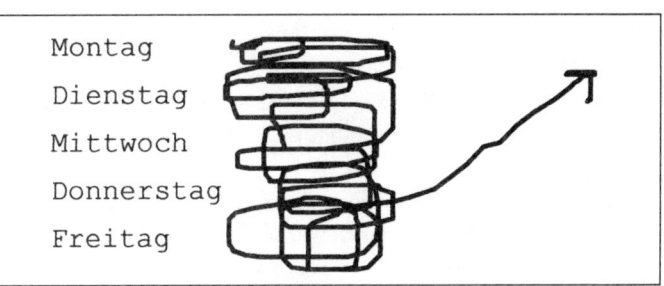

Montag
Dienstag
Mittwoch
Donnerstag
Freitag

Ich: »Du erhältst von mir eine neue Aufgabe: Was ist es, was sich immer wiederholt? Und wie könnte eine Lösung aussehen?« (Lösungspfeil)

Resonanzarbeit: Ich bitte Stephan, Paul und Jörn zu mir:
Ich: »Ihr bekommt von mir ein Lob.«
Stephan: »Dafür, daß wir Alexandra geärgert haben?«
Ich: »Würdet ihr dafür ein Lob bekommen?«
Stephan: »Sie lacht über uns und tut, als wäre sie der größte Schlaumeier.«
Paul: »Ich und Stephan, wir finden sie ganz toll. Aber sie reizt uns so.«
Ich: »Ihr bekommt von mir ein Lob dafür, daß ihr euch vorhin in der Stunde, als ich zugeguckt habe, nicht von Alexandra habt provozieren lassen.«

Alexandra stößt Julia heftig zurück
Einige Tage später: Während einer freien Spielphase stößt Alexandra Julia plötzlich so heftig zurück, daß Julia erschrocken guckt und die übrigen Kinder entsetzt sind. Was war die Ursache? Mehrere Mädchen, auch Alexandra, hatten mit-

einander gespielt. Im Spielverlauf stößt Alexandra Julia sehr heftig. Die Ursache ist nicht auszumachen. Später rächen sich einige Mädchen. Tabea stößt Alexandra. Daraufhin kommt Alexandra sofort zu mir, um sich zu beschweren. Ich sage, daß ich den Verlauf von Anfang an beobachtet hätte. Ich sei jetzt nicht bereit, mit ihr darüber zu reden. Am Ende der Stunde kommt Alexandra zu mir und sagt: »Ich weiß die Lösung.«

»Weil der Streit immer wieder anfängt ...«
> *Ich:* »Du weißt eine Lösung. Wie sieht sie aus?«
> *Alexandra:* »Du hast doch gesagt, weil der Streit immer wieder anfängt. Ich will versuchen, den anderen aus dem Weg zu gehen.«
> Alexandra hat verstanden, was ich meine.
> »Aha«, sage ich, »das ist dein Lösungssatz.«
> Alexandra lächelt, sie fühlt sich verstanden.

Während der Spielstunde machen Alexandra, Lena und Elisabeth Mathematik. Es gibt keine Probleme. Dann schreiben sie Briefe. Alexandra kommt zu mir, sagt: »Ich habe Paul einen Liebesbrief geschrieben, er hat ›ja‹ angekreuzt.« Ich vermute, daß sie gefragt hat, ob er sie liebt. Alexandra wirkt gelöst.

Josephine fühlt sich krank. Sie möchte zu Hause anrufen. Ich erlaube es und bitte sie, eine Mitschülerin mit ins Büro zu nehmen. Sie bittet Alexandra um Hilfe. Das tut Alexandra sichtlich gut. Sie kümmert sich und holt anschließend auch Josephines Ranzen.

Es ist viel passiert:
- Alexandra hat eine Antwort auf meine Frage gefunden.
- Sie hat in Mathe gut mitgearbeitet.
- Sie wurde von Josephine als Helferin gewählt. Das setzt Vertrauen voraus.
- Sie hat während der Spielphase zusammen mit Elisabeth und Lena Mathe gemacht.
- Sie erzählt mir von einem Liebesbrief an Paul, das bedeutet, daß ihr Selbstvertrauen wächst. Auch Vertrauen zu mir ist vorhanden, und sie kann diese positive Entwicklung genießen.

- Als bei der Kontrolle der Mathematikaufgaben Alexandra und Lena neben mir stehen, sagt Lena: »Alexandra hat viel dazu gelernt.« Alexandra: »Aber wenn meine Oma die Fehler sieht, die schlägt ihre Hände über dem Kopf zusammen. Meiner Mutter ist es egal.«

»Auf den kleinsten Erfolg setzen«, denke ich. Ich meine in Alexandras Verhalten den Ansatz zu einer Veränderung zu erkennen.

Später, in der Pause vor der 5. Stunde, klopft Alexandra an meine Bürotür. Sie müsse dringend mit mir sprechen. Sie könne nicht warten, bis die Pause zu Ende sei. Ich weise sie darauf hin, daß sie in zehn Minuten bei mir Unterricht habe, dann würde ich mir ihr Problem anhören.

Mein Gefühl: Vielleicht war meine Hoffnung zu schnell formuliert. Der Wunsch nach einer positiven Veränderung scheint größer zu sein als die realistische Einschätzung der Situation.

Als ich die Kinder vom Pausenhof abhole, kommt Alexandra wieder auf mich zugestürzt. Auf dem Weg zum Klassenraum versucht sie erneut ihr Problem vorzutragen, obwohl sie doch weiß, daß ich mich gleich mit ihr beschäftigen werde. Ihr Anliegen duldet aus ihrer Perspektive keinen Aufschub. Mit Macht verschafft sie sich meine Aufmerksamkeit. Das Gespräch ergibt, daß ihr Stephan in der Pause einen Regenwurm auf ihren Regenschirm gesetzt hatte. Die Vorstellung ist nicht angenehm. Das Ereignis ist aber auch nicht so gravierend, daß die Schülerin deswegen das Büro des Schulleiters aufsuchen muß. Daß sie ein Recht auf Protest in dieser Angelegenheit hat, steht außer Frage. Verständnis für ihr Verhalten habe ich insofern, als sie offensichtlich von mehreren Schülerinnen und Schülern Demütigungen ausgesetzt war. Dabei scheint es so zu sein, daß sie sich durch einzelne Ereignisse wahrscheinlich in der Tiefe ihres Selbstwertgefühls stark angegriffen fühlt und diesem Angriff keine angemessene Abwehr entgegensetzen kann. Dieses Verständnis stellt sich erst bei der reflektierenden Arbeit ein. Im Verlauf des Vormittags macht sich in mir das Gefühl breit, daß Alexandra maßlos übertreibt und sich in unangemessener Weise in den Vordergrund schiebt. Wahrscheinlich sah sie keine andere Möglichkeit als die, bei mir Schutz, Verständnis und Unterstützung zu finden. Sie mußte erleben, daß ich Distanz wahrte. Empathie empfand ich in der Situation nicht für sie. Nach der reflektierenden Arbeit halte ich fest, daß an diesem Tag offensichtlich mehrere Kinder ihre eigenen Unsicherheiten auf Alexandra projiziert und auf ihre Kosten bearbeitet haben. Sie wiederum verfügte nicht über einen inneren »Reizschutzfilter«, der es ihr erlaubt hätte, souverän über den Dingen zu stehen.

Es treten starke Zweifel auf, ob wir in der Schule überhaupt etwas für Alexandra tun können.

Zwei Jungen brüllen auf Alexandra ein

Einige Tage später: Ich hole die Kinder nach der ersten großen Pause vom Schulhof ab. Alexandra sitzt auf der Mauer und weint. Lars und Martin schreien auf sie ein. Ich beschleunige meinen Gang, stelle mich dazwischen, spüre Ärger über diese ungehörige Art. »Was ist hier los?« frage ich. Da antwortet Jonas von der Seite: »Wir können dir das erklären.« Ich bitte die Kinder mit mir in den Klassenraum, führe in das Unterrichtsthema ein und bitte anschließend die beteiligten vier Kinder zum Gespräch in den Gruppenraum.

Jonas: »Wir sind zum Sport gegangen, da hat Alexandra zu mir gesagt: ›Ich schlag dich in der Pause zusammen.‹«
Alexandra: »Das stimmt nicht.«
Jonas: »Sie hat jedenfalls gesagt, daß sie mich schlagen will. Sie hat immer ein großes Maul. Nach dem Sportunterricht wollten wir uns Alexandra schnappen und sie schlagen. Das haben wir dann nicht gemacht. Wir haben auf sie eingebrüllt.«
Martin: »Wir wollten sie schon schlagen, das fand ich aber nicht so gut. Das hab ich gesagt, und dann haben wir das nicht gemacht.«
Jonas: »Ich hasse das, wenn sie das macht. Wenn das dann die Lehrer sehen, dann kriegen wir den großen Anmotzer. – Nicht von dir.«
Martin: »Ich finde nicht so schön, wenn sie so vorlaut ist. Sie

ist nicht mit sich selber einig. Sie denkt nur an den Augenblick. Sie denkt nicht an die Zukunft. Was daraus wird, daran denkt sie nicht. In der Klasse fühlt sie sich als die große Alexandra, aber draußen ist sie dann die Dumme.« Martin ist erregt, er keucht fast. »Sie fühlt sich so groß! In der Klasse fühlt sie sich groß, weil die Lehrer da sind, zum Beispiel bei Herrn D. Wenn wir zum Lehrer gingen und sagen, daß die zu uns ›Arschloch‹ sagt, dann würden uns die Lehrer nur auslachen.«

Ich: »Welche Lehrer?«

Martin: »Na, Frau Hubert und Frau Bernd. Alexandra will uns nur klein machen. Wir machen das nicht, weil wir Spaß am Ärger haben. Wir haben einen Grund dafür.«

Lars: »Sie tut so traurig. ›Oh, die Jungen haben mich geschlagen.‹«

Jonas: »Sie macht einen Weinblick. Sie wird bedauert. Aber daß sie zum Beispiel in die Jungentoiletten geht, das glaubt keiner. Wenn wir Frau Bernd sagen, daß sie da drin ist, dann guckt die nur durch die Tür und sagt: ›Da ist doch niemand.‹ Die merkt gar nicht, daß sich Alexandra versteckt. Manche Lehrerinnen glauben uns nicht.«

Lars: »Und dann spricht sie mit so einer traurigen Stimme.«

Martin: »Aber innerlich fühlt sie sich anders.«

Jonas: »Wir wissen nicht, was wir mit unserer großen Wut machen sollen. Wir haben sie immer dabei.«

Martin: »Es ist zwar schlecht und doof, aber unsere Wut macht es so. Sie will es auch so. Sie wartet, daß wir ein blödes Bild malen, dann zeigt sie es dem Lehrer.«

Ich: »Hätte sie bei mir damit Erfolg?«

Jonas: »Du und Frau Olms, ihr versteht das. Ihr könnt auch alles gut klären, und deswegen haben wir Vertrauen.«

Alexandra: »Als wir in die Sporthalle gegangen sind, da war ich so wütend, weil Jonas was gesagt hat.«

Die Jungen (sehr erregt): »Das erfindet sie.«

Ich: »Alexandra, ich glaube im Moment, daß die Jungen mit ihrer Schilderung recht haben.«

Es entsteht eine Pause.

Jonas: »Nee, es stimmt schon, was sie sagt. Ich hab angefangen. Ich hab gesagt: ›Guck mal, da ist die Alexandra mit ihrer roten Hose.‹«

Ich: »Jonas, ich finde gut, daß du zugibst, daß du zuerst etwas zu Alexandra gesagt hast. Wenn wir das Problem lösen wollen, müssen wir alle dicht an der Wahrheit bleiben. Zunächst entschuldige ich mich bei dir, Alexandra. Es tut mir leid, daß ich hier zu schnell den Jungen und nicht dir geglaubt habe.«

Jonas: »Nur weil ich etwas über ihre Hose sage, muß sie mir doch nicht gleich Schläge androhen. Sie hat so ein großes Maul.«

Martin: »Herr Gebauer, aber oft ist es anders. Sie stöhnt zum Beispiel immer durch den Klassenraum (macht es nach) und sagt, daß wir ihr was getan haben. Das stimmt gar nicht, aber Herr Donder glaubt es ihr. Der denkt dann: ›Ach, diese arme Alexandra.‹«

Alexandra: »Das geht dich doch nichts an, wenn ich stöhne.«

Martin: »Das ist so ein komisches Stöhnen, das durch die ganze Klasse geht.« Alexandra stöhnt, und Martin sagt: »Genau so.«

Jonas: »Wenn wir einen Becher mit unserer Wut gemalt hätten, der wäre übergelaufen. Meine Wut ist so heiß. Das wird immer so bleiben.«

Martin: »Meine auch.«

Lars: »Ich bin so wütend.«

Jonas: »Ich weiß keine Lösung. Einer muß hier weg. Das hört sonst nie auf. Wenn Lars weg käme, dann wäre er das Problem los.«

Ich: »Unsere Zeit ist um, ich denke über alles nach. Morgen arbeite ich mit euch weiter. Ihr Jungen könnt schon in die Klasse gehen, an Alexandra habe ich noch eine Frage: ›Was hast du für ein Gefühl?‹«

Alexandra: »Ich war so wütend, aber ich habe mich wieder beruhigt. Ich war so wütend, weil Jonas immer so was sagt. Ich war wütend, jetzt bin ich es nicht mehr. Ich habe manchmal so eine Wut, da könnte ich sie am liebsten verkloppen.«

Ich: »Morgen sehen wir weiter.«

»Jeder von uns kann seine Wut beeinflussen«

Gespräch mit Jonas, Martin und Lars:

Ich: »Ich habe zu Hause über unser Gespräch nachgedacht. Ihr hattet gesagt, wenn ich euch einen Meßbecher für Wut gezeichnet hätte, dann wäre der übergelaufen. Prüft heute, wie es mit eurer Wut auf Alexandra aussieht. Hier skizziere ich für jeden von euch einen Meßbecher.«

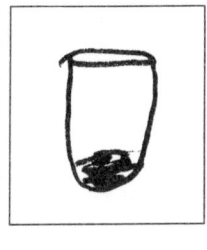  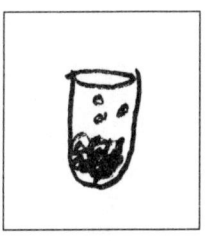

Martin   Jonas   Lars

Martin malt nur den Becherboden aus. Jonas' Becher wird ³/₄ voll. Lars' Becher ist zu ¹/₄ gefüllt. Es steigen einige Wutblasen auf.

Martin: »Heute ist es anders. Jeder von uns kann seine Wut beeinflussen. Lars hat gesagt, die Wut kann aber wieder kommen.«

Jonas: »Jederzeit kann die Wut wie ein Vulkan ausbrechen. Da möchte ich am liebsten zuschlagen.«

Lars: »Also, wenn mich jemand ärgert, dann explodiert der ganze Becher.«

Martin: »Bei mir kann sich die Wut ganz schnell steigern. Wenn Alexandra zum Beispiel so etwas zu mir sagt oder wenn sie so stöhnt. Sie will ihre Gefühle in der Klasse ausbreiten.«

Lars: »Sie will immer im Mittelpunkt stehen.«

Martin: »Es ärgert mich, wie sie sich verhält. Das ist für mich nicht so schön, wenn sie so stöhnt.«

Ich: »Ich möchte mit euch daran arbeiten, was ihr tun könnt, wenn ihr spürt, daß eure Wut immer größer wird und schließlich anfängt zu kochen.«

Jonas: »Wut kommt zum Beispiel, wenn sie sagt: ›O guck

mal, Frau Olms, ich hab so eine schöne Strähne im Haar.‹
Das hasse ich, das ist so angeberisch.«

Martin: »Auf der Klassenfahrt hat sie so mit ihrem Nagellack angegeben, hat ihn extra für die Disco aufgetragen.«

Jonas: »Lars, Martin und ich, wir sind ganz normal hingegangen. Wir wollten auch nicht unbedingt eine Party machen. Tabea hat schön gesungen. Die kann auch dazu tanzen. Aber Alexandra, die hat nur so blöd getanzt und den Mund bewegt. Sie hat so komisch rumgehampelt. Ich gebe zu, daß ich nicht gut tanzen kann, aber was sie macht, ist übertrieben.«

Ich: »Was könnt ihr tun, um besser mit eurer Wut zurechtzukommen?«

Jonas: »Einen Boxsack kaufen, Alexandras Gesicht drauf malen und zuschlagen.«

Ich: »Das wäre sie dann nicht direkt.«

Jonas: »Wir könnten uns das vorstellen.«

Ich: »Wir alle müssen lernen, unsere Wut zu kontrollieren.«

Jonas: »Auch bei anderen Mädchen könnte ich hochspringen und alles um mich herum zerstören.«

Martin: »Ein Grund war auch diese Disco, weil ich weiß, das machen nur die Erwachsenen so, wie Alexandra das gemacht hat. Wir hätten so eine schöne Nachtwanderung machen können. Wenn sie sich so erwachsen fühlt, das mag ich nicht.«

Jonas: »In der Stadt sind die Mädchen in ein Modegeschäft gegangen. Das ist auch ein Grund, der uns ärgert.«

Ich: »Wie könnt ihr eure Wut kontrollieren?«

Martin: »Heimlich lästern.«

Lars: »Ihr aus dem Weg gehen.«

Jonas: »Witze über sie reißen.«

Martin: »Wir haben Bilder von ihr gemalt. Wir haben eine ganze Mappe davon.«

Lars: »Wir haben sie als Vampir gemalt, wie sie ein blutiges Messer in der Hand hat.«

Jonas: »Wir haben sie gemalt, wie sie in einer Mülltonne steht, die brennt.«

Martin: »Ich habe auch einmal zu einem Bild geschrieben:

›Das ist Alexandra, wenn sie den Marlboro Cowboy spielt mit Zigarette im Mund.‹«

Ich: »Würdet ihr mir eure Bilder zeigen?«

Alle Jungen: »Ja.«

Ich: »Die Aufgabe für jeden von euch lautet: Wie kann ich meine eigene Wut bändigen?«

»Es gibt keine Lösung!«

Jonas, Lars und Martin wünschen ein Gespräch wegen Alexandra. Alexandra ist seit gestern krank. Es ist wirklich wesentlich ruhiger in der Klasse während ihrer Abwesenheit. Daran wird deutlich, daß von ihr immer wieder störende Initiativen in die verschiedensten Richtungen ausgehen, beziehungsweise daß sie von Mitschülerinnen und Mitschülern für ihre Probleme als Projektionsperson benutzt wird. Ich kann die drei Jungen verstehen, wenn sie sagen: »Von Alexandra geht alles aus. Wenn sie weg wäre, dann ginge es uns besser.« Sie fügen hinzu: »Weil Alexandra die Schule nicht verlassen muß, gibt es keine Lösung.« Ich vertiefe den schon gegebenen Hinweis: »Achtet auf eure Gefühle, wenn Alexandra wieder da ist. Versucht eure Wut zu kontrollieren.«

Alexandra löst durch ihre bloße Anwesenheit bei diesen drei Jungen mehr aus als bei anderen Schülern. Die Jungen sehen keine Lösung, es sei denn, Alexandra würde die Schule verlassen. Sie wissen, daß Alexandra immer wieder in ihnen Gefühle von großer Wut auslösen wird und daß sie auch bereit wären, wieder zu schlagen. Ich verweise die Jungen auf sich selbst, verstärke die Aufgabenstellung, genau auf die eigenen Gefühle zu achten und diese zu kontrollieren. Eine Interpretation für die Situation, in der sie sich mit Alexandra befinden, gebe ich ihnen nicht. Dies würde rein theoretisch vorgetragen zu keiner Veränderung führen. Ich hoffe, daß die drei Jungen so viel Vertrauen zu mir haben, daß sie die Aufgabenstellung annehmen und ein Stück über die gefühlte Hoffnungslosigkeit hinweg blicken und, auch wenn es für sie unrealistisch erscheint, ein Stück weit meiner Hoffnung folgen.

»Mein Kopf ist verstopft«

Nach einigen Tagen: Alexandra bemüht sich sehr, die anstehenden mathematischen Aufgaben zu lösen. Das gelingt ihr nicht immer. In einer solchen Situation kommt sie zu mir und sagt:»Mein Kopf ist verstopft.« Über dieses Bild freue ich mich, damit können wir arbeiten. Am nächsten Tag erzählt sie mir, zu Hause habe sie die Aufgaben lösen können. Ich erwähne das Bild, füge hinzu, daß ihr Kopf wieder frei gewesen sei für das Lösen mathematischer Aufgaben. Manchmal könne man in solchen Fällen von außen dem Kopf eine Hilfe geben, indem man eine Kopfmassage mache. Solche Übungen kennt sie von mir, ich erinnere sie nur daran. Wir rechnen zu dieser Zeit schriftliche Additions- und Subtraktionsaufgaben im Bereich bis 100 000. Bei den Einzelschritten handelt es sich um Plus- und Minusaufgaben, wie sie im ersten Schuljahr gerechnet werden. Wenn hier plötzlich wieder Blockaden auftreten, dann kann dies in einem Zusammenhang stehen mit der Lebenssituation, in der Alexandra diese Aufgabentypen lernen mußte. Sie war zu diesem Zeitpunkt noch nicht an unserer Schule. Ich vermute, daß ihr so viele existentielle Fragen durch den Kopf gingen, daß für das Rechnen kein Platz blieb. So konnten die wichtigen Lösungsspuren für mathematisches Denken nicht gelegt werden.

Emotionale Sicherheit über Gesellschaftsspiele

Die Gesamtsituation ist so, daß immer wieder Vertretungsunterricht wegen der Erkrankung oder Fortbildung von Lehrkräften erforderlich ist. Dadurch sind wir in der Gefahr, aus Gründen von Zeitknappheit überwiegend die Fachinhalte in den Vordergrund unserer Arbeit zu stellen. Oft bleibt dann nur noch wenig Zeit zur Klärung von Konflikten. Die große Bedeutung unterschiedlichster Spiele für die Entwicklung der Persönlichkeit, für die Atmosphäre in einer Klasse und auch für das kognitive Fortkommen hat dann keinen Raum. Ich bin froh, daß ich mich trotz Zeitknappheit wieder einmal für eine Stunde mit dem Thema »Gesellschaftsspiele« entschieden habe. Welche Möglichkeiten werden Alexandra und die drei Jungen ergreifen? Das war eine meiner Fragen, die mich dabei bewegten.

Jonas und Martin möchten lieber Mathematik machen als Spiele spielen. Alexandra möchte Mühle spielen. Alle übrigen Kinder entscheiden sich schnell für die unterschiedlichsten Spielmöglichkeiten. Tabea fällt auf, weil sie sich für kein Spiel entscheiden kann. In der Anfangsphase hatte ich gehofft, daß sich zwischen ihr und Alexandra eine Freundschaft anbahnen würde. Ich entscheide mich auch für das Mühlespiel und bitte Tabea hinzu. Beide Mädchen spielen gegeneinander, und ich spiele im Anschluß gegen jeweils eine von ihnen. Mir fällt auf, daß beide nur geringe Spielstrategien haben. Sie versuchen nur linear zu einer »Mühle« zu kommen. Andere Strategien sind ihnen fremd. Viele Chancen, die sich während des Spiels ergeben, sehen sie nicht. Sie haben keine strategische Voraussicht. Sie huschen über das Spiel, und sie huschen auch über das Ergebnis. Nun gebe ich vorsichtig einige Anregungen, weise auf Chancen im Spielverlauf hin, bitte sie auch, sich am Ende eines Spiels kurz anzusehen und der Gewinnerin zu gratulieren.

Während des Spiels erfahre ich, daß Alexandra das Spiel bereits kennt, sie hat es oft mit ihrer Großmutter gespielt. Davon schwärmt sie. Tabea kennt auch die Spielregeln. Es fehlt aber ein emotionaler Bezug. Ihre Eltern haben ihr einen Computer geschenkt. Er sollte ihr helfen, ihr logisches Denken zu schulen. Davon ist weder im Mathematikunterricht noch bei diesem Spiel etwas zu beobachten. Es ist ein Hinweis, daß das logische Denken, so wie es in mathematischen Aufgabenstellungen und auch im Rahmen von Gesellschaftsspielen auf unterschiedlichste Art gefordert wird, an eine emotionale Grunderfahrung gebunden ist. Bei beiden Mädchen fehlt in ihrer frühen Kindheit die Zuwendung durch die Eltern. In ihrer emotionalen Vernachlässigung liegt sicher ein Grund dafür, daß sich auch kognitive Strukturen nicht ausbilden konnten.

Während des Spiels erzählt mir Alexandra, daß sie vor Schulbeginn von René an den Haaren gezogen und auch von anderen Kindern beschimpft worden sei. Es wird deutlich, daß Alexandra auch in einer so unkomplizierten Spielsituation immer wieder mit ihrer Grundproblematik konfrontiert ist.

Sie kann sich gar nicht voll auf das Spiel mit seinen sozialen und kognitiven Anforderungen einlassen, weil es da noch andere Ereignisse gibt, die sie beschäftigen. Das hängt natürlich nicht nur von ihr ab. Aber es haben sich Strukturen entwickelt, in denen so mancher Mitschüler versucht, über die Benutzung von Alexandra als Projektionsperson sein Selbstwertgefühl schnell aufzubauen.

Hinweisen möchte ich noch auf Jonas' und Martins Verhalten. Ihre Entscheidung für mathematisches Lernen während einer freien Spielphase enthält mindestens zwei Aspekte. Sie wissen, daß sie in diesem Lernfach gute Leistungen erbringen. So können sie ihr Selbstbewußtsein hier über neue Leistungen stärken. Sie wissen, daß ihr Tun vom Lehrer positiv begleitet wird. Gleichzeitig verweist ihr Verhalten auf eine Unsicherheit im sozialen Umgang miteinander. Welches Spiel sie auch mit welchen Schülern gespielt hätten, es wäre dabei um Gewinnen und Verlieren gegangen. In ihrer Selbstunsicherheit können sie zur Zeit nicht so gut verlieren. Also umgehen sie diese Möglichkeit. Sie bewegen sich vorwiegend auf der kognitiven Ebene. Vielleicht nutzen sie diese Möglichkeit auch als Pause von den großen Anstrengungen, denen sie in ihrer Selbst- und Sozialentwicklung ausgesetzt sind.

Eine Innenverbindung herstellen

Ich beschließe die insgesamt sehr schöne Spielatmosphäre mit einer allgemeinen Aufgabenstellung, zu der ich über Alexandras Schilderungen gekommen bin. Ich habe in der kurzen Zeit, die mir für diese Gedanken zur Verfügung stand, folgendes überlegt. Alexandra wird von vielen Kindern als Projektionsfigur und auch als Objekt von Demütigungen unterschiedlichster Art benutzt. Über konkrete Ereignisse haben wir zur Genüge gesprochen. Wir haben Situationen rekonstruiert, die Gefühlsebene einbezogen und Perspektiven für die Zukunft entwickelt. Ich entscheide mich, nicht die konkrete Art der Demütigung zum Ausgangspunkt erneuter Erörterungen zu machen, sondern gebe einige Hinweise, durch die sich die Schülerinnen und Schüler sowohl auf sich selbst als auch auf ihr Tun gegenüber Mitschülern besinnen sollen.

Aufgaben: »Am Ende der Stunde möchte ich euch einige Aufgaben zum Nachdenken über euch selbst und über euer Verhältnis zu Mitschülern und Mitschülerinnen geben. Lehnt euch an meine Überlegungen an. Nehmt eure Gedanken und Gefühle mit nach Hause. Irgendwann werde ich darauf zurückkommen.

Wie fühle ich mich? Fühle ich mich stark? Fühle ich mich schwach? Wann fühle ich mich stark? In welchen Situationen fühle ich mich schwach? Haben Mitschüler etwas mit meiner Schwäche und mit meiner Stärke zu tun?

Wie ist es mit meiner Stärke nach außen? Fühle ich mich stark in der Klasse? Komme ich gut zurecht? Muß ich andere Kinder ärgern, um mich selbst stark zu fühlen? Fühle ich mich in meinem Inneren eher stark oder schwach? Gibt es Mitschüler oder Mitschülerinnen, die mich innerlich stark oder schwach machen?

Wie ist das mit meinen Freundschaften? Machen sie mich stark oder schwach? Helfen mir Freundschaften oder bringen sie mir Ärger?

Manchmal gehen in der Klasse mehrere Schüler oder Schülerinnen auf einen Schüler oder auf eine Schülerin los. Viele auf einen! Äußerlich kann man gut erkennen, wer hier stark ist. Aber wie ist es bei den Kindern, die immer wieder auf einen losgehen, in ihrem Inneren? Fühlen die sich innerlich eher stark oder eher schwach?

Ich und die anderen: Wer hilft mir, innerlich stark zu sein? Wer macht mich innerlich stark? Wer macht mich äußerlich und innerlich schwach?

Das fühle ich jetzt: …«

Mit diesen Anregungen verabschiede ich die Kinder. Sie gehen ruhig und nachdenklich nach Hause.

»Uns geht es sehr gut mit den Kindern.« – Die Wende hat viele Ursachen!

Teambesprechung: Es handelt sich um die routinemäßige wöchentliche Besprechung. Thema ist die Situation in den Klassen, in denen wir arbeiten. Wir sind alle der Meinung, daß in dieser Klasse eine große Ruhe herrscht. Die Schülerinnen und Schüler gehen bereitwillig auf die Vorschläge ihrer Lehrer ein und zeigen eine hohe Arbeitskonzentration. Sind sie mit der Lösung von Aufgaben überfordert, so holen sie sich Hilfe bei ihren Mitschülern oder bei ihren Lehrern. Das trifft auch zu auf die Klärung von Konflikten. Im Verhältnis zwischen Jungen und Mädchen gibt es Annäherungsversuche von beiden Seiten. Innerhalb der Jungengruppe bahnen sich neue Freundschaftsverbindungen an. Alles findet, so ist unser Eindruck, auf einer positiven emotionalen Grundstimmung statt. Es gibt neue Überlegungen, die Sitzordnung zu verändern und gemischte Gruppentische mit Jungen und Mädchen zu machen. Zwischen Jonas, Lars und Martin auf der einen Seite und zwischen Alexandra auf der anderen Seite gibt es kaum Streitpunkte. Die drei Jungen hatten in den letzten Tagen zum Teil heftige Auseinandersetzungen mit Schülerinnen und Schülern aus den 5. und 6. Klassen der Orientierungsstufe (vgl.: »Mit der Faust ins Gesicht geschlagen«, S. 114 ff.).

Erhebliche Veränderungen sind bei Alexandra zu erkennen. Sie inszeniert ihre Probleme kaum noch. Sie hat einen Blick für die Realität gewonnen und kann diese aushalten, ohne in ihre bisherigen Muster zu verfallen. Sie ist ihren Mitschülerinnen und Mitschülern gegenüber offener geworden, lacht teilweise ganz unbekümmert und wird so plötzlich für einige Jungen sehr interessant. Vereinzelte Attacken von Mitschülerinnen ihr gegenüber sind nunmehr eher aus einem Neidgefühl heraus zu erklären, das sie gegenüber Alexandra haben.

Ihre Realitätsbezogenheit zeigt sich an einzelnen Beispielen.

»Du wirst nie Mathematik lernen.«

Alexandra hat große Probleme im Schreiben und in Mathematik. Seit einigen Monaten erhält sie in diesen Fächern Nachhilfeunterricht. Sie hält die in diesem Bereich entstehenden Probleme aus, kommt zu mir, stellt sachbezogene Fragen und ist sehr bemüht, ihre vorhandenen Lücken in Mathematik auszugleichen. Dann wechselt ihre Nachhilfelehrerin, und es gibt für Alexandra eine herbe Enttäuschung. Sie kommt zu mir, bittet um ein Gespräch. Früher wäre sie auf mich zugerannt und hätte mich mit ihrem Problem überschüttet. Nun kann sie einen Gesprächswunsch anmelden und warten, bis ich Zeit für sie habe.

Dann erzählt sie mir, ihre neue Nachhilfelehrerin habe gesagt: »Du wirst nie Mathematik lernen.« Dabei blickt sie mich mit traurigen Augen an. Meine spontane Reaktion: »Was du lernen kannst und lernen wirst, das weiß nur ein Mensch auf der ganzen Welt. Weißt du, wer das ist?« Sie atmet tief durch, ihre Augen beginnen zu strahlen, und sie sagt: »Das bin nur ich.« »Genau«, sage ich, »das bist nur du, nur du kannst wissen, was du lernst, sonst niemand. Ich glaube, daß du in Mathematik noch viel lernen kannst und auch lernen wirst.« Alexandra geht langsam zu ihrem Platz, setzt sich, macht ein nachdenkliches und sehr ernstes Gesicht, nickt still vor sich hin, nimmt ihr Mathematikbuch heraus und beginnt mit ihrer Arbeit.

Für mich ist diese Situation aus mehreren Gründen von entscheidender Bedeutung. Bei allem Bemühen um Verständnis für Alexandras Probleme kam ich doch oft an die Grenzen meiner Möglichkeiten. Sie beanspruchte meine Zeit und Energie stärker als andere Kinder. Oft war ich ihr gegenüber auch etwas ungehalten, hielt nicht die erforderliche Distanz. Auch wenn das in meinem äußeren Verhalten nicht sichtbar war, so war doch emotional ein gewisses Maß an Unzufriedenheit zu spüren. Es gab gelegentlich auch die Ungewißheit, ob die Art unserer Bemühungen überhaupt erfolgreich sein könnte.

Nun war etwas Entscheidendes passiert. Alexandra hatte mir mitgeteilt, wie ihre neue Nachhilfelehrerin über ihr Lernvermögen dachte. Darin sah ich ein Zeichen großen Vertrauens mir gegenüber. Aber noch entscheidender waren Alexandras innere Prozesse, auf die ich natürlich nur aufgrund ihres äußeren Verhaltens schließen kann. Innerlich hat sie wahrscheinlich erlebt, daß ihr ihre Nachhilfelehrerin etwas gesagt hat, was ihre ganzen Bemühungen in diesem Bereich zunichte machen würde. Das konnte so nicht stimmen. Alexandra kannte ihre Schwächen und ihre Möglichkeiten. Sie wußte vor allem, daß sie hart gearbeitet und sich Mühe gegeben hatte. Sie war sich ihrer Sache sicher. Wenn sie mir diese Erfahrung mitteilt, dann ist sie sicher, daß ich auf ihrer Seite bin, daß ich ihre Schwächen kenne und ihre Anstrengungen zu würdigen weiß. Sie hat, das unterstelle ich, insofern Vertrauen zu mir, als sie aufgrund ihrer bisherigen Erfahrung mit mir weiß, daß ich solche Aussagen nicht machen würde, sondern in der Lage bin, ihr Lernvermögen richtig einzuschätzen.

Darin liegt der Realitätsbezug ihres Verhaltens. Sie findet in mir eine Stütze, und gleichzeitig verweise ich sie auf ihre Möglichkeiten der angemessenen Selbsteinschätzung. Das ist die Unterstützung, die ich ihr geben kann und auch gebe. Ich teile ihr meine Einschätzung mit und verweise auf meine Grenzen, wenn ich sage, nur sie könne wissen, was sie in diesem Bereich leisten könne. Ich verweise sie auf ihr Selbstwertgefühl, auf ihre Selbsteinschätzung und gebe ihr somit die Chance, aus der eigenen inneren Stärke heraus die ungeheuerliche Feststellung ihrer Nachhilfelehrerin kritisch zu prüfen. An solchen Stellen wird sichtbar, was unter emotionalen Grundlagen der Erziehung zu verstehen ist.

Wenige Tage nach diesem Gespräch ruft mich die Leiterin des Nachhilfeinstitutes an und bittet um ein Gespräch. Alexandras Mutter hatte sich bei ihr über diesen Vorfall beschwert. Sie sagt mir, wie peinlich ihr dieses Verhalten einer Mitarbeiterin sei. Nachdem ihr der Vorfall bekannt geworden sei, habe sie sofort eine andere Lehrkraft für Alexandra eingesetzt.

Auch an diesem Vorgang sind mehrere Aspekte wichtig. Alexandra erlebt, daß sie von mehreren Personen beschützt wird. Ihre Mutter, von der sie vor einiger Zeit noch gesagt hatte, ihr sei »alles egal«, setzt sich für sie ein. Damit erlebt Alexandra auf der Beziehungsebene zu ihrer Mutter eine Zuwendung, um die sie immer gekämpft hat. Dies ist vielleicht der entscheidende Aspekt innerhalb dieses Prozesses. Ein wesentlicher Teil von Alexandras Inszenierungen speiste sich nach unserer Interpretation aus der geringen Zuwendung, die Alexandra in ihrer Kindheit von ihrer Mutter erhalten hatte. Nun tritt hier für mehrere Personen sichtbar eine Veränderung ein. Daß Alexandra in der folgenden Zeit nicht mehr so stark inszenieren muß, hängt wahrscheinlich auch mit dieser Erfahrung zusammen. Gleichzeitig erlebt Alexandra, daß es mehrere Personen (Mutter, ihr Mathematiklehrer, die Leiterin des Nachhilfeinstitutes) gibt, die sich um sie kümmern und daß dies auch einen Erfolg hat. Sie erhält nämlich einen neuen Nachhilfelehrer.

Innerhalb dieses Prozesses ist meine Empathie Alexandra gegenüber deutlich gewachsen. Ich merke, wie ich tief bei diesen Gedanken durchatme, und spüre, wie hoch Alexandras Belastungen sind, mit denen sie sich plagen muß. Hier ist nun deutlich nach diesem schamlosen Verhalten der Nachhilfelehrerin eine Erleichterung zu spüren, die unter anderem durch die Zusammenarbeit mehrerer erwachsener Personen und durch Alexandras neues Vertrauen in sich selbst entstanden ist.

»Soll Wissensvermittlung gelingen, dann muß sie an die persönliche Geschichte jedes einzelnen Schülers anknüpfen. Wissen, das man einfach weitergeben kann, existiert nicht. Jeder Mensch konstruiert seinen Bildungsweg in Kommunikation mit anderen. Wenn man es so betrachtet, dann kann man den Lehrer als Mittler, Begleiter, Katalysator sehen, der jedem Schüler dazu verhilft, seinen eigenen Zugang zum Wissen zu finden unter Berücksichtigung seines Lebenszusammenhanges und seiner Geschichte.« (Damkowski, 1998)

Alexandra schreibt mir einen Brief

Einige Tage später: Ich hatte an diesem Tag nur in der 5. Stunde in der Klasse Musik. Tabea bringt mir von Alexandra einen Brief mit in die Musikstunde.

Lieber Herr Gebauer

Das Mathebuch habe ich wiedergefunden.
Elisabeth hat es gefunden. Ich bin bei
Musik nicht da, weil ich muß zu Herrn
Bernd (Legasthenie-Therapeut).
Deine Alexandra

Seit einigen Wochen nimmt Alexandra an einer Legasthenie-Therapie teil. Sie hatte mich an diesem Tag nicht gesehen.

Bevor sie die Schule verläßt, schreibt sie mir einen Brief, in dem sie mitteilt, daß sie in der 5. Stunde nicht am Unterricht teilnehmen kann. Außerdem teilt sie mit, daß ihr verlorengegangenes Mathebuch wieder da ist.

Alexandra macht mehrere wichtige Mitteilungen. Auf der Sachebene informiert sie mich darüber, daß das Mathebuch wieder da ist und wer es gefunden hat. Sie erklärt auch ihr Fehlen beim Musikunterricht. Beides wäre rein sachlich nicht erforderlich gewesen. Sie hätte es mir auch am nächsten Tag mitteilen können. Nun muß man allerdings die Bedeutung dieser Mitteilung auf der Beziehungsebene sehen: Alexandra hat in ihrer Selbstentwicklung erhebliche Fortschritte gemacht. Sie kann aus ihrer größeren Sicherheit *(Ressourcen-Selbst)* schöpfen und sich angemessen verhalten. Vor wenigen Tagen noch hätte sie mich sicher irgendwo in der Schule ausfindig gemacht, wäre auf mich zugestürzt und hätte in aller Eile diese Mitteilungen gemacht. Hier ist deutlich ein Ansatz zu einer Kompetenzerweiterung zu erkennen. Sie mußte dazu einen Entschluß fassen *(Optionen-Selbst)* und diesen in die Tat umsetzen. Das dürfte ihr bei ihren Schreibproblemen nicht leicht gefallen sein. Der Brief ist fast fehlerfrei. Weiter teilt sie mir auf der Beziehungsebene mit, daß sie sich um ihr Mathebuch gekümmert hat, dabei hat ihr eine Mitschülerin geholfen. Eine weitere Mitschülerin ist ihr als Briefträgerin behilflich. Das bedeutet, daß auch Veränderungen im Beziehungsgefüge zu Mitschülerinnen entstanden sind. Zwei Mädchen helfen ihr. Der Hinweis, daß sie einen Termin bei ihrem Therapeuten wahrnimmt, gehört in den Mitteilungszusammenhang, daß sie mir gegenüber deutlich machen will: »Ich kümmere mich um mich.«

Veränderungen im System Schulklasse

Alexandras Veränderungen sind auch im Kontext der Schulklasse zu sehen. Hier finden gegenwärtig enorme Umbrüche statt. Seit einigen Tagen steht das Thema »Sexuelle Identität« mit den verschiedensten Facetten im Vordergrund. Sowohl in der Mädchengruppe mit ihrer Klassenlehrerin und in der Jungengruppe mit mir werden die einzelnen Themen vertieft. In der Jungengruppe habe ich darüber gesprochen, was das Reden über Sexualität manchmal so peinlich macht. Die Aufgabenstellung lautete: Mit wem bist du so vertraut, daß du mit ihm über »Verliebt sein« reden würdes? Stellt euch einmal so im Raum auf, daß ich erkennen kann, wie groß euer Vertrauen zueinander ist.

In unserem Zusammenhang sind einige Jungen wichtig, weil sie immer wieder Probleme mit Alexandra hatten. Es sind Jonas, Olaf und Martin. Aus dieser Gruppe entfernt sich Olaf, stellt sich ganz an den Rand. Auch als ihn seine Mitschüler zu sich winken, wehrt er ab. Nein, über Verliebtsein wolle er mit keinem reden. Martin sagt, es sei ihm peinlich, darüber zu reden. Und wenn man darüber lache, dann ginge es einfacher, »dann kommt man besser zurecht«. Die Gesprächsrunde hatte ich mit einer gegenseitigen Klopfmassage eingeleitet, dabei war Jonas, der von Martin massiert wurde, durch große Unruhe aufgefallen. Er hat es fast nicht ertragen, daß Martin seinen Rücken massierte.

Dies sind Hinweise auf die große Unsicherheit dieser Jungen hinsichtlich ihrer sexuellen Identität. Ein Grund für ihr Verhalten Alexandra gegenüber liegt sicherlich in dem Versuch, durch ihre Demütigung zu einem »besseren« Selbstbewußtsein zu kommen.

Mit ihrem Lachen gewinnt sie ihre Mitschüler

In Alexandras Verhalten sind erhebliche Veränderungen eingetreten. Sie wirkt hoffnungsvoll, inszeniert nicht mehr so stark. Diese Meinung teilen alle Lehrkräfte, die mit ihr zu tun haben. Von ihren Mitschülern wird sie nur noch selten attackiert. Durch ihre Heiterkeit und ihr Lachen gewinnt sie Mitschüler. Einige Provokationen von Mitschülerinnen ihr gegenüber sind eventuell auch durch Neid verursacht. Einige Jungen interessieren sich für Alexandra und suchen ihre Zuneigung zu gewinnen. Die gesamte Situation heitert sich auf. Auch mein Verhältnis zu Alexandra ist entspannter. Ich kann mich über ihre Entwicklung freuen. In diese Phase fällt eine Aktion der Klassenlehrerin: Heinzelmännchengeheimnis.

Heinzelmännchengeheimnis: Die Klassenlehrerin führt eine Aktion durch, bei der jedes Kind den Namen eines anderen Kindes zieht. Damit ist die Aufgabe verbunden, für dieses Kind ein »Heinzelmännchen« zu sein. Es soll etwas Gutes für dieses Kind tun, ohne mit jemand aus der Klasse darüber zu reden. Sein Tun bleibt ein Geheimnis. Spannend ist dabei, ob das betroffene Kind davon etwas merkt. Aufregend ist, wer wohl für einen selbst etwas Gutes tut. Nur die Lehrerin weiß, wer wessen Heinzelmännchen ist. Aber darüber muß sie den Schülerinnen und Schülern gegenüber Stillschweigen bewahren.

Das Spiel hat eine frappierende Wirkung auf die Atmosphäre in der Klasse. Es tritt insgesamt eine sehr entspannte, gelassene, heitere und freundliche Atmosphäre ein. Die innere Aufmerksamkeit, etwas Gutes zu tun oder etwas Gutes zu bekommen, führt zu einer äußeren Aufmerksamkeit und zu einer ausgeglichenen Situation. Es ist so, als ob die Klasse von einem allgemeinen Kohärenzgefühl getragen sei.

Wir Lehrer wissen, daß Alexandra zufällig Jonas gezogen hat, mit dem sie so heftige Auseinandersetzungen hatte und dem sie nun etwas Gutes tun soll. In der Sportstunde beobachtet Frau Olms, daß Alexandra Jonas, Martin und Lars auf einem Rollbrett fast 20 Minuten durch die Turnhalle gezogen hat. Die vier Kinder haben dabei ihre Freude. Das war die Realisierung ihres Heinzelmännchen-Geheimnisses.

»Ich komme gut mit Jonas aus!«

Nach der Stunde sagt sie zu ihrer Klassenlehrerin: »Ich komme gut mit Jonas aus.« Ich beobachte, daß sie während der Mathematikstunde zu Jonas geht, ihm ein Bild zeigt und sich mit ihm unterhält.

Montags stelle ich ein Balancierbrett in die Klasse. Nacheinander kann jedes Kind kurz auf das Brett steigen und sich in die neue Woche und in die Klassengemeinschaft hineinbalancieren. Heute sehe ich Alexandra auf dem Brett stehen. Sie lacht, breitet die Arme aus, hält das Gleichgewicht und strahlt über das ganze Gesicht. Niemand aus der Klasse stört sie oder nimmt ihr ihre Freude durch eine beleidigende Bemerkung. Welch ein Erfolg!

Vergewisserung: Im Team sprechen wir über diese Entwicklung und versuchen die einzelnen Entwicklungsbewegungen nachzuzeichnen. Natürlich wollen wir erkennen, ob und an welchen Stellen wir mit zu diesem Erfolg beigetragen haben.

Wesentliche Aspekte unseres Verhaltens scheinen zu sein:

• Die Arbeit am eigenen Kohärenzgefühl. Wir haben immer wieder versucht, Alexandras Verhalten zu verstehen (Verstehbarkeit), indem wir die einzelnen Situationen genau analysiert, interpretiert und in einen größeren Zusammenhang gestellt haben. Dabei war es uns wichtig, das Muster (die Struktur) zu erkennen, nach der Alexandra überwiegend zu handeln schien.

• Wir haben die einzelnen Verhaltensweisen als bedeutsam (Bedeutsamkeit) für Alexandras Selbstentwicklung angesehen. Dabei haben wir versucht, uns möglichst nicht in ihre Inszenierungen verstricken zu lassen. Wo dies doch passierte, haben wir uns zum Beispiel über die Methode des Zirkulären Fragens oder der Arbeit mit einem inneren Bild (Das Mädchen, das seinen Schlüssel weggeworfen hat) wieder eine gute Basis mit Weitblick geschaffen.

• Im Verlauf haben wir immer wieder nach erfolgreichen Handlungsmöglichkeiten gesucht. Die Frage, welches Verhalten unsererseits und welche Aufgabenstellungen für Alexandra wichtig sein würden, lag nicht immer auf der Hand. Dabei haben wir Hilfen, die von Schülerseite kamen, und wenn es sich dabei um ein Lächeln handelte, zu schätzen gewußt.

• Wir haben Geduld bewahrt und Alexandras Entwicklung in einen größeren Zusammenhang mit der Entwicklung der anderen Kinder gestellt. Dabei haben wir die Hoffnung nicht aufgegeben. Wir haben mit ihr und den anderen Kindern eine Perspektive eröffnet.

• Welche Ereignisse auch eintreten mögen, inzwischen hat Alexandra Verhaltensweisen erworben, mit denen sie auch künftige Konflikte bewältigen kann. Wir können davon ausgehen, daß ihre Erfahrungen zu neuronalen Vernetzungen geführt haben, bei denen emotionales, rationales und konkretes Handeln miteinander verbunden sind. Auch wenn es

»Abstürze« geben sollte, diese Erfahrungen kann ihr niemand nehmen. Die Hoffnung ist, daß auch nachfolgende Lehrkräfte sie bei ihrem Bemühen um Selbstsicherheit unterstützen werden.

III.
Ein Methodennetz
zur Bearbeitung
von Streßsituationen

▓ Einleitung

Im zweiten Teil habe ich belastende Situationen beschrieben und ausgeführt, über welche Methode oder Methodenkombination eine konstruktive Bearbeitung möglich ist. Im folgenden werden die Methoden vorgestellt. Zuvor möchte ich der Frage nachgehen, warum es Lehrerinnen und Lehrern oft so schwer fällt, sich in den belastenden Situationen des Alltags gegenseitig zu helfen.

Ich gehe von drei Annahmen aus
In problemorientierten Kommunikationssituationen verzichten Lehrerinnen und Lehrer weitgehend auf methodische Modelle und grenzen sich nicht genügend gegeneinander ab. Wenn Lehrer über Probleme, die ihnen zum Beispiel verhaltensauffällige Kinder bereiten, miteinander reden, dann ist insofern sehr schnell eine gemeinsame Basis hergestellt, als die beteiligten Gesprächspartner solche oder ähnliche Situationen kennen. So kommt es beim Zuhören und Einfühlen in die Situation des Problemstellers sehr schnell zu einem Umschlag des Hörens und Fühlens. Waren die Aktivitäten anfangs noch auf den Partner konzentriert, so springen sie bald um auf die eigene Person: »Ich verstehe dich, denn ich habe ja die gleichen Probleme.« Eventuell folgt ein Austausch über die jeweilige Problematik. Dabei ist jeder Gesprächsteilnehmer bei sich, ist auf sich selbst bezogen. Er hört sozusagen nur noch mit halbem Ohr auf den anderen, nimmt dessen Schilderung als Anknüpfungspunkt für eigenes Erleben und Erleiden. Oft führt dies zum gegenseitigen Jammern. Bis zu diesem Punkt ist das nicht problematisch, es bringt die Teilnehmer allerdings auch nicht weiter. Die Gesprächspartner können hier jedoch sehr schnell in eine Falle tappen: Wenn es bewußt oder unbewußt zu einer Solidarisierung auf der Lehrerseite kommt, werden die betroffenen Schüler beziehungsweise deren Eltern zu Verursachern der Misere. Damit sind die Schuldigen gefunden. Sehr schnell endet an dieser Stelle das Gespräch, nachdem es zunächst noch einmal zu einer gegenseitigen Bestätigung der Beobachtungen gekommen ist. Diese

sind möglicherweise sogar sehr genau und treffen die Situation.

Aber die Lehrer haben keine andere Ebene als die der gegenseitigen Mitteilung und einer eventuellen Solidarisierung erreicht. Über eine angemessene Verarbeitung der belastenden Situation wurde nicht gesprochen. Eine Weiterentwicklung ist nur dann möglich, wenn eine Übereinkunft darüber erzielt wird, in welcher Rollenverteilung man miteinander reden möchte. Es muß zeitweilig ein asymmetrisches Verhältnis der Gesprächspartner eingenommen und akzeptiert werden. Damit ist bereits eine methodische Form des Redens im Lehrerzimmer genannt.

Eine Lehrkraft, die über ein Problem reden möchte, sollte dieses Anliegen bei einer vertrauten Person anmelden und nicht einfach, wie es in Lehrerzimmern üblich ist, darauf losreden. Sie benötigt eine Person, die ihr nicht nur zuhört, sondern sich auch von ihr abgrenzt und gerade dadurch die Voraussetzung für ein konstruktives Gespräch schafft. Die Gesprächspartnerin sollte unter weitgehender Ausschaltung der eigenen Probleme zuhören, sich einfühlen und solche Fragen oder Anregungen in das Gespräch einbringen, durch die ein tieferes Verständnis der Situation erreicht wird und eventuell sogar Lösungsansätze sichtbar werden. Es stehen sich zwei Personen gegenüber, die nicht vorschnell in einem allgemeinen Lehrer-Wir miteinander verschmelzen.

Auch eine Lehrkraft, die sich während ihrer Ausbildung mit den neuesten Formen der Kommunikationsmöglichkeiten vertraut gemacht hat, wird durch die ständige Herausforderung in den schulischen Alltagssituationen nach einiger Zeit an ihre Grenzen stoßen, wenn sie es nicht gelernt hat, ihre Kommunikationsfähigkeit immer wieder zu überprüfen und durch neue Formen zu stabilisieren. Mit dieser sich ständig erneuernden Gesprächskompetenz könnte sie auch den Kindern bei ihren vielfältigen Problemen helfen. »Einfühlung, Achtung, Warmherzigkeit und nicht-bewertendes Zuhören ... sind Merkmale der emotionalen Intelligenz.« (Tausch, 1998, S. 29) Bereits während des Gesprächs zeigt eine solche Haltung ihre Wirkung. »Wer in Krisensituationen einen hilfreichen Gesprächspartner gefunden hat, fühlt sich geachtet, ernst genommen, vom anderen verstanden, entspannt sich, wird zuversichtlicher, sieht seine Lage klarer und gewinnt neue Perspektiven. Und er macht die Erfahrung, daß Änderungen eintreten allein durch das Reden über das Problem. Indem der andere aufmerksam zuhört, ohne zu bewerten oder zu steuern, kommt es beim Sprechenden zu einer größeren Selbstöffnung ... Die Erfahrung, vom Zuhörenden aufrichtig geachtet und ernst genommen zu werden, führt zu einer Stärkung der Selbstachtung.« (Tausch, 1998) Die dafür erforderliche Qualifikation können Lehrerinnen und Lehrer im Rahmen von Prozeßreflexionen erwerben.

Gegenseitige Hilfe in belastenden Situationen setzt die Auseinandersetzung mit dem eigenen Scheitern, das oft mit Scham verbunden ist, voraus. Da Scham geleugnet werden muß, kommt das Scheitern nicht zur Sprache, sondern wird auf die Schüler umgeleitet. In ihrer hektischen und oft lauten Art, in der Lehrerinnen und Lehrer im Lehrerzimmer über Schülerinnen und Schüler reden, decken sie das eigene Unvermögen und damit ihre Scham zu. In der Solidarisierung gegen die Schüler werden sie schamlos. Damit entfällt für sie das Motiv der kritischen Bearbeitung von belastenden Situationen. Es gibt keine Weiterentwicklung, keine Anstrengung zu einer Bewegung (motio) auf eine Veränderung hin. Eine emotionale Grundlage für Erziehungsprozesse haben bedeutet für Lehrkräfte, sich ihrer Emotionen bewußt zu werden und dabei besonders auf das Schamgefühl zu achten. Keiner sollte sich dieses durch Kollegen vorschnell nehmen lassen.

Eine andere Form, das eigene Scheitern und damit auch die das Scheitern begleitende Scham zu verdrängen, besteht darin, einem Ratsuchenden als Besserwisser gegenüberzutreten.»Das kenne ich alles, habe ich auch erlebt, da hilft nur ...« Und nun folgt der Ratschlag. Dieses Verhalten gibt dem »Besserwisser« ein Gefühl von Können, während sich der Ratsuchende noch hilfloser vorkommen muß. Eine gegenseitige Hilfe hat nicht stattgefunden. So bleiben viele Gespräche im Lehrerzimmer statisch, auch wenn sie mit großer Heftigkeit geführt werden. Es handelt sich um stereotype Äußerungen, die keinerlei Einfluß auf Veränderungen haben. Ein Veränderungsprozeß setzt da ein, wo die Scham beginnt. »Scham – in Maßen – ist die Hüterin des Selbst und der Selbstgrenzen; es ist das Gefühl, ohne das es keine persönliche Weiterentwicklung ... gibt, keine Identität und kein gesundes Streben nach Autonomie.« (Hilgers, 1997) Damit habe ich nach meinen Erfahrungen die entscheidende Stelle angesprochen, die so viele Lehrerinnen und Lehrer resignieren läßt. Sie finden unter Kolleginnen und Kollegen oft niemand, der in der Lage und bereit ist, ihnen zuzuhören, sich einzufühlen und gemeinsam nach Lösungen zu suchen.

Dabei kann keine Person aus eigenen Kräften, ohne Unterstützung einer anderen Person, die vielen Alltagsprobleme bewältigen. Fehlt die kritische Begleitung durch einen oder mehrere Partner, dann ist die Gefahr gegeben, daß man ein »kritikresistentes Größenselbst« entwickelt. Beispielhaft dafür stehen die Kollegen, die immer schon wissen, wie die Probleme zu lösen sind. »Scham als Selbstaffekt begleitet die ständige Aktualisierung eigener Konzepte und Vorstellungen, maßvolle Schamkonflikte fördern die Fähigkeit, sich in andere zu versetzen und zu fühlen, was diese vermutlich empfinden werden oder würden – Voraussetzung jeder Empathie und jeder Soziabilität.« (Hilgers, 1997) Schamlosigkeit oder übergroße Angst vor Scham verhindern einfühlende und intime Nähe. Die große Chance zur Entwicklung von Eigenständigkeit und Sicherheit im Lehrerberuf, verbunden mit der Fähigkeit, sich dem anderen zuzuwenden, liegt in der Fähigkeit, Scham zu ertragen.

Darin liegt eine ständige Herausforderung. Wenn Lehrer sie annehmen, haben sie einen wichtigen Schlüssel für ihre Gesundheit in der Hand. Hinter den vielen Unsicherheitsgefühlen, die als Hilflosigkeit und Ohnmacht beschrieben werden, verbergen sich chronische Schamkonflikte.

Gelingt es nicht, erfolgreich daran zu arbeiten, dann geraten Lehrkräfte immer mehr in die Isolation. Sie treten zunächst den inneren Rückzug an, später steigen sie ganz aus dem Beruf aus, statt in gemeinsamer Arbeit das Engagement für sich und andere voranzutreiben.

Gespräche im Lehrerzimmer führen oft nicht weiter, weil sie die individuelle Komponente der Streßbewertung nicht berücksichtigen. Belastende Situationen werden unterschiedlich erlebt. Während ein bestimmtes Schülerverhalten von der einen Lehrerin als Herausforderung erlebt wird, fühlt sich eine andere Lehrerin eventuell dadurch in ihrem innersten Selbst angegriffen (vgl.»Ich sollte aufhören, Lehrerin zu sein«, S. 45 ff.). Schon deshalb verbietet es sich, verallgemeinernde Ratschläge zu geben. Mit der Methode des Streßdramas (siehe S. 207 ff.) ist es möglich, den individuellen Belastungsbrocken – im Bild des Sisyphos gesprochen – zu entdecken. Nicht immer hat man damit gleich eine Lösung zur Hand, aber es kann sich ein Weg öffnen, der leichter zu begehen ist.

Konzept für Einsteiger

Für die Kollegien, die bisher keine oder nur geringe Teamerfahrung haben, aber praktisch etwas verändern wollen, schlage ich eine Experimentierphase, ein Konzept für Einsteiger vor. Es besteht aus drei Handlungsschritten.

1. Enthaltsamkeit im Lehrerzimmer: Die an diesem Konzept interessierten Kolleginnen und Kollegen treffen die Vereinbarung, etwa acht Wochen lang nicht mehr unkontrolliert im Lehrerzimmer über belastende Situationen zu sprechen und sich auch nicht in solche Gespräche verwickeln zu lassen. Die Gruppe informiert die übrigen Mitglieder des Kollegiums von ihrem Vorhaben. Vielleicht schließen sich weitere Kolleginnen und Kollegen an. Im übrigen werden denjenigen, die sich nicht beteiligen, keinerlei Verhaltensvorgaben gemacht.

2. Pädagogische Gesprächsrunden: Die Initiativgruppe vereinbart für den verabredeten Zeitraum eine wöchentliche Gesprächsrunde von etwa zweistündiger Dauer. Im Rahmen dieser Gespräche, die möglichst von einem oder zwei Gruppenmitgliedern geleitet werden sollten, werden aktuelle Themen nach verschiedenen Methoden bearbeitet. Eine Orientierung kann am Praxisteil dieses Buches erfolgen. Es sind aber auch andere Formen des methodischen Vorgehens denkbar.

3. Vergewisserungsphase: Nach dem vereinbarten Zeitraum findet eine Reflexion statt. Die geleistete Arbeit wird daraufhin überprüft, ob sie eine Entlastung für die Lehrkräfte gebracht hat und für die Lösung der alltäglichen Probleme eine Hilfe war. War der Versuch nicht erfolgreich, kann er hier abgebrochen werden. Denkbar ist auch, daß er von den Teilnehmern unterschiedlich bewertet wird. Es ist also vorstellbar, daß einige aussteigen, während andere weitermachen.

4. Fortsetzung des Versuchs: Die Teilnehmer sollten wieder eine zeitliche Begrenzung vereinbaren, an deren Ende eine Reflexionsphase steht. Nun können einzelne Inhalte und die Methoden der Arbeit genauer betrachtet werden.

Die Festlegung auf überschaubare Zeiteinheiten macht es auch Skeptikern möglich, sich für einen begrenzten Zeitraum in dieser Sache zu engagieren. Für das Gelingen des Gesamtprojektes sollte man einen Zeitraum von mindestens sechs Monaten ansetzen. Erst danach wird eine Gruppe über genügend Erfahrungen verfügen, um ein sachliches Urteil über die geleistete Arbeit abzugeben. Wichtig ist es, die Projektarbeit offenzuhalten, so daß ein Neueinstieg jederzeit möglich ist, und jeder Teilnehmer sollte für einen bestimmten Zeitraum eine verantwortliche Mitarbeit garantieren.

Methodennetz

Die einzelnen Methoden werden in der Regel zunächst kurz skizziert (A), danach folgen Vorschläge für die Aneignung der Methode (B). Ein Beispiel aus der Praxis illustriert das mögliche Vorgehen (C).

Innerhalb der Methoden sind drei Grundmerkmale zu erkennen:

1. Einstieg: Entscheidend ist der Einstieg in einen Problembereich. Es gilt ein Verfahren zu wählen, mit dem die Gruppe relativ dicht an die Problemlage herankommt.

2. *Entdeckungen:* Wichtig ist, daß die unterschiedlichsten Entdeckungen, die im Verlauf eines methodischen Vorgehens von den Teilnehmerinnen und Teilnehmern gemacht werden, ausgesprochen und auch nebeneinander stehen gelassen werden. Es gibt nicht nur die eine richtige Entdeckung.

3. *Perspektiven:* Es gilt Handlungsmöglichkeiten für die Zukunft zu entwickeln. Auch hier sind unterschiedliche Optionen möglich.

▓ Übungen mit dem pädagogischen Tagebuch

A. *Idee:* Wenn ich in die Klasse gehe, habe ich seit einigen Jahren immer mein Tagebuch dabei. Für mich ist das Unterrichten ohne dieses Handwerkszeug nicht mehr vorstellbar. Viele wichtige Ereignisse des Vormittags finden hier als Skizze ihren Niederschlag. So ist es mir möglich, meine unterschiedlichsten Belastungen, die sonst in der Vielfalt der Ereignisse untergehen würden, kurz zu notieren. So erhalte ich sie mir als Arbeitsmaterial für Entlastungsprozesse. Auch bei der Klärung von Konflikten und Gewaltsituationen unter Schülerinnen und Schülern kann der Einsatz des pädagogischen Tagebuches sehr hilfreich sein. Die Lehrkraft setzt sich mit den betroffenen Schülerinnen und Schülern in eine Ecke des Klassenzimmers. Dafür sollten zwei bis drei stapelbare Hocker in der Klasse bereitstehen, die man schnell und problemlos zu einer Gesprächsrunde zusammenstellen kann. Die am Konflikt nicht unmittelbar beteiligten Schülerinnen und Schüler arbeiten selbständig. Das teilweise Mitschreiben der Schüleräußerungen macht deutlich, daß die Lehrkraft das Ereignis ernst nimmt. Gleichzeitig wird das Geschehen, das oft sehr turbulent und schnell abläuft, in die Langsamkeit des Schreibens verlagert. So ist ein nochmaliges Durchleben der Ereignisse, ein genaueres Wahrnehmen der Abläufe und das Erkennen der Folgen möglich.

Aspekte der Arbeit: Rekonstruktion, Wahrnehmung von Gefühlen, Reflexion, Optionen für künftige Situationen.

B. Methodisches Vorgehen: Wegen der grundlegenden Bedeutung, die die Arbeit mit dem Tagebuch eröffnet, schlage ich folgende Übungsform als Einstieg vor.

Eine Kleingruppe (drei bis vier Personen) spielt im Wechsel unterschiedliche Konfliktsituationen durch. Eine Person spielt die Lehrkraft, während sich die übrigen Mitglieder als Konfliktgruppe verstehen. Sie denken sich einen Konflikt aus oder übernehmen einen Konflikt aus dem Schulalltag, den sie in verteilten Rollen mit der Lehrkraft klären wollen. Die Lehrkraft, die ihre Übungserfahrungen mit dem Einsatz des Tagebuchs machen soll, erfährt nur über die Art ihres Fragens etwas vom Geschehen. Dabei sucht sie die jeweils angemessene Form:

- Sie schreibt mit.
- Sie fertigt Skizzen an, die den Verlauf verdeutlichen.
- Sie gibt den Kindern die Möglichkeit, Wutbilder in das Tagebuch zu malen.
- Sie skizziert Meßbecher für vorhandene Gefühle.
- Sie zeichnet einen Lösungspfeil und notiert die Lösungswörter.
- Sie notiert, ob und wodurch ein Konflikt gelöst worden ist, oder sie hält den Konflikt offen und deutet eine mögliche Weiterarbeit an.

Der Klärungsversuch und der Einsatz des pädagogischen Tagebuchs sollte einen Zeitraum von zwölf Minuten nicht überschreiten. Erfahrungsgemäß lassen sich Konflikte bei konzentrierter Arbeitsweise in dieser Zeit bearbeiten. Wichtig ist, daß sich die Lehrkraft nicht in alle Einzelheiten verwickeln läßt und nicht penetrant den »Schuldigen« sucht, denn in der Regel haben alle ihren Anteil am Geschehen. Dieser Zeitraum, in dem sich die Lehrkraft intensiv einer kleinen Gruppe zuwendet, während die übrigen Schüler allein arbeiten, sollte nicht überschritten werden, um noch eine angemessene Zeit für die nicht am Konflikt beteiligten Kinder zu haben. Eine zugewandte und am Lösungsprozeß orientierte Haltung trägt am ehesten zum Gelingen bei. Es sollten aber auch Grundformen der Konfliktklärung beachtet werden:

- Kurze Rekonstruktion des Ereignisses (kognitive Ebene).
- Was habt ihr in der Situation gefühlt? (Emotionale Ebene).
- Welche Form der Wiedergutmachung gibt es?
- Perspektiven für die Zukunft.

Reflexion in der Gruppe: Im Anschluß an eine Übung werden die Erfahrungen kurz ausgetauscht. Es kann danach ein Wechsel erfolgen. Eine weitere Situation kann durchgespielt werden. Erfahrungsgemäß führt diese Form nicht nur formal zum Erlernen des Umgangs mit dem pädagogischen Tagebuch, sondern eröffnet auch einen vielseitigen Diskussionsprozeß über inhaltliches Vorgehen.

▥ Streßdrama

A. Idee: Solange wir Streß als Herausforderung begreifen und angemessen damit umgehen, besteht keine Gefahr für unsere Gesundheit. Die in unserem Körper stattfindenden biochemischen Prozesse helfen uns, eine Lösung des erkannten Problems zu finden. Wir fühlen uns erleichtert und sind zufrieden. Aus diesen Grundgefühlen erwächst Energie zur Bearbeitung neuer Aufgaben und Probleme.

Wenn uns die täglichen Belastungen aber überschwemmen und wir keine Möglichkeiten der kognitiv-emotionalen und der motorischen Bearbeitung mehr sehen, dann wird es kritisch. Komplexe Arbeitsfelder, wie sie in der Schule gegeben sind, führen bei einer zunehmenden Zahl von Personen zu Erkrankungen. In vielen Fällen reichen auch die bekannten und bewährten Formen der Entspannung wie Autogenes Training oder Progressive Muskelentspannung nicht aus, um die individuelle Verarbeitungsblockade zu lösen.

Streß ist in seinem Kern ein individuelles, vor allem aber ein emotionales Phänomen. Erfolgreiche Streßbearbeitung bezieht daher die Gefühle mit ein und sucht den persönlichen Verwicklungspunkt, der keine Alternative mehr zuläßt und zu Resignation und Krankheit führen kann.

Durch das Streßdrama werden neurologische Prozesse initiiert, die neue Zugänge und Lösungen ermöglichen. Über ein reflexiv-assoziatives Verfahren werden belastende Situationen von den Teilnehmerinnen und Teilnehmern erinnert. Im Anschluß formulieren sie ihr Grundgefühl in einem Satz. Mit diesem Satz gehen sie auf die Gruppenbühne und sprechen ihn immer wieder. Durch Nachfragen bei den übrigen Teilnehmern bringt der Leiter des Streßdramas die emotionalen Reaktionen der anderen ebenfalls ins Spiel. In der Kombination der unterschiedlichen Sätze entwickelt sich eine starke Dynamik. Die Kunst des Gruppenleiters besteht darin, die lösenden Elemente innerhalb dieses Prozesses zu erkennen und für die betroffenen Personen zu verstärken.

Damit ist eine Methode skizziert, die über rationale Formen der Streßberatung und über allgemein bekannte Entspannungsmethoden hinausgeht. Sie setzt bei der individuellen Erfahrung an, bezieht die Blockade ein und schafft in der Gruppe die Chance für eine lösende Wirkung.

B. Methodisches Vorgehen: Der Moderator könnte so einleiten: »Bitte bewegen Sie sich im Raum. Versuchen Sie Ihr Grundgefühl zu entdecken und nehmen Sie es in Ihre Bewegung hinein. Versuchen Sie eine Übereinstimmung zwischen Bewegung und Gefühl zu erreichen. Experimentieren Sie.

Suchen Sie sich einen Platz im Raum, der Ihrem Gefühl entspricht. Kommen Sie nun bitte zur Ruhe. Versuchen Sie Ihrem Gefühl einen Satz zu geben. Sprechen Sie ihn leise nur für sich. So geht es mir. Mein Satz heißt: ...«

Der Moderator ermuntert die Teilnehmer, nun ihren Satz laut auszusprechen. Dabei werden mehrere Sätze gleichzeitig, versetzt zueinander oder nacheinander gesprochen.

»Über Ihre Sätze gelangen Ihre Gefühle vernehmbar in den Raum. Sprechen Sie nun bitte der Reihe nach Ihren Satz einmal deutlich aus.« Einige Sätze lauteten in einer Situation:

»Mir geht es gut.«
»Ich bin traurig.«
»Ich fühle mich steif.«
»Ich bin unruhig.«
»Ich bin erwartungsvoll.«

»Gehen Sie nun wieder durch den Raum. Überlegen Sie dabei, woran Sie arbeiten möchten.« Einige Wünsche in dieser Situation lauteten:

»Ich möchte zur richtigen Zeit das Richtige sagen.«

»Ich möchte gelassen reagieren.«

»Ich möchte Kindern helfen, die im Streß sind.«

»Ich möchte mehr Distanz gewinnen.«

»Ein Kind nervt. Was kann ich tun?«

»Mir wird alles zu viel: Haushalt, Schule, Kinder, Fahrt mit dem Auto zur Arbeit und zurück.«

Es folgt nun die Entscheidung für ein Thema.

C. Beispiel: In der oben geschilderten Situation bat eine Teilnehmerin darum, ihren Satz darstellen zu dürfen: »Ich möchte zur richtigen Zeit das Richtige sagen.«

Der Moderator bittet die Problemstellerin in die Mitte des Raumes, den er als Bühne bezeichnet. Die übrigen Teilnehmer setzen oder stellen sich als Zuschauer auf. Nun bittet er die Problemstellerin, ihren Satz zu sprechen und dies immer wieder zu tun. Dabei soll sie in sich hinein hören.

Die Problemstellerin ist nun Akteurin und spricht ihren Satz. Die übrigen Teilnehmer schauen zu, hören auf die Sprechweise, hören in sich hinein.

Reflexion: Frage an die Akteurin: »Was haben Sie wahrgenommen?« Anschließend geht diese Frage an die übrigen Teilnehmer. Folgende Äußerungen fallen:

»Tu es doch.« »Das ist überzogen.« »Zuerst klang es verzweifelt.«»Die Betonung lag zu sehr auf richtig.« »Das war sehr energisch.« »Das ist ein Vorwurf an dich selbst.« »Schau mich an.«

Weitere Dramatisierung: Der Moderator schickt nun einige Teilnehmer mit ihren Sätzen auf die Bühne. Während die Problemstellerin immer noch ihren Satz spricht, wird sie nun von Teilnehmern umkreist, die zum Beispiel sagen: »Tu es doch.« »Guck mich an.« »Du bist sehr fordernd.« …

Ergebnis: Die Akteurin sagt: »Das war unheimlich. Es war, als ob viele innere Stimmen zu mir sprächen. Das war ein großes

Erlebnis für mich.« Während sie das sagt, löst sich ihr vorher sehr energischer Gesichtsausdruck und weicht einer weicheren Ausdrucksweise.

(Vgl. »Ich will keine Marionette sein«, S. 56 ff. und »Ich weiß nicht mehr weiter.«, S. 60 ff.).

▨ Inszenierungen

A. Hintergrund und Idee: In vielen alltäglichen Situationen inszenieren Kinder Konflikte, die ihren Ursprung in zurückliegenden Erfahrungen haben. Oft werden diese Kinder, bei denen frühe Beziehungen gescheitert sind, in der Schule als schwierig erlebt. Ihre fehlende oder unzureichende emotionale Sicherheit hängt mit Kränkungen und psychischen Verletzungen zusammen. Oft brechen alte Wunden auf, wenn ein Ereignis in der Schule diese frühen Erfahrungen tangiert. Kinder, die in ihren ersten Lebensjahren vernachlässigt wurden, wollen gerade durch ihr Verhalten erproben, ob die erwachsene Person ihnen standhält, ob sie ihnen Halt geben kann oder sich »zerstören« läßt. So ist zu verstehen, daß sogenannte auffällige Kinder einen Lehrer, der ihnen schwach erscheint, immer wieder bei seiner Arbeit stören und ihn durch aggressives Verhalten herausfordern. Lehrkräfte, die in ihrer Handlungsweise Unsicherheit zeigen, werden von den Schülern als klein und hilflos erlebt und stärken damit unbewußt die Macht der gewalttätigen Schüler.

Typisch für Inszenierungen sind ihre ständigen Wiederholungen, die bei Lehrkräften das Gefühl der Erfolglosigkeit ihres Tuns hervorrufen. Damit sind sie bereits in die Inszenierung verwickelt. Wiederholungsprobleme müssen benannt und beachtet werden. Für eine erfolgreiche Bearbeitung sind Wissen, Geduld, Interpretationskompetenz (Verstehbarkeit) und ein breites Repertoire an methodischen Handlungsmöglichkeiten (Handlungsfähigkeit) erforderlich. Ein winziger Anlaß kann zu einer heftigen Schlägerei ausarten, die aus der Perspektive eines neutralen Betrachters als völlig unangemessen angesehen wird. Vom persönlichen Drama des Kindes (Bedeutsamkeit) her läßt sich das Verhalten erklären.

B. Methoden: Folgende Methoden und Verfahren bieten sich an:
- Verschiedene Möglichkeiten der Wahrnehmung und Darstellung von Inszenierungen
- Freie Assoziationen zum Verstehen der Inszenierungen
- Interpretationsversuche im Team
- Optische Darstellung von Inszenierungen in einer Schulklasse (Arbeit mit einem Gestaltungsbrett)
- Erfassen des Grundgefühls, das die Inszenierung auslöst (Bilder, Skulpturen)
- Das Suchen und Erkennen des »Verwicklungspunktes« einer Lehrkraft in Inszenierungen der Schüler
- Interventionen bei Resonanzpersonen
- Arbeit mit dem pädagogischen Tagebuch
- Das Finden eines ›hilfreichen Namens‹
- Erproben von Perspektiven in Rollenspielen
- Mein Gefühl, mein Satz, mein Drama (Dramatisierung)
- Beurteilungsmöglichkeiten für den Erfolg der Arbeit in Inszenierungsprozessen.

Vorschlag für einen Zugang zu Inszenierungsprozessen

Moderator: »Versuchen Sie in der Vielfalt der täglichen Ereignisse eine Inszenierung zu entdecken. Beschreiben Sie diese in Stichpunkten (Ablauf; welche Schüler sind beteiligt?):
1. Die Inszenierung löst bei mir folgendes Gefühl aus: ...
2. Meine Handlungsfähigkeit in der Situation schätze ich so ein:
   eher angemessen   oder   eher hilflos.
   Mit meinen bisherigen Reaktionen war ich
   eher erfolgreich   oder   eher erfolglos.
3. Verstehe ich mein eigenes Verhalten oder gibt es mir Rätsel auf? (Verstehbarkeit)
4. Die Verhaltensweisen der Schüler interpretiere ich so: ...
5. Die Verhaltensweise jedes einzelnen Schülers hat eine

»innere« Bedeutsamkeit. Sie folgt einer inneren Logik der Selbstkonstruktion. Ich vermute, in dieser konkreten Situation liegt folgende Bedeutsamkeit vor:...

6. Treffen Sie eine Auswahl, welche der genannten Schritte oder Methoden für erfolgreiches Handeln wichtig sein könnten (Erweiterung und Verbesserung der eigenen Handlungsfähigkeit):
   - Tagebuchnotizen anfertigen
   - Einen hilfreichen Namen finden
   - Eine Skulptur bilden
   - Rollenspiel
   - Zeichnerische Darstellung
   - Skizzieren von Zusammenhängen
   - Ein inneres Bild finden
   - An den eigenen Gefühlen arbeiten
   - Beziehungen zu den Schülern klären
   - Arbeit mit den Resonanzpersonen
   - Andere Möglichkeiten

7. Zeit für individuelle Reflexionen und gedankliche Experimente, zum Beispiel Entwürfe für die Zukunft.

8. Mitteilungen an die Gruppe unter den Aspekten:
   a) Die folgenden Entdeckungen habe ich gemacht:...
   b) Diese Schwachstellen habe ich bei mir entdeckt:...
   c) Ich sehe folgende Optionen:...«

C. Beispiel: »Ich mache es manchmal auch nicht anders als die Kinder.«

Im folgenden teile ich die Äußerungen von Lehrerinnen mit, die im Anschluß an dieses Verfahren fielen:

»Mir ist deutlich geworden, daß ich in solchen Situationen zu heftig reagiere. Später, wenn ich zur Ruhe gekommen bin, dann kann ich hinter die Ereignisse schauen. Aber das ist eben später. Ich müßte lernen, es in der Situation zu können. Ich mache es manchmal auch nicht anders als die Kinder.«

»In der Situation, die ich eben durchlebt habe, habe ich noch einmal meine ganze Wut gespürt. Das, was ich bei den Kindern nicht möchte, tue ich selber. Ich muß lernen, gelassener zu reagieren.«

»Ich werde spontan ärgerlich, schreie, bin genervt.«

»Die Situation, die ich eben durchlebt habe, hat mir gezeigt, wie ungeduldig ich bin. Wenn bei mir Emotionen hoch kommen, dann stelle ich schnell die inhaltliche Arbeit in den Vordergrund und decke damit das Emotionale zu. Aber das holt mich schnell wieder ein. Das Kind, das mich durch sein Verhalten wütend macht, setzt noch eins drauf, und schon geht es darum, wer stärker ist. Ich kontere, und der Teufelskreis beginnt. Ich habe eben durch diese Methode gemerkt, daß das Kind, um das es mir geht, keine positiven Beziehungen zu seinen Mitschülern hat. Es reizt mich, ich werde wütend. Dadurch habe ich es noch mehr nach außen gedrängt. Ich fühle mich hilflos.«

»Ich habe bei dieser Übung ganz stark gespürt, daß es zwischen einem Schüler und mir um das Thema Macht und Ohnmacht geht. Wir sind beide drin in diesem Spannungsfeld. Ich will mich nicht zerstören lassen, weiß aber auch nicht, wie ich da heil heraus komme. In dem Spannungsfeld spüre ich auch Ehrgeiz. Vielleicht hat das etwas zu tun mit dem Gefühl, ich könnte versagen.«

»Beim Einsatz anderer Methoden habe ich immer nur das Kind gesehen. Heute habe ich gemerkt, wie eng ich selber durch meine Gefühle und Reaktionen im Gesamtprozeß drin stecke. Dabei habe ich mich selbst in der Rolle als Kind gesehen.«

Reflexion: In der abschließenden Einschätzung dieser Methode durch die Teilnehmer werden folgende Gesichtspunkte herausgestellt:

Die kurzen Anweisungen durch einen Moderator werden als hilfreich empfunden. Jedes Mitglied hatte als Grundlage das unter A beschriebene Arbeitsblatt zur Verfügung. Es stand jedem frei, ob er es einsetzen wollte. In dieser Runde haben es alle Teilnehmer eingesetzt. Sie fanden die Kombination von Anregungen und Arbeitsblatt sehr konstruktiv. Sie konnten sich erinnernd und assoziativ an die Ausführungen des Moderators anknüpfen und hatten eine Vorlage, auf der sie Notizen machen konnten. Verblüffend war für alle die Erfahrung, daß sie sich offensichtlich schnell von Kindern in ihre Inszenierung verwickeln lassen. Die Hilflosigkeit der Kinder haben sie ebenfalls gespürt. Mehrere Teilnehmer fühlten sich selbst in der Rolle eines Kindes. Hier ist ein entscheidender Punkt erreicht. Wenn Lehrkräfte entdecken, daß ihre Hilflosigkeit etwas mit der eigenen Verstrickung zu tun hat, in die sie durch das Verhalten eines bestimmten Kindes hineingezogen werden, dann ist dies eine wichtige Voraussetzung für die Motivation, nun an der eigenen Professionalisierung zu arbeiten.

Für den Gesamtprozeß dieser Methode gilt, daß jeder Teilnehmer ein Stück weit mit sich und seiner Situation, die er erinnert, beschäftigt ist. Gleichzeitig weiß er sich verbunden mit den übrigen Teilnehmern, von denen er spürt, daß sie sich mit ähnlichen Problemen beschäftigen, ohne daß er sich konkret mit den Details ihrer Situation auseinandersetzen muß. Am Schluß können die individuellen Entdeckungen mitgeteilt werden. Hier zeigt sich häufig, daß es bei aller Verschiedenheit der konkreten Situationen im Kern um ganz ähnliche Probleme geht. Diese Methode gewährleistet eine intensive Auseinandersetzung mit der Thematik der Inszenierungen, ohne daß sich jeder Teilnehmer mit den vielen Einzelheiten anderer Situationen beschäftigen muß. Die dringend notwendige Vertiefung pädagogischer Handlungsansätze zur konstruktiven Bearbeitung von immer wiederkehrenden Inszenierungen der Kinder wird so möglich.

Klärung von Beziehungen innerhalb einer Klasse durch Zirkuläres Fragen

A. Idee und Hintergrund: Die emotionale Grundstimmung einer Klasse ist bedeutsam für das Wohlgefühl und das Lernvermögen jedes Kindes. Sie ist abhängig von der Art der Beziehungen der Kinder untereinander und zum Lehrer. Es ist daher ratsam, sich in unregelmäßigen Abständen über die Stimmungslage zu vergewissern. Eine methodische Möglichkeit ist die des Zirkulären Fragens. Mit dieser Fragetechnik werden die unterschiedlichsten Aspekte, die eine Beziehung

ausmachen, angesprochen. Die nach der Anleitung durch
einen Moderator einsetzenden Assoziationen geben einen
ersten Einblick in die emotionale Grundstimmung. Diese
Technik kann jeder auch für sich allein anwenden. Die Arbeit
in einer Gruppe hat den Vorzug, daß man sich anschließend
austauschen kann. Hat eine Arbeitsgruppe noch keine Erfahrung mit dieser Methode gesammelt, sollte der Moderator kurz
in die Technik einführen und einen möglichen Verlauf der
Arbeitssitzung skizzieren. Im Anschluß sollte man sich nicht
nur über die gemachten Entdeckungen austauschen, sondern
auch die Methode kritisch reflektieren. Je nach Erfahrung der
Teilnehmer kann sie dann Teil ihrer pädagogischen Refle-
xionsarbeit werden und für spätere Situationen als Repertoire
zur Verfügung stehen.

B. Einführung in die Methode des Zirkulären Fragens:
1. Gespräch über die Erfahrungen in Kleingruppen
2. Bearbeitung einer Beziehungsproblematik im Plenum
3. Kritischer Blick auf das Verfahren

C. Beispiel: Klärung von Beziehungen über die Methode des Zirkulären Fragens
   Mögliche Anweisungen eines Moderators:
»Es geht um Beziehungen zwischen einigen Kindern in der
Klasse und um Ihre Beziehung zu diesen Kindern. Gehen Sie
bitte mit Ihren Gedanken hinein in die Klasse. Lassen Sie
einige Kinder an sich vorüberziehen. Welche Kinder tauchen
in Ihrer Vorstellung auf? Welche Gefühle lösen diese Kinder in
Ihnen aus? Gibt es Kinder, die sich dabei in den Vordergrund
schieben? Suchen Sie in Gedanken einige Kinder auf, die sich
eher im Hintergrund aufhalten. Wägen Sie bitte ab, mit welchen Kindern Sie sich beschäftigen wollen. Es sollten möglichst nicht mehr als zwei bis drei Kinder sein. Treffen Sie jetzt
eine Entscheidung.
   Schauen Sie sich nun die Beziehungen an, die es zwischen
diesen Kindern gibt. Sie sehen die Kinder während des Unterrichts, beim gemeinsamen Frühstück, in einer freien Spielphase. Dabei hören Sie ihre Stimmen, sehen ihre Mimik und

Gestik. Wie würden Sie die emotionale Grundstimmung benennen, die zwischen diesen Kindern herrscht?

Wie reden die Kinder miteinander? Welches sind ihre Themen, ihre Probleme? Haben sie Konflikte miteinander? Gibt es Konflikte, die immer wieder auftreten (Wiederholungsprobleme)? Kennen und praktizieren die Kinder konstruktive Problemlöseverfahren? Gibt es destruktive Anteile bei Problemlöseversuchen? Ist ein Kind dominant? Gibt es Abhängigkeiten?

Versetzen Sie sich kurz in die Situation eines jeden Kindes. Wie fühlt sich dieses Kind innerhalb seiner Bezugsgruppe? Geben Sie dem von Ihnen angenommenen Gefühl jedes Kindes einen Namen. Ich glaube, N. fühlt sich ...

Was macht die Beziehung zwischen Ihnen und den ausgewählten Kindern aus? Welche Gefühle lösen diese Kinder in Ihnen aus? Versuchen Sie Ihre Gefühle genau zu benennen. Was genau ist es, was Ihr Gefühl auslöst? Erleichtert oder erschwert Ihr Grundgefühl den Umgang mit diesen Kindern? Wenn sich bei Ihnen ablehnende oder ambivalente Gefühle den Kindern gegenüber einstellen, so weichen Sie bitte nicht aus. Suchen Sie den Grund für diese Gefühlsregungen zu finden. Überlegen Sie, wie Sie Ihre gefühlsmäßigen Anteile bearbeiten können. (Emotionaler Aspekt)

Wirft der bisherige Prozeß Fragen auf? Hat er ein Problem in den Vordergrund treten lassen? (Rationaler Aspekt)

Gibt das erkannte Beziehungsgefüge Anlaß zu pädagogischen Folgerungen? Daran möchte ich arbeiten ...« (Handlungsaspekt)

Die anschließende Bearbeitung im Team könnte so erfolgen: Im Vordergrund sollte die gegenseitige Mitteilung von Entdeckungen liegen, die die Teilnehmer gemacht haben. In der Regel führt das methodische Vorgehen zu sehr präzisen gefühlsmäßigen Wahrnehmungen. Diese gilt es zunächst zu sichern. Dabei kann die Mitteilung in der Arbeitsgruppe, sofern gegenseitiges Vertrauen herrscht, sinnvoll sein. Es kommt nicht so sehr auf eine Schilderung der konkreten Ereignisse an, die ein Beziehungsgefüge ausmachen. Hier kann sogar eine Falle liegen, die den begonnenen Prozeß einer emotionalen, rationalen und handlungsorientierten Arbeit behindert. Hilfreicher kann eine knappe gegenseitige Mitteilung der Gefühle sein. Lehrerinnen und Lehrer können sehr schnell und auch sehr differenziert auf der kognitiven und auf der Handlungsebene miteinander kommunizieren. Hier geht es vor allem darum, die eigene emotionale Grundstimmung und die einiger Kinder wahrzunehmen, zu benennen und als Arbeitsgrundlage zur Klärung der Beziehung zu nutzen. Dabei spielen wieder kognitive und konkrete Handlungsüberlegungen eine Rolle. Das Ziel der Beziehungsklärung im Rahmen einer solchen Arbeitsphase ist erreicht, wenn ein Prozeß des Nachdenkens eingeleitet worden ist, bei dem die Emotionen innerhalb von Beziehungen sichtbar geworden sind. Wenn es gelingt, diese Erfahrungen nicht zu verdrängen, werden sie in der weiteren Arbeit wirksam werden. Im Sinne der emotionalen Achtsamkeit werden diese Gefühle bei der vorbereitenden und bei der reflektierenden Unterrichtsarbeit wieder auftauchen und den Arbeitsprozeß beeinflussen. Dabei können auch streßauslösende Faktoren entdeckt und bearbeitet werden.

▎ Beziehungsklärung über die Arbeit mit dem Gestaltungsbrett

Material: Ein Brett und Figuren zur symbolischen Darstellung von Schüler/Innen und Lehrer/Innen

A. *Idee:* Die Anregung zu dieser Arbeit verdanke ich den Autoren von Schlippe und Schweitzer. Sie berichten in ihrem Lehrbuch der systemischen Therapie und Beratung über die Arbeit mit dem Familienbrett (1996). Ich hatte zu diesem Zeitpunkt bereits gemeinsam mit meinen Kolleginnen und im Rahmen meiner Lehrerfortbildung die unterschiedlichsten Aufstellungen mit realen Personen vorgenommen. Die Arbeitsweise mit einem Brett ermöglicht eine Erweiterung dieser Arbeitsform. Es eignet sich für:

- die individuelle Arbeit am Nachmittag. Ich kann mir auf konkrete Weise vor Augen führen, welche Schüler in mir Ärger auslösen. Ich kann mich der Frage zuwenden, zwischen welchen Schülern es Beziehungsprobleme gibt;
- die Arbeit im Team. Über dieses Verfahren kann man auf einer konkreten Ebene die eigene Nähe und Distanz zu einzelnen Schülern sichtbar werden lassen;
- die Arbeit mit Schülern, wenn es zum Beispiel darum geht, eine neue Sitzordnung zu machen.

Die Arbeit am Gestaltungsbrett ist von der jeweiligen Situation abhängig. Das konkrete Handeln schafft in vielen Fällen einen intensiveren Zugang zur jeweiligen Problemlage. Es muß nicht unbedingt ein Brett sein, auf dem ich meine»Beziehungszüge« ausführe, auch ein größeres Papierformat eignet sich dazu. Dies hat den Vorzug, daß man über Striche, Pfeile oder andere Kennzeichnungen weitere Beziehungsaspekte sichtbar machen kann.

In bestimmten Zeitabständen ist es angebracht, die Beziehungsdynamik in einer Klasse zu erfassen. Es kann sein, daß sich in der Lehrerwahrnehmung bestimmte Konstellationen einprägen. Oft sind längst Veränderungen eingetreten, die das Klima einer Klasse positiv oder negativ beeinflussen, ohne daß die Lehrkraft die Hintergründe registriert hat. Besonders wichtig ist dieses Verfahren, um Strukturen mit destruktiven Auswirkungen schnell zu erkennen, besonders bei Mobbing- oder Erpressungsprozessen. Diese laufen in aller Regel verdeckt ab. Auch streßauslösende Faktoren lassen sich ermitteln. Das Verfahren kann man sich anhand dieser Anleitung selbst aneignen oder in einer Lehrergruppe einüben.

B. Verfahren: Markieren Sie bitte jede Spielfigur mit dem Namenszeichen eines Kindes aus Ihrer Klasse. Stellen Sie anschließend die Figuren so zueinander, daß aus der Aufstellung eine Beziehung sichtbar wird.

Was macht die besondere Beziehung der Kinder in einer Gruppe zueinander aus? Lassen Sie sich Zeit zum Nachdenken. Konzentrieren Sie sich nun auf eine Beziehungskonstellation. Versuchen Sie, nur auf diese Gruppe bezogen, die Beziehungen der Kinder untereinander zu beschreiben. Dabei können Sie mit Pfeilen oder anderen Zeichen die jeweilige Beziehung noch konkretisieren.

Versuchen Sie nun, die Auswirkung dieses Beziehungssystems auf die Klasse zu erfassen und zu benennen.

Stellen Sie die Figur, die Sie selbst symbolisiert, zu einer der Gruppen. Wo ist für Ihre Figur der richtige Platz? Beachten Sie bitte das richtige Verhältnis von Distanz und Nähe.

Wo entdecken Sie Verwicklungen? Wo sind Sie so mit einer Gruppe oder einem einzelnen Kind verstrickt, daß Sie sich wie durch einen Sog immer wieder zu dieser Gruppe/zu diesem Kind hingezogen fühlen?

C. Ergebnisse aus einem Workshop: Nach der Arbeit mit dem Gestaltungsbrett, bei dem es um das Thema Beziehungskonstellationen und um Distanz und Nähe der Lehrkraft zu den Kindern ihrer Klasse ging, kam es zu folgenden Mitteilungen:

»Ich habe mit meinen Figuren eine Pyramide gebildet. Das hat mich erstaunt. Ich hatte bisher angenommen, daß in meiner Klasse eine andere Beziehungsstruktur herrschen würde.«

»Ich habe bei der Arbeit am Brett ein Mädchen vergessen. Erschrocken bin ich über die starke Polarisierung, die es offensichtlich zwischen Jungen und Mädchen gibt.«

»Es ist mir nicht leicht gefallen, die Beziehungen der Kinder untereinander zu stellen. Es scheint eher lockere Beziehungen zu geben. Ein Junge hält den Kontakt zu den Mädchen. Zwei Mädchen bemühen sich um die Kontakte zwischen Jungen und Mädchen. Es gibt einen Außenseiter, das ist mir bei dieser Methode sehr bewußt geworden.«

»Ich habe mich von den Kindern weit entfernt aufgestellt. Ich bin unsicher, ob dieses Verhältnis der Realität entspricht oder ob ich mir das so vorstelle. Der Wunsch nach mehr Nähe ist vorhanden.«

»Mit einem Schüler habe ich mich so oft beschäftigt und weiß trotzdem nicht, wo ich ihn hinstellen soll. Ich weiß zu wenig über ihn, obwohl ich mich so oft mit ihm beschäftige. Das ist schon interessant. Das war mir so nicht bewußt.«

»Ich weiß wenig über die Beziehungen der Kinder untereinander. Das hat mich verblüfft.«

»Eine Schülerin ist immer noch ganz weit weg.«

»Die Arbeit nach dieser Methode hat mir bestätigt, daß der schlimmste Junge von der ganzen Klasse getragen wird. Ich bin mitten drin. Jede Gruppe hat Verbindungen zu mir.«

Reflexiv-assoziatives Erinnern bezogen auf ein Kind

A. Idee: Oft werden in Streßsituationen die auslösenden Faktoren nicht oder erst sehr spät erkannt. Manchmal weiß eine Lehrerin genau, welcher Schüler oder welche Schülerin bei ihr Streßattacken auslöst. Sie weiß das Verhalten nicht einzuordnen, weiß auch nicht, wie sie diesem Kind begegnen könnte, um eine Änderung herbeizuführen. In vielen Fällen wissen wir einfach zu wenig über die Schüler, mit denen wir es zu tun haben. Ein umfassenderes und tieferes Wissen kann uns gerade dann, wenn er für uns ein streßauslösendes Verhalten zeigt, helfen, die Bedeutung seines Handelns zu verstehen und vielleicht einen Schlüssel zur Veränderung seines Verhaltens zu finden. Damit würden wir ihm, seinen Mitschülern und uns das Leben leichter machen. Vielleicht denken manche Leser, das ginge nun wirklich über schulische Pädagogik weit hinaus und würde jeden Lehrer überfordern. Wir sind bei einer entscheidenden Stelle von Streßverläufen angekommen. Gerade wenn Lehrerinnen und Lehrer nicht mehr weiterwissen, gehen sie immer wieder die alten ausgetretenen Wege. Sie landen immer wieder in derselben Misere. Es ist gut, in solchen Situationen, in denen es keinen Ausweg zu geben scheint, sich einzelner Methoden zu erinnern. Mit der nachfolgend skizzierten Methode, die die wesentlichen Aspekte einer Person berücksichtigt, wird assoziativ-erinnernd gearbeitet. So ist es sehr schnell möglich, einen umfassenden Blick für einen Schüler zu bekommen. Wenn man sich diese Mühe macht, die zunächst als Spielerei anmuten mag, ist man oft erstaunt, daß einem eine Lösung einfällt, die vorher undenkbar erschien.

Im Rahmen von Fortbildungsmaßnahmen kann sich ein Kollegium die einzelnen Aspekte über die folgende Übung aneignen.

B. Methode: In einem assoziativ-reflexiven Verfahren werden die wichtigsten Aspekte des Selbst erfaßt: Identität, Geschichte, Optionen, Parlament, Ressourcen und Gemeinschaft. (Die Bedeutung wird aus der nachfolgenden Fragestellung sichtbar.) Der Leiter der Übung führt die Teilnehmer über die folgenden Fragen an die Thematik heran:

»Ich bitte Sie, die folgenden Fragen jeweils auf ein Kind zu beziehen. Sie sollten einen Wechsel auf ein anderes Kind möglichst vermeiden. Wählen Sie ein Kind aus Ihrer Klasse aus, das Ihnen besondere Schwierigkeiten bereitet. Stellen Sie sich das Kind genau vor.«

Identitäts-Selbst: »Sie sehen das Kind am Anstellplatz. Wie geht es zusammen mit den anderen in die Klasse? Wo sitzt es? In welcher Weise beteiligt es sich am Unterricht? Erinnern Sie ein Gespräch mit dem Kind? Wie geht es auf andere Kinder zu? Welche Situationen fallen Ihnen spontan zu diesem Kind ein? Welche Gefühle löst dieses Kind bei Ihnen aus? Mit welchem Wort würden Sie dieses Kind am treffendsten beschreiben?«

Geschichten-Selbst: »Gehen Sie in Gedanken ein Stück mit dem Kind nach Hause. In welche familiäre Situation kommt es? Wie groß ist die Wohnung? Was wissen Sie über Vater, Mutter, Geschwister, Hausnachbarn? Erinnern Sie Geschichten, die Ihnen das Kind erzählt hat? In welcher emotionalen Gestimmtheit befindet sich das Kind Ihrer Meinung nach?«

Ressourcen-Selbst: Zurück in die Schule. »Wie verhält sich das Kind, wenn es einem Lernproblem gegenüber steht? Wendet es sich an Mitschüler, an den Lehrer, setzt es Hilfsmittel ein? Hat es Ideen, wenn es um die Lösung sozialer Konflikte geht? Kann es über seine Gefühle sprechen? Sorgt es selbst für sich? Macht es zum Beispiel Entspannungsübungen, wenn es müde und unkonzentriert ist?«

Optionen-Selbst: »Kann es sich kurzfristig auf eine andere Aufgabenstellung einlassen? Macht es Vorschläge, wie es selbst oder ein anderes Kind aus einer Konfliktsituation herauskommen kann? Beteiligt es sich an Planungen für den nächsten Tag, für ein Fest, für einen Ausflug? ›Ich habe eine Idee ...‹ ›Ich habe einen Vorschlag ...‹ ›Ich möchte gern ...‹ ›Ich wünsche mir ...‹«

Parlaments-Selbst: »Wissen Sie etwas darüber, wie das Kind Konflikte bearbeitet? Spricht es mit Ihnen über seine Gefühle, auch über ambivalente Gefühle? ›Manchmal bin ich froh, dann bin ich wieder traurig ...‹ ›Ich möchte mit ihm spielen, dann ärgere ich ihn wieder ...‹«

Gemeinschafts-Selbst: »Zeigt das Kind Interesse an seinen Mitschülern? Zeigt es Empathie? Macht es Vorschläge zum Zusammenleben in der Klasse? Inszeniert es immer wieder eigene Probleme? Wie verhält es sich Ihnen gegenüber? Gibt es ein Verhalten, das für Sie problematisch ist?«

»An welchen Stellen fühlen Sie Empathie für das Kind? Was reizt, ärgert Sie? Was genau macht Sie wütend? Können Sie Ihre Anteile am Streßgeschehen mit diesem Kind erkennen? Wo könnte ein Ansatz zu einer Verhaltensänderung bei Ihnen liegen?«

Reflexiv-assoziatives Erinnern im Zusammenhang mit der Dynamik einer Klasse

A. Idee: Manchmal hat eine Streßattacke ihren Ursprung in der Dynamik der Klasse. Um hier einen besseren Einblick zu erhalten, kann ebenfalls die oben beschriebene Methode angewendet werden. Oft wird die Sozialentwicklung nur als ein Aspekt der Persönlichkeitsentwicklung angesehen. Dabei wird leicht übersehen, daß sich die Dynamik einer Schulklasse aus dem Zusammenspiel der Wünsche, Absichten und Inszenierungen aller Schülerinnen und Schüler ergibt. Innerhalb dieser Vorstellung sind die einzelnen Personen, die in einem System wirken, ein Teil desselben. Lehrerinnen und Lehrer tun gut daran, sich um die Persönlichkeitsentwicklung einzelner Schülerinnen und Schüler zu kümmern, ohne dabei die Dynamik einer Klasse aus dem Blick zu verlieren. Es kommt nicht selten vor, daß ein Schüler im Zusammenspiel mit anderen Schülern einen Lehrer in eine hilflose Situation bringt. Dieses Zusammenspiel muß rechtzeitig erkannt und bearbeitet werden, wenn es nicht in eine unkontrollierbare Streßsituation ausarten soll (vgl.»Ihr Mistkerle«, S. 82 ff.).

B: Erarbeitung in einer Gruppe: Will man dieses Verfahren innerhalb einer Gruppe praktizieren, dann führt der Moderator kurz in den Verlauf ein und bittet die Teilnehmer, sich auf ihre Klasse zu konzentrieren.
Identitäts-Sozial: »Wie erleben Sie die Kinder der Klasse auf dem Pausenhof? Welche Atmosphäre teilt sich Ihnen auf dem Weg zum Klassenraum mit? Stellen Sie sich jetzt den Unterrichtsbeginn vor. Sie sehen die Kinder beim Lernen in unterschiedlichen Lernbereichen: Lesen, Schreiben, Mathematik, Musik, Sport, Sachunterricht. Erinnern Sie einen Konflikt. Mit welchem Wort würden Sie die emotionale Grundstimmung Ihrer Klasse kennzeichnen?«
Geschichten-Sozial: »Erinnern Sie sich an einen Ausflug mit der Klasse. Denken Sie an ein Fest, das Sie gefeiert haben. Denken Sie zurück an die Anfänge, an die ersten Tage und Wochen mit den Schülerinnen und Schülern. Es sind Schüler dazu gekommen, andere sind weggegangen. Welche Gefühle lösen diese Vorstellungen in Ihnen aus? Überlegen Sie, wie stark das Interesse der Eltern an der Klasse ist.«
Ressourcen-Sozial: »Werden die Regeln, die in der Klasse gelten, auch beachtet? Ist die Bereitschaft vorhanden, die Regeln bei Bedarf zu reflektieren und eventuell auch zu verändern? Welche Energien gehen von der Klasse aus? Wie würden Sie die Arbeitsmotivation der Klasse beschreiben? Über welche Erfahrungen verfügen die Kinder der Klasse, wenn sie einen Ausflug planen, ein Fest vorbereiten? Kennen die Kinder Arbeitsformen, bei denen unterschiedliche Inhalte und Tätigkeiten nebeneinander stattfinden? Können die Kinder selbständig arbeiten, wenn die Lehrerin zum Beispiel mit einigen

Kindern einen Konflikt klärt? Haben sie Arbeitsformen entwickelt, mit denen sie auch selbständig Konflikte klären können? Sind sie in der Lage, dabei ihre Gefühle zu benennen und zu berücksichtigen?«

Optionen-Sozial: »Lassen sich die Kinder auf Alternativen ein, wenn ein geplantes Ereignis nicht stattfinden kann? Machen sie selbst Vorschläge für Unterrichtsereignisse, Feste, Ausflüge, Projekte? Haben sie Interesse an der Atmosphäre in der Klasse? Entwickeln sie Vorschläge, die zur Lösung von klasseninternen Konflikten beitragen?«

Parlaments-Sozial: »Nehmen die Kinder unterschiedliche Darstellungen von Konflikten wahr? Zeigen sie Interesse an einer Klärung? Bringen sie die eigene Meinung ein? Können sie unterschiedliche Meinungen anhören und nebeneinander stehen lassen? Können sie sich in andere Kinder hineinversetzen? Wägen sie die Meinungen gegeneinander ab? Sind sie dabei, eine Streitkultur aufzubauen?«

»Haben die Kinder (oder kleinere Gruppen) der Klasse Interesse am Wohlergehen einzelner Mitschüler? Achten sie darauf, daß die Interessen der einzelnen gewahrt werden, daß zum Beispiel auch die Schüler-Lehrerin-Beziehung durch Klarheit gekennzeichnet ist und nicht durch unterschwellige Beschuldigungen oder Ablehnungen, denen ein Kind hilflos ausgesetzt sein kann, getrübt ist? Ist die emotionale Grundstimmung der Klasse so, daß Kinder in ihrer Individualität akzeptiert werden? Herrscht eine Atmosphäre, in der ein Neben- und Miteinander möglich ist und ein Gegeneinander die entsprechende Form der Auseinandersetzung findet? Ist ein Gespür für Mobbingprozesse, die sich gegen einzelne richten, vorhanden? Ist die Kraft und Fähigkeit ausgeprägt, wenn einzelnen Kindern Unrecht geschieht, dies auf die Tagesordnung zu bringen?« (Das am einzelnen interessierte Sozial; Selbst-Sozial)

»Sind Ihnen im Verlauf des reflexiven Erinnerns Ereignisse eingefallen, die Sie als besonders belastend empfinden? Können Sie diese Ereignisse benennen? Wer gehört zur Gruppe, die solche Inszenierungen auslöst? Wie steht es mit Ihrer Empathie der Klasse gegenüber? Welche Gefühle stellen sich ein?

Gibt es eine diffuse Streßerfahrung? Können Sie diese konkreter fassen? Läßt sich daran arbeiten?«

Schlußrunde: Die Gruppenarbeit kann durch eine »Blitzlichtrunde«, in der die Teilnehmer ihre wichtigsten Entdeckungen mitteilen, abgeschlossen werden. Sollte in diesem Zusammenhang der Wunsch geäußert werden, an einem Ergebnis weiter zu arbeiten, könnte dies zum Beispiel über ein Rollenspiel, eine Skulpturbildung oder über das Streßdrama erfolgen.

Vergewisserungsprozesse über Lernerfolge durch Zirkuläres Fragen

A. Idee: Lehrerinnen und Lehrer können in Streßsituationen geraten, wenn sich trotz großer Anstrengungen bei einzelnen Schülerinnen oder Schülern keine oder kaum erkennbare Lernerfolge einstellen. Leicht geraten sie unter Druck, wenn von Eltern oder Kollegen laut oder verhalten die Ursachen bei ihnen gesucht werden. Wenn sie dann nicht in der Lage sind, eine Balance ihrer Emotionen herzustellen, kann es vorkommen, daß sie die ihnen gemachten Vorwürfe bewußt oder unbewußt auf das betroffene Kind projizieren. Die Folge ist, daß ein so getroffenes Kind in eine Streßsituation gerät, die für es selbst unkontrollierbar wird. Lernblockaden und auffällige Verhaltensweisen können auftreten. Um solche Entwicklungen auszuschließen, muß die Frage von Lehr- und Lernerfolgen in einen größeren Zusammenhang gestellt werden. Ich nenne solche Vorhaben Vergewisserungsprozesse. Sie sind komplexer Natur und beziehen die emotionale Ebene ein. Ihren Ursprung haben sie im systemischen Denken.

Unser Blick richtet sich zunächst auf die spezielle Lernproblematik. Unser Erkenntnisinteresse muß aber weitere Aspekte einbeziehen, wenn wir genauer wissen wollen, welche Faktoren für die Förderabsicht günstig oder ungünstig sind. Hilfreich kann hier die Methode des Zirkulären Fragens sein.

B. Methode: Mit dem Zirkulären Fragen wird ein Umkreisen der Problemstellung erreicht. Das Problem soll aus möglichst vielen Blickwinkeln betrachtet werden. Am Ende sollen Optionen für das weitere Vorgehen stehen.

Fragen können sein:

Welche eigenen Anstrengungen unternimmt das Kind, um sein Lernproblem zu lösen?

Wie reagiert es auf Fortschritte?

Welche Hinweise ergeben sich aus einem speziellen Lernproblem auf eventuell tiefer liegende Probleme?

Wer könnte ein Interesse an der Aufrechterhaltung des Problems haben?

Welche Rolle spielen die Eltern im Zusammenhang mit der Lernproblematik?

Welche Gefühle löst das spezielle Lernproblem bei der Lehrkraft aus?

Wie verarbeitet die Lehrkraft Erfolg oder Mißerfolg im Zusammenhang mit einer speziellen Problematik?

Gibt es Zusammenhänge mit anderen Lernbereichen?

Wie können das betroffene Kind und die betroffene Lehrkraft gemeinsam und konstruktiv am Problem arbeiten?

C. Beispiel: Die Aneignung dieser Methode kann sehr gut in einer Lehrergruppe erfolgen. Der Moderator führt kurz in die Methode ein und könnte dann so verfahren:

Moderator:

1. »Lassen Sie die Kinder Ihrer Klasse an sich vorüberziehen. Erinnern Sie sich an Kinder, die Sie in der letzten Zeit in besonderer Weise gefördert haben.
   Entscheiden Sie sich jetzt für ein Kind.
2. Beschreiben Sie mit wenigen Worten, welche Lernprobleme Sie bei dem Kind erkennen. Versuchen Sie den Kern der Problematik zu erfassen.
3. Betrachten Sie nun Ihre bisherigen Förderversuche. Waren Sie damit erfolgreich oder eher erfolglos?
   Ich stelle Ihnen nun einige Fragen. Versuchen Sie darauf eine spontane Antwort zu geben. Notieren Sie sich Stichworte.

- Welche eigenen Anstrengungen unternimmt das Kind, um sein Lernproblem zu lösen?
- Wie reagiert es auf Fortschritte?
- Welche Hinweise ergeben sich aus dem speziellen Lernproblem auf eventuell tiefer liegende Probleme?
- Wer könnte ein Interesse an der Aufrechterhaltung des Problems haben?
- Welche Rolle spielen die Eltern im Zusammenhang mit der Lernproblematik?
- Welche Gefühle löst das spezielle Lernproblem bei Ihnen aus?
- Wie verarbeiten Sie Erfolg oder Mißerfolg im Zusammenhang mit dieser Problematik?
- Gibt es Zusammenhänge mit anderen Lernbereichen?
- Wie können Sie gemeinsam mit dem betroffenen Kind konstruktiv am Problem arbeiten?« (Optionen)

Neutrales Verhalten über ein reflexiv-assoziatives Verfahren und Rollenspiel

A. Idee: In diffusen Situationen, die oft für Kinder und Lehrer Streß bedeuten, ist, um Konflikte klären zu können, die Neutralität der Lehrkräfte eine entscheidende Voraussetzung. Auf der rationalen Ebene wird dies akzeptiert, schwieriger ist es, in der aktuellen Situation auch Neutralität zu wahren. Das hängt u. a. damit zusammen, daß wir gerade in und nach Gewaltsituationen Empathie für das »Opfer« empfinden. Wir nehmen wahr, was auf der Oberfläche geschieht, interpretieren oft blitzschnell, messen das Ereignis an unserer Werteskala und stellen uns auf die Seite der Person, die wir als Opfer ausgemacht haben. Nicht berücksichtigt haben wir das Gesamtgeschehen. Oft ereignen sich Konflikte in einer solchen Schnelligkeit und sind von einer so großen Komplexität, daß die beteiligten Schülerinnen und Schüler manchmal selbst nicht wissen, wie sie da hineingeraten sind und warum sie so und nicht anders gehandelt haben. Schon deshalb verbietet es sich, vorschnell ein Urteil abzugeben. Natürlich dürfen wir spontan Ärger oder Wut auf einzelne Kinder empfinden, wenn wir sehen, daß sie in eine Gewaltsituation verstrickt sind. Allerdings müssen wir uns hüten, aus einer solchen Verfassung heraus in einen Klärungsdialog zu gehen.

Neutralität meint nicht kühle Distanziertheit. Sie ist im Zusammenhang mit Erkenntnisinteresse und Zuwendung zu sehen. Eine Lehrkraft, die ihren Schülerinnen und Schülern empathisch zugewandt ist, wird diese Form der Beziehung nicht durch voreilige Parteilichkeit und affektgesteuertes Verhalten gefährden. Es ist jedoch selbst unmittelbar nach einem affektiven Ausbruch möglich, konstruktiv mit Kindern an einem Konflikt zu arbeiten, wenn wir vorher die Situation durch Eingeständnis eines unangemessenen Verhaltens bereinigt haben. Die Kinder können miterleben, daß die erwachsene Person ihre Gefühle wieder »einfängt«, reflektiert und aus dieser Position heraus ein Engagement für die Klärung der Situation entwickelt, das heißt, sie bleibt zugewandt in einem doppelten Sinne: Sie bleibt sich selbst zugewandt, nimmt sich so, wie sie ist, arbeitet an sich und ist nun auch zur konstruktiven Arbeit mit den Kindern fähig; sie bleibt den Kindern zugewandt, das heißt, sie nimmt die Kinder so, wie sie sind, und arbeitet mit ihnen an ihren Konflikten.

B. Methode: Reflexiv-assoziatives Erinnern in Verbindung mit Gruppenarbeit und Rollenspiel

1. Schritt: Erinnern Sie eine Situation, die Sie emotional sehr bewegt hat. Versuchen Sie, die Einzelheiten genau wahrzunehmen. Welche Kinder waren beteiligt? Was sagten und taten die Kinder? Was fühlten Sie in der Situation? Wie reagierten Sie? Für wen ergriffen Sie Partei? Wie ging die Situation aus? Waren Sie mit dem Ausgang zufrieden?

2. Schritt: Erzählen Sie diese Situation der Gruppe. Versuchen Sie den Punkt, an dem Sie parteilich waren, nicht zu umgehen. Beschreiben Sie Ihre Gefühlslage so wie sie war. (Natürlich setzt dies gegenseitiges Vertrauen voraus. Sie können nur das mitteilen, von dem Sie glauben, daß es von den übrigen Mitgliedern auch vertrauensvoll behandelt wird.)

3. Schritt: Bitten Sie Mitglieder der Gruppe, die Situation zu spielen.
4. Schritt: Arbeiten Sie an dem Punkt, der Sie zur Parteilichkeit verleitete. Fragen in diesem Zusammenhang könnten sein:
   – Wie haben die übrigen Mitglieder diesen Punkt bei sich wahrgenommen?
   – Wie denken die übrigen Mitglieder darüber, daß Sie an diesem Punkt so emotional reagiert haben?
   – Können Sie sich nach dem Spiel eine andere Verhaltensweise vorstellen?
5. Schritt: Erneutes Rollenspiel, bei dem die Problemstellerin die eigene Rolle spielt und eine Alternative erprobt.
6. Blitzlicht als Schlußrunde.

Arbeit mit Inneren Bildern

A. Idee: In der Regel treten Lehrerinnen und Lehrer mit einer klar umrissenen Aufgabenstellung vor ihre Schülerinnen und Schüler. Sie haben sich auf den Unterricht vorbereitet, Materialien ausgewählt und sich Gedanken über differenzierende Aufgabenstellungen gemacht. Nun geht es um eine optimale Passung zwischen Inhalt und Lernausgangslage der Schüler. Trotz bester Vorbereitungen kann es in der realen Situation durch unangemessene Verhaltensweisen der Schüler zu erheblichen Störungen kommen.

Diese Erfahrung kann bei den Lehrkräften zu Enttäuschung, Ärger und Wut führen. Oft reagieren sie affektiv und unkontrolliert. Wiederholen sich solche Erfahrungen, kann dies zu einer Verunsicherung des Selbstbildes führen. Jeder von uns hat ein Bild von sich in seinem Innern gespeichert. Dieses Bild enthält Einschätzungen von Kollegen, Eltern, Schülern, Freunden und Bekannten und ist entscheidend von der Selbsteinschätzung einer Person geprägt. Zeichnet es sich zum Beispiel durch Selbstsicherheit und Akzeptanz durch Schülerinnen und Schüler aus, dann ist eine optimale Voraussetzung für die Tätigkeit als Lehrer geschaffen. Durch herausfordernde und beleidigende Verhaltensweisen von Schülern kann dieses Bild aber erheblich getrübt werden. Eine Art, mit dieser Verunsicherung umzugehen, besteht darin, das Innere Bild immer wieder zu überprüfen und gegebenenfalls mit neuen Bildern zu experimentieren. Oft ist das Bild, das sich eine Lehrkraft geschaffen hat, zu eingeschränkt, als daß es der Vielfalt der Arbeitsaufgaben entsprechen würde. Es geht dann um eine Erweiterung oder Veränderung des bisherigen Bildes. Manche Lehrerinnen und Lehrer haben von sich das Bild eines »Einzelkämpfers« oder eines »Unterhalters«. Es ist verständlich, daß es zu solchen Vorstellungen kommt, denn viele Lehrerinnen und Lehrer fühlen sich alleingelassen, wobei es für die betroffene Person unerheblich ist, ob sie sich selbst in die Isolierung gebracht hat oder durch das allgemein vorherrschende Bild von der Tätigkeit eines Lehrers in die Situation hat drängen lassen. Um die Aufmerksamkeit ihrer Schülerinnen und Schüler zu erreichen, glauben viele Kollegen, sich als »Unterhalter« anbiedern zu müssen. Beide Bilder sind für eine erfolgreiche Erziehungs- und Unterrichtsarbeit wenig hilfreich, weil sie die Schülerinnen und Schüler zu Objekten degradieren. Außerdem kann sich eine Lehrkraft durch ein solches Bild selbst stark unter Druck setzen und in eine ausweglose Streßsituation bringen. Ein der komplexen Lehrertätigkeit nicht angemessenes Bild kann auch hinderlich für die innere Weiterentwicklung einer Person sein. Ganz anders ist unser Erleben, wenn wir bewußt mit unseren Inneren Bildern spielen und experimentieren. Dadurch entsteht eine innere Lebendigkeit. Beachten sollte man, daß jedes Bild nur streckenweise trägt und für die Bewältigung unterschiedlicher Situationen auch unterschiedliche Bilder denkbar sind. Wenn ich in einer Klasse arbeite, in der es streckenweise chaotische Zustände gibt, dann kann das Innere Bild eines Tänzers, der sich rhythmisch und kraftvoll seinen Weg für seine Bewegungen sucht, hilfreich sein. Personen, die bereits in eine unkontrollierbare Streßsituation geraten sind, haben oft alleine nicht mehr die Kraft, mit Inneren Bildern zu experimentieren. Hier ist die Hilfe der Kollegen gefragt. Es sei denn, man hat sich als Lehrer schon früh mit Methoden vertraut gemacht, die in Krisensituationen helfen können. Dann sind in unserem Gehirn Muster angelegt, die für die Bewältigung der Situation aktiviert werden können.

Das Innere Bild hat seine Wirkung, auch wenn die Schülerinnen und Schüler nichts davon wissen.

Ein Lehrer, der zum Beispiel Schüler als »verrückt« erlebt, kann sich und ihnen helfen, wenn er sich innerlich einmal neben sich stellt und die »Verrücktheit« der Situation auf sich wirken läßt, ohne sie sofort als Angriff auf sein Selbstbild zu verstehen. Dieses sollte er eher ergänzen, um besser mit einer realen Situation umgehen zu können. Mit einem inneren Schmunzeln, einer Prise Humor ist manche belastende Situation eher zu bestehen als durch das Bild eines Einzelkämpfers, der nur seine Tricks und Waffen voll zur Geltung bringt. Da, wo man den Boden unter den Füßen zu verlieren scheint, gilt es Halte- und Orientierungspunkte zu setzen.

Wenn es in einer Klasse turbulent zugeht, könnte das Bild eines Piloten oder einer Pilotin hilfreich sein. Im Gegensatz zu den Flugzeuginsassen haben Piloten Informationen über die Stärke und den Verlauf von Turbulenzen. Sie können eine Voraussage über den möglichen Verlauf machen. Lehrer, die ein Wissen über die Streßlandschaft haben, in der sie sich befinden, und Wege kennen, wie sie zu durchqueren ist, haben in sich ein Instrumentarium, das sie vor zu großen Verirrungen schützt. Über solche Bilder kann ein Gefühl von Ruhe und Vertrauen entstehen. Es wird sich dann von der erwachsenen Person auf die Schüler übertragen.

In diesen Zusammenhang gehört auch die Überprüfung der Bilder, die Kinder durch ihr Verhalten in uns auslösen.

B. Verfahren: In einer Gruppe könnte nach den folgenden Vorschlägen gearbeitet werden:
1. Schritt: Erinnern Sie eine Situation, in der Sie sich überfordert fühlten. Was hatten Sie vor? Wodurch wurde Ihr Vorhaben gestört? Wer trug zur Störung bei? Welche Verhaltensweisen einzelner Schülerinnen und Schüler sehen Sie? Was sagen die Kinder? Wie reagieren sie? Welche Gefühle löst die Situation in Ihnen aus? Wie reagieren Sie?

2. Schritt: Erinnern oder assoziieren Sie unabhängig von einer rational begründeten Aufgabenstellung ein Bild, das es Ihnen vielleicht eher ermöglicht hätte, die Situation konstruktiv zu bearbeiten. Lassen Sie Ihren Assoziationen freien Lauf.

3. Schritt: Nachdem alle Teilnehmer für sich eine problematische Situation nacherlebt haben, entscheidet sich die Gruppe nun für ein Beispiel. Ein Teilnehmer/eine Teilnehmerin schildert ihre Situation. Alle suchen nach einem möglichen Inneren Bild.

C. Experimente mit Inneren Bildern in der Klasse: Mit dem neuen Wissen kann in der Schulrealität experimentiert werden. Manchmal trägt ein Bild nur für kurze Zeit, ist aber vielleicht entscheidend für die Lösung eines Problems. Es empfiehlt sich, gelegentlich das eigene Tun mittels Innerer Bilder zu überprüfen. Oft ist uns nicht bewußt, welche Bilder unser Handeln bestimmen.

Ein Beispiel: Eine Kollegin ärgerte sich immer wieder über ein Mädchen, das unendlich langsam war. Wenn schon alle Schülerinnen und Schüler ihre Arbeitsmaterialien auf dem Tisch hatten, begann es gerade damit, den Ranzen zu öffnen. Nicht anders war es beim Beenden der gemeinsamen Frühstückszeit. Hatten die anderen Kinder schon die Klasse verlassen, so saß dieses Mädchen immer noch seelenruhig an seinem Platz. Es verhalte sich keinesfalls aggressiv, wirke in seinem schönen Kleid und den Spangen im Haar zeitlos zufrieden, sagte die Kollegin. Sie habe schon oft mit dem Kind und auch mit dessen Eltern geredet, aber Veränderungen gebe es nicht. So schön es auch anzusehen sei, die Realität in der Schule sei anders, und mit der Zeit rufe dieses so langsame Kind in ihr großen Ärger hervor.

Wir bearbeiten die Situation in der Gruppe. Jeder von uns kennt solche Situationen. Die Bilder sprudeln nur so aus uns heraus. Es entsteht eine sehr heitere, fast ausgelassene Atmosphäre. Die Kollegin, die uns dieses Vergnügen bereitet hatte, wurde selbst immer munterer und gelöster. Aus der großen Zahl der assoziierten Bilder wählte sie für sich das Bild mit der Bezeichnung »Glitzerschneckchen« aus. Damit wollte sie experimentieren, daran wollte sie sich erinnern, wenn wieder Ärger in ihr hochkommen sollte.

Alle, die noch nicht bewußt mit solchen Möglichkeiten experimentiert haben, werden Zweifel spüren. Das ist auch verständlich. Ich ermuntere zu eigenen Experimenten.

▨ Arbeit mit Karikaturen

A. Idee: Oft sind die Probleme, die Kinder miteinander haben, so ernst, daß es für sie keinen Ausweg aus der Situation zu geben scheint. Dabei ist der äußere Anlaß für gegenseitige Belästigungen und Verletzungen in vielen Fällen gering. Die Intensität ihrer Auseinandersetzungen hat immer auch mit ihrem Erlebnis-, Werte- und Verarbeitungssystem zu tun. In vielen Fällen scheint es nur noch eine Steigerung ihrer gegenseitigen Ablehnung zu geben. Dann brauchen sie dringend Hilfe von einer dritten Person, die möglichst mit Interesse an ihrer Problematik arbeitet. Manchmal kann eine Karikatur hilfreich sein.

B. Verfahren: Arbeit in einem Team (drei bis sechs Personen); zwei Personen denken sich einen Konflikt aus oder übernehmen einen Konflikt aus einer realen Situation. Im Rahmen einer Konfliktklärung versucht die »Lehrkraft« über Skizzen und Karikaturen zu einer Lösung der Situation beizutragen. Dieses Verfahren dient der Einübung. Ob man in einer realen Situation mit einer Karikatur arbeitet, muß man von der Situation abhängig machen.

C. Beispiel: Auf dem Weg zum Klassenraum brüllen sich Malte und Lars heftig an. Sie schubsen sich und schlagen zu. Ich bitte sie zu einem Klärungsgespräch.

Gespräch:
Malte: »Lars hat mir an die Backe gehauen. Ich habe ihn dann gerammt. Und dann ging das immer so weiter.«

Lars: »Malte hat auf dem Schulhof andere Kinder gerammt. Das wollte ich nicht. Deswegen wollte ich ihn hauen, und dann ging das immer so weiter.«
Ich: »Ich will das einmal aufzeichnen.« (Vgl. Skizze S. 235)

Nun beginne ich mit einer Figur für Malte und einer weiteren für Lars. Meine Absicht bestand darin, die Abfolge der Ereignisse und den Zusammenhang sichtbar zu machen. Während ich zeichne, wiederhole ich die Aussagen der Kinder. »Malte, dich hat Lars an die Backe gehauen«, und dabei zeichne ich einen Pfeil, der an Maltes Figurenkopf endet. Da lacht Lars und sagt: »Der hat jetzt aber eine dicke Backe.« Malte: »Male ihm (er zeigt auf die Figur von Lars) auch so eine dicke Backe.« Ich tue dies. Nun lachen beide Jungen. Ihre verkrampfte Haltung löst sich.

Lars: »Male ihm noch ein paar lange Haare auf seinen Kopf.« Ich tue dies und trage damit zur weiteren Erheiterung bei. Malte: »Mal ihm auch solche Haare.« Nun erhält Lars auch drei lange Haare. Die Stimmung steigt. Lars: »Male ihm noch einen größeren Kopf.« Malte: »Male ihm auch einen größeren Kopf.« So geht es nun weiter, dem Vorschlag des einen folgt der Vorschlag des anderen. Ich verkürze die Aussagen: »Male ihm lange Beine, male ihm noch längere Beine. Male ihm einen Bauchnabel und ihm einen noch größeren.« Nun kugeln sie sich fast vor Lachen. Malte: »Male ihm noch einen Pimmel und wie er pinkelt und kackt.« Nun ist die Grenze der Umsetzung ihrer gegenseitigen Phantasievorstellungen erreicht. Die Stimmung ist ausgelassen. »Wie geht's weiter?« frage ich und male den bekannten Lösungspfeil an den Rand. Sie stehen auf und fallen sich gegenseitig um den Hals.

Interpretation:
Aus irgendeinem Grund hat Malte andere Kinder gerammt. Das wollte Lars nicht zulassen. Er wurde gegenüber Malte auch gewalttätig. Sie steigerten sich gegenseitig. Im Klärungsverlauf kommt es durch meine ungeschickte Strichführung bei Lars zu einer Assoziation (»dicke Backe«), die mich anregt, meinem zeichnerischen Instinkt zu folgen. Nun erscheint auf der

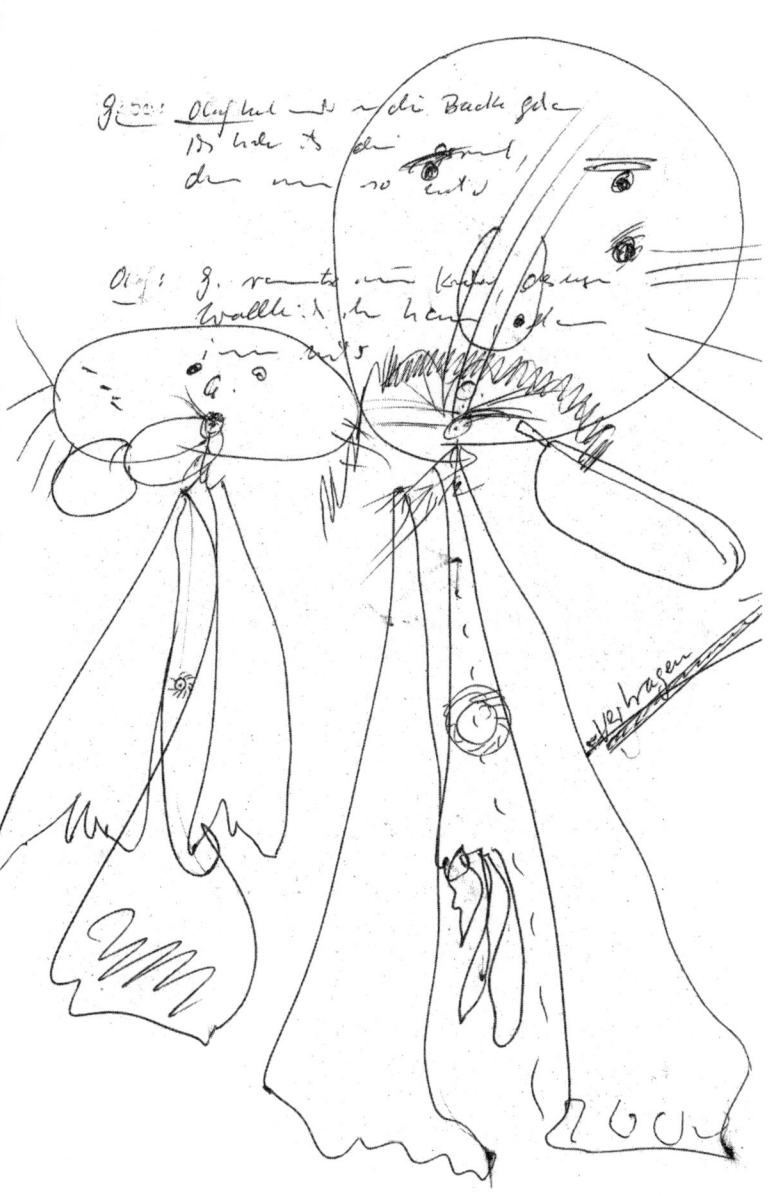

Karikatur

Bildfläche, was sie in ihrem Innern fühlen. Ich verleihe ihren Gefühlen durch meine Karikaturen Ausdruck. Dabei ist die Ambivalenz nicht zu übersehen. In der Dynamik von Wut und Ärger auf der einen und Heiterkeit auf der anderen Seite liegt schließlich die Lösung.

▓ Gefühlslandschaften gestalten

Idee: Oft entsteht in einer Klasse große Unruhe, ohne daß sofort die Gründe dafür auszumachen sind. Zwar sieht der Lehrer einzelne Kinder in Aktion. Bei Nachfragen kommt er aber nicht weiter. Nach einer Ermahnung legt sich die plötzlich aufgetretene Unruhe oft wieder. Manchmal sind es punktuelle Ereignisse, die als Auslöser anzusehen sind, oft sind es aber grundlegende Themen, die innerhalb der Schülergruppe von großer Bedeutung sind, ohne daß sich die Schüler dieser Grundströmungen bewußt sind. Sie sprechen es nicht mit ihren Lehrern an; werden sie vom Lehrer angesprochen, ist oft Schweigen die Antwort. In den dritten und vierten Grundschulklassen bestimmt das Thema der sexuellen Identität von Jungen und Mädchen oft die emotionale Grundstimmung einer Klasse. Gerade Jungen, deren Verhalten durch Unsicherheit geprägt ist, sorgen durch Zwischenrufe, Zeichnungen an der Tafel oder an den Wänden dafür, daß das »Verliebtsein« von Jungen und Mädchen immer wieder öffentlich gemacht wird. Die Betroffenen dürfen das oft nicht wahrhaben und wehren sich mit Worten oder körperlicher Gewalt.

Wenn man solche Grundstimmungen genauer erfassen möchte, kann das Notieren dieser Wahrnehmungen eine Hilfe sein. Wenn einige Jungen durch lautstarkes Reden das tatsächliche oder angebliche Verliebtsein eines Jungen und eines Mädchens öffentlich machen, dann könnte man diesen Vorgang als ein aus einer gleichmäßigen Landschaft aufragendes Gebilde kennzeichnen.

Der Ausruf »Mark und Sabine sind verknallt!« zieht das Interesse viele Kinder von ihrer sachbezogenen Aufgabenstellung ab hin zu dem formulierten Thema. Da das Thema für die meisten Kinder dieser Altersstufe von Interesse ist, sind sie hellwach. Außerdem müssen sie aufpassen, daß sie nicht selber plötzlich durch eine solche Bemerkung im Rampenlicht der Klasse stehen. Oft ist es so, daß allein die Befürchtung, nun selbst genannt zu werden, dazu führt, daß einfach ein anderes Paar lautstark benannt wird. So erweitert sich der Themenkegel. Es gibt in der Klasse eine Bewegung »hin zu« dem Thema. Gleichzeitig möchten betroffene Kinder »weg von« diesen Anspielungen. Auch wenn die Lehrkraft eine Vertiefung unterbindet, wirkt das Thema verborgen in den einzelnen Kindern weiter und bestimmt die Atmosphäre in der Klasse.

Diese Ereignisse sind von unterschiedlicher Intensität. Manche erfassen nur wenige Kinder und sind auch schnell wieder vergessen, andere sind sehr heftig und müssen in einem nachfolgenden Gespräch geklärt werden.

B. Beispiele: Während einer Spiel- und Arbeitsphase in einer 4. Klasse spricht Frank hörbar vor sich hin: »Elena macht es mit Dennis.« Die Kinder von zwei Tischgruppen und ich konnten diese Äußerung hören. Elena errötet und guckt zu mir hin. Kurze Zeit später steht sie auf, geht zu Frank und sagt zu ihm: »Ich mag nicht, was du sagst.« Die übrigen Kinder können hören, was Elena sagt. Ich klinke mich in die Situation mit der Bemerkung ein: »Elena, das finde ich mutig von dir.« Frank antwortet: »Es war nur ein Spaß.« Ich: »Aber du siehst, daß es Elena nicht mag.« Im Sinne einer Gefühlslandschaft handelt es sich um einen kleinen Unruhekegel, der allerdings für Elena sehr intensiv ist. Die übrigen Kinder sind davon kaum berührt.

Gegen Ende einer intensiven Unterrichtsstunde, als die Kinder ihre Sachen einpacken und schon die Stühle auf die Tische gestellt haben, stößt Sascha einen Stuhl mit solcher Heftigkeit vom Tisch, daß der Stuhl durch den Raum fliegt und Leo, der sich gerade bückt, fast am Kopf getroffen hätte. »Hej, rubbel dir einen!« brüllt Leo in die Klasse. Diese Aktion kommt für die meisten Kinder und für mich völlig überraschend. Niemand hatte bemerkt, daß es in der Tischgruppe unterschwellige Auseinandersetzungen gegeben hatte. Nun entlädt sich Saschas angestaute Aggressivität, und es kommt zu einer unkontrollierten Wuthandlung. Zum Glück bleibt sie ohne äußere Folgen. Leos Bemerkung deutet auf eine sexuelle Problematik hin. Das Ereignis zieht die Aufmerksamkeit der umstehenden Schüler auf sich. Es ist ein sehr intensiver Interessenkegel entstanden, der bei den Umstehenden Staunen und Verunsicherung auslöst.

Mein Hinweis, morgen den Konflikt zu bearbeiten, bringt Ruhe in die Situation.

Das Skizzieren solcher Vorkommnisse in einem Landschaftsbild ermöglicht einen anderen Blick auf die Ereignisse und eröffnet eine kreative Form der Darstellung. Oft prägt sich bei störenden Verhaltensweisen der Name eines Kindes ein. Ist dieses Kind bei einem nachfolgenden Ereignis wieder beteiligt und wiederholen sich solche Vorkommnisse, dann wird ein Kind sehr schnell in eine bestimmte Rolle gedrängt. Das Skizzieren von Gefühlen ermöglicht einen differenzierenden Zugang. Man kann das eigene Gefühl notieren, das ein Ereignis auslöst, man kann die Wirkung auf die Mitschüler skizzieren oder die Intensität des Ereignisses auf den Schüler, der es ausgelöst hat oder der Opfer geworden ist, darstellen. Es ist auch möglich, die Gesamtatmosphäre einer Klasse damit optisch sichtbar zu machen. Diese eher ungewöhnliche Form der Darstellung kann zu einer intensiveren Auseinandersetzung mit der Komplexität der Gesamtsituation führen. Es ist auch möglich, die aufkommenden Gefühle auf eine Zeitleiste vom Umfang einer Unterrichtsstunde zu bringen. Ich möchte dazu anregen, eigene Darstellungsformen zu erproben. Mit dem Skizzieren von Gefühlslandschaften wird versucht, die emotionale Grundstimmung einer Klasse oder einzelner Schüler zu gestalten. Ebenfalls kann ich auf diese Weise meinen eigenen Gefühlen eine Gestalt geben. So merkwürdig es klingen mag, die Konzentration auf Gestaltungsmöglichkeiten der eigenen Gefühle kann oft ein enormer Schutz vor emotionalen Turbulenzen sein. Gerade emotional unübersichtliche Erlebnisse tragen in sich den Keim zum Entstehen einer unkontrollierbaren Streßsituation. Der Mechanismus ist sehr einfach: Oft fühlen wir uns durch unsere inneren Turbulenzen hilflos, ohnmächtig und gelähmt. Indem wir ihnen eine Gestalt geben, erleben wir uns als aktiv und tatkräftig. Die Arbeit hält uns ebenfalls davon ab, vorschnell und unreflektiert eine schwierige Situation zum Eskalieren zu bringen. Mit diesem Verfahren können auch Veränderungen erfaßt werden. Es handelt sich um Landschaftsbilder, die in Bewegung sind.

Die nachfolgenden Beispiele zeigen, wie in einer Grundschulklasse kontinuierlich die Gefühlslagen der einzelnen Kinder und die Gesamtsituation einer Klasse dargestellt werden können.

Die Kinder erhalten die Aufgabe, ihr gegenwärtiges Gefühl auf einen kleinen quadratischen Zettel zu malen. Ordnet man die Ergebnisse immer wieder an derselben Stelle ein, so ergibt sich eine Langzeitübersicht über die Gefühlsentwicklung eines Kindes. Außerdem ermöglicht es diese Methode, auf Kinder aufmerksam zu werden, die unter starken emotionalen Belastungen leiden. So erzählt ein Junge zu seinem Bild (vgl. Tafel

3B) »Ich könnte einen umbringen. So fühle ich mich.« Einige Tage später sagt dieser Junge zu seinem Bild: »Da springt einer von der Brücke ins Wasser. Er schreit. Er will das nicht. Der andere schreit auch: Nicht springen.« (Vgl. Tafel 7B) Gibt seine erste Gefühlsdarstellung einen Hinweis auf starke Aggressionen, die sich gegen einen anderen richten könnten, so bezieht er sich in einer nachfolgenden Darstellung auf sich selbst. Natürlich muß man solche Erkenntnisse zum Ausgangspunkt für Gespräche mit den Eltern nehmen.

Auf den Tafeln 5, 6, 7 wird die gefühlsmäßige Grundstimmung einer Klasse im Sinne einer Gefühlslandschaft sichtbar gemacht. Es ist ganz deutlich zu sehen, daß sich die meisten Kinder sehr wohl fühlen (Landschaft vgl. Tafel 6). Im Landschaftsbereich (Tafel 5A) befinden sich zwei Jungen, die sich nicht so gut fühlen. Im dritten Bereich sind Kinder aufgeführt, die zu diesem Zeitpunkt sehr müde sind. Im Landschaftsabschnitt (Tafel 7) sind Kinder zu finden, denen es ausgesprochen schlecht geht. In jedem Einzelfall ist die Zusammenarbeit mit den Eltern dringend erforderlich.

Legt man sich solche Gefühlslandschaften an, so bekommt man nach kurzer Zeit einen sehr guten Einblick in die Gesamtatmosphäre einer Klasse und in das Befinden der einzelnen Kinder. Lehrerinnen und Lehrer bekommen so einen realistischen Blick. Oft ist es nämlich so, daß die Inszenierungen eines Kindes die Aufmerksamkeit eines Lehrers so auf sich ziehen, daß er dabei übersieht, wie schön die Gesamtatmosphäre seiner Klasse eigentlich ist. Diese Form der Arbeit ermöglicht es natürlich auch, mit dem einzelnen Kind an seiner emotionalen Grundstimmung zu arbeiten.

Nicht immer ist erkennbar, wo die Gefühle ihre Ursachen haben. Gefühle können von innen ausgelöst werden. Sie benötigen keinen äußeren Anlaß. In der Geschichte »Weil ich Jurek gern weinen sehe« gibt Sören Jurek eine Ohrfeige, ohne daß ein erkennbarer Anlaß für diese Gewalttätigkeit gegeben wäre. Der Lehrerin macht dies sehr zu schaffen. Während der Reflexion über dieses Ereignis sagt sie immer wieder: »Wenn Jurek Sören vorher geärgert oder ihm etwas weggenommen hätte, dann wäre ein Motiv zu erkennen, aber es gab nichts, was Sören für sein Verhalten anführen konnte. Jurek hatte ihm nichts, gar nichts getan. Allein seine Anwesenheit reichte aus, um ihn zu schlagen.« Die Ratlosigkeit der Lehrerin ist verständlich. Die Vorstellung, daß Emotionen auch von innen ausgelöst werden können, könnte ihr helfen, solche Situationen zu verstehen und auch handlungsfähig zu bleiben. Solche Auslöser von innen liegen bei fast allen Inszenierungen vor (vgl. »Ich hasse das Leben!«, S. 127 ff.).

Mit den Bildern, die Kinder über ihre Gefühle malen, kann man eine Gefühlslandschaft gestalten. Oft reicht es aber schon, kurz mit den Schülerinnen und Schülern zu sprechen, wenn sie ihre Bilder abliefern. Die Anregung führt oft zu einer großen Mitteilungsbereitschaft, sofern die Beziehung zwischen Schülern und Lehrern von Vertrauen geprägt ist.

Eine Todesfahne zum Geburtstag

Ich will einige Schüleräußerungen wiedergeben:

Tillmann: »Ich fühle mich nicht wohl, weil die Schule anfängt. In den Ferien war es so schön. Ich könnte einen bösen Menschen töten.« Thomas, Natali und Lukas sind traurig. Jörn steht auf schwachen Beinen, aber sein Gesicht lächelt, und die Sonne scheint. Daniel:»Ich schreibe, was ich soll. Da geht es mir gut.« Das sagt Daniel als Kommentar zu seinem Bild. Er hat große Probleme, seine Hausaufgaben zu machen. Nun ist es ihm offensichtlich gelungen, seine Aufgaben zu erledigen. Er hat ein gutes Gefühl dabei. Das könnte der Anfang einer Veränderung sein. Tage später malt er einen Kopf mit einer Beule. Auf seinem Kopf wurde eine Hautveränderung diagnostiziert. Das bereitet ihm Sorgen. Darüber malt er sein Bild. Er malt, wie er mir die Stelle zeigt. So kann er über das Gefühl seiner Angst mit mir reden. Sabine sagt, das sei ein Bild über ihren Urlaub, wenn sie daran denke, gehe es ihr gut. Natali und Birgit sagen bei der Abgabe ihrer Bilder, daß es ihnen nicht gut gehe. Jörn hat eine dünne Figur auf langen, dürren Beinen gemalt, die signalisiert, daß es ihm schlecht geht. Es fehlt der Bodenhalt. Manchmal möchte ein Kind darüber sprechen, manchmal teilt es nur sein Gefühl mit. Schon dies ist eine Geste des

Vertrauens und kann eine positive Wirkung haben.

Das Bild von Gero strahlt Trostlosigkeit aus. Daniels Figur ist gesichtslos. Sie steht wie eine Vogelscheuche auf einem Bein. Auf meine Frage nach der Bedeutung seiner Zeichnung sagt er: »Ich will keinen sehen, die sollen mich in Ruhe lassen.« Wen er meint, das bleibt offen. Tillmann sagt zu seinem Bild: »Es geht mir nicht gut. In dieser Woche habe ich Geburtstag. Schade, daß keine Schule ist. Da kann ich meinen Geburtstag nicht am gleichen Tag in der Schule feiern.« Da ich nicht erkennen kann, was sein Bild darstellt, frage ich nach. »Das ist eine Todesfahne«, sagt er. Tillmann wurde als Kind von seinen Eltern nicht gemocht. Er kam in ein Heim, kam zu Pflegeeltern, wieder in ein Heim und lebt jetzt bei Pflegeeltern, die sich sehr um ihn kümmern. Dennoch ist es erschreckend, daß er mit seinem Geburtstag eine Todesfahne verbindet. »Mir zerfliegt der Kopf«, so kommentiert Daniel einige Tage später ein Bild. Ich freue mich über Tillmann, der sagt: »Mir geht es einfach gut.«

Für die Interpretation und das pädagogische Handeln ist es von Bedeutung, daß grundsätzlich in lebendigen Systemen eruptive Ausbrüche auch ohne Vorwarnung erfolgen. Sie gehören zum Leben in Gruppen dazu. Die Intensität solcher Ausbrüche für die beteiligten Schüler ist abzuschätzen und zu entscheiden, ob und welche Maßnahmen zu ergreifen sind. Bei der Interpretation und den Überlegungen für pädagogisches Handeln ist es von Bedeutung, welche Emotionen das Ereignis bei der Lehrkraft auslöst. Die so oft geforderte Affektkontrolle, zu der Lehrerinnen und Lehrer fähig sein müssen, wenn sie erfolgreich arbeiten wollen, kann über solche Verfahren gelernt und unterstützt werden. So können Affekte sich nicht mehr störend zwischen Schüler und Lehrer schieben oder im Lehrer selbst eine Beeinträchtigung seines Handelns verursachen.

Quantifizieren von Gefühlen – Arbeit mit Meßbechern

A. *Idee:* Hier wird ein innerer Prozeß, ein Gefühl, sichtbar gemacht. Es entsteht ein äußeres Bild von inneren Vorgängen. Dieses Verfahren kann man für sich allein oder in Partnerarbeit praktizieren.

B. *Methode:* Erinnern Sie eine Situation, in der Sie das Verhalten eines Schülers/einer Schülerin oder einer Gruppe als störend empfunden haben. Versuchen Sie den Ablauf der Ereignisse genau zu erfassen. Wenden Sie sich nun Ihren Gefühlen zu.

1. Arbeitsschritt: Benennen der Gefühle
Benennen Sie das Gefühl, das die Situation in Ihnen ausgelöst hat. Notieren Sie eventuell unterschiedliche Gefühle. Entscheiden Sie sich für das Wort, das am ehesten Ihr Gefühl trifft.

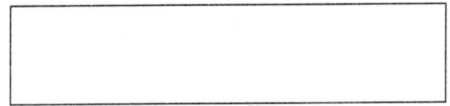

Das ist mein Gefühl.

2. Arbeitsschritt: Intensität des Gefühls
Schätzen Sie die Intensität Ihres Gefühls ein (sehr stark, mittel, schwach). Malen Sie die Intensität Ihres Gefühls in den Meßbecher (sehr starkes Gefühl = voller Becher; schwaches Gefühl = nur der Becherboden ist bedeckt).

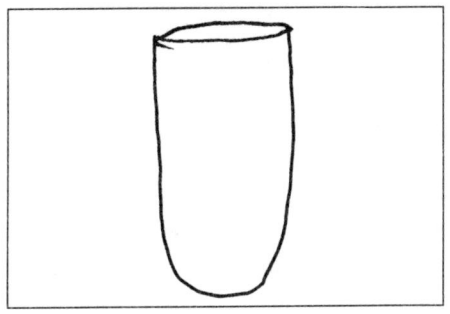

3. Arbeitsschritt: Mit einer Kollegin/einem Kollegen reden
Sprechen Sie mit Ihrer Partnerin/Ihrem Partner über Ihre
Gefühle und über deren Intensität. Erwähnen Sie die Aus-
gangssituation nur kurz, soweit dies für das Verständnis erfor-
derlich ist. Begrenzen Sie Ihre Redezeit auf fünf Minuten. Ihre
Partnerin/Ihr Partner hört zu, stellt eventuell Fragen. Er/Sie
gibt keine Ratschläge, äußert sich auch nicht über eigene
Gefühle. Trennen Sie sich danach.

4. Arbeitsschritt: Allein spazieren gehen
Machen Sie unabhängig voneinander einen Spaziergang von
etwa fünf Minuten Dauer. Sprechen Sie während dieser Phase
mit niemandem. Achten Sie darauf, was sich in Ihnen abspielt;
lassen Sie gleichzeitig Ihren Blick munter schweifen. Versuchen Sie wahrzunehmen, was sich Ihnen im Außen- und im
Innenbereich bietet.

5. Arbeitsschritt: Skizzieren des Gefühls
Gehen Sie nun auf Ihren Platz zurück. Bevor Sie mit jeman-
dem reden, tragen Sie Ihr jetziges Gefühl in den Meßbecher
ein.

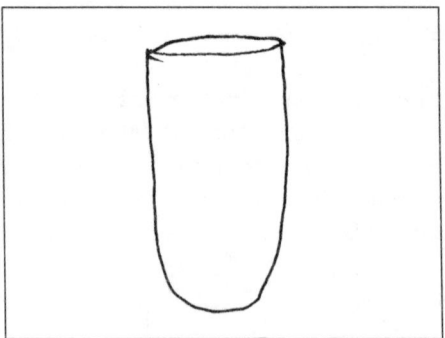

6. Arbeitsschritt: Gespräch über den Wahrnehmungs- und Ver-
arbeitungsprozeß
Sprechen Sie mit Ihrem Partner/Ihrer Partnerin über Ihren
inneren Wahrnehmungsprozeß. Versuchen Sie zu erfassen, ob
sich etwas an Ihrem Gefühl verändert hat. Halten Sie es bitte

in Stichworten fest, falls sich etwas verändert haben sollte. Was könnte eine potentielle Veränderung bewirkt haben?

7. Arbeitsschritt: Perspektiven für Bearbeitung von Gefühlen entwickeln
Notieren Sie bitte, ob sich aus dieser Erfahrung Perspektiven für eine kontinuierliche Arbeit an Ihren Gefühlen ergeben könnten.

Die Methoden des Rollenspiels und der Skulpturbildung sind in Teil II ausführlich beschrieben und dargestellt (vgl. »Am liebsten hätte ich mich in ein Mauseloch verkrochen«, S. 71 ff. und »Ach das ist doch nicht wichtig«, S. 123 ff.).

▌ Ausblick: Ein Leitfaden zum konstruktiven Umgang mit belastenden Situationen

Kinder fordern uns durch ihr Verhalten heraus. Das bedeutet für Lehrerinnen und Lehrer, daß sie permanent physisch und psychisch präsent sein müssen, wenn Erziehungsprozesse gelingen sollen. Es ist eine ständige Aufmerksamkeit erforderlich. Geistesgegenwärtiges Handeln ist gefragt im Blick auf die Verhaltensweisen der Kinder und im inneren Blick darauf, was sie durch ihr Verhalten in uns auslösen. Man kann vereinfacht von einem Außen- und Innenblick sprechen. Der Außenblick nimmt die Ereignisse wahr, während der Innenblick die emotional-kognitive Verarbeitung der äußeren Wahrnehmungen ermöglicht und neue Handlungsentwürfe produziert.
Die unterschiedlichsten Gefühle, die sich sehr schnell einstellen, überlagern sich gegenseitig und sind oft durch Ambivalenz gekennzeichnet. Ärger, Wut, Enttäuschung, Hilflosigkeit, Ohnmacht oder Freude überfallen uns manchmal wie ein plötzlich auftretender und wieder abflachender Regenschauer. So wie wir uns vor Regen schützen können, so ähnlich ist das auch bei den Gefühlen, die uns plötzlich überfallen. Regenwetter können wir äußerlich mit Schirm und Regenkleidung

begegnen. Körperlich müssen wir uns stabilisieren, um nicht bei jedem Wetterwechsel aus der Bahn geworfen zu werden. Dazu sind mancherlei Verhaltensweisen wie gesunde Ernährung, Sport und entspannende Tätigkeiten erforderlich. Anstrengung und Entspannung sorgen dafür, daß wir physisch den Kapriolen des Wetters gewachsen sind. Was ist gegenüber emotionalen Kapriolen zu tun?

Die Emotionalität hat in Lehr- und Lernprozessen nicht den ihr angemessenen Stellenwert. Für Lehrerinnen und Lehrer sind die Folgen absehbar: Sie stehen im emotionalen Regen und sind ihm hilflos ausgesetzt, wenn sie weder Methoden zur Bearbeitung dieser Situation kennen, noch innere Stabilisierungen vorgenommen haben. Die frei schwebende Emotionalität kann sich immer wieder ungebremst in Lehr- und Lernprozesse einmischen. Ärger, Wutausbrüche, Resignation, Scham und Schuld sind oft die Folgen.

Emotionalität raubt Zeit und Energie, wenn sie destruktiv agiert. Konstruktiver Umgang mit unserer Emotionalität heißt, sie zunächst so zu nehmen, wie sie kommt. Wir müssen ihr aber Anknüpfungspunkte im Denken und Handeln bieten. Wir müssen lernen, auf unsere Emotionen zu achten und sie im Zusammenhang unseres Denkens und Handelns zu reflektieren. Im kognitiven Bereich ist die Schule geradezu ein Weltmeister im Beachten aller wichtigen Aspekte. Man weiß auch in der Literatur und in den Rahmenrichtlinien, wie die Arbeit in einer guten Schule aussehen muß. Aber welche Prozesse im Innern der Lehrerinnen und Lehrer zum Beispiel in Überforderungssituationen ablaufen, darüber ist wenig bekannt. Vor diesem Hintergrund kann das plötzliche öffentliche Interesse an den Emotionen gar nicht hoch genug eingeschätzt werden. In einer emotionalen Bildung werden die Gefühle und das soziale Leben selbst zum Gegenstand des Lernens gemacht. Das bedeutet, daß Lehrerinnen und Lehrer bei ihrer Arbeit immer auch auf ihre eigenen Gefühle und auf die der Kinder achten müssen.

Emotionale Achtsamkeit trägt in sich die Chance, Streßsituationen schneller erkennen und ihre Bedeutung besser abschätzen zu können. Es kommt darauf an, die emotionalen

Prozeßabläufe selbst im Blick zu haben. Als Lehrer muß ich darauf achten, ob sich ein starkes Gefühl, das ein Kind durch sein Verhalten in mir ausgelöst hat, nicht übermäßig lange hält. Ich muß emotional flexibel bleiben. Das gelingt am ehesten über Methoden, in deren Zentrum eine Verbindung von Denken, Fühlen und Handeln angelegt ist. Neue Ergebnisse der Hirnforschung bestätigen die hohe Plastizität unserer Emotionalität. Es gilt also die vielseitigen Wechselwirkungen zwischen Fühlen, Handeln und Denken wahrzunehmen, zu beachten und als sich ergänzende und bedingende Aktivitäten im Handeln, Fühlen und Denken parat zu haben. Lehrerinnen und Lehrer, die ihre Unterrichtspraxis verändern und stärker das emotionale Lernen integrieren wollen, sollten bei ihrem Vorgehen einige Leitgedanken beachten:

• Das Interesse an einer Veränderung im Handlungsbereich ist eine entscheidende Voraussetzung für das Gelingen. Die von innen kommende Motivation für eine erfolgreiche Erziehungsarbeit bildet die tragende Grundlage für das Veränderungsprojekt. Stabilisierend wirkt sich eine äußere Anerkennung durch Eltern, Kollegen und die bildungspolitisch interessierte Öffentlichkeit aus. Allerdings zeichnet sich die Gegenwart gerade dadurch aus, daß Lehrerinnen und Lehrern diese Anerkennung weitgehend versagt bleibt. Sie sind auf Selbststabilisierung angewiesen. Oft wird die Motivation an Erziehungsprozessen durch zu hohe und oft auch unangemessene Erwartungen, die von einzelnen Gruppen und Institutionen an die Lehrkräfte gestellt werden, behindert. Von daher ist eine Selbstvergewisserung hinsichtlich der erzieherischen Leistungen gerade im Sinne der Erhaltung einer inneren Motivation immer wieder erforderlich. In Streßerfahrungen von Lehrerinnen und Lehrern ist ein hoher Anteil von Nichtanerkennung enthalten.

• Für eine erfolgreiche Erziehungsarbeit steht Impulskontrolle an vorderster Stelle. Lehrerinnen und Lehrer geraten immer wieder in Situationen, die sie emotional sehr belasten. Sie müssen oft sehr schnell und geistesgegenwärtig handeln. Dabei sollten sie darauf achten, daß sie aus den Ressourcen ihrer Erfahrungen schöpfen und nicht den Affekten den Vorrang lassen. Durch genaues Beobachten und Notieren der Abläufe und der emotionalen Prozesse ist eine Bearbeitung belastender Situationen am Nachmittag möglich und in aller Regel sehr hilfreich. So kann neue Energie für den nächsten Tag gewonnen werden.

• Ausdauer gehört zu den Grundeigenschaften der Menschen mit Erfolg. Viele Lehrkräfte geben, nachdem sie in Fortbildungsveranstaltungen neue und erfolgversprechende Methoden kennengelernt haben, zu schnell wieder auf. Der Schulalltag ist voller Frustrationen. Das Scheitern ist daher fast vorprogrammiert, wenn die Fähigkeit zu Geduld und Ausdauer nicht erworben wird. Die Kraft vieler Lehrerinnen und Lehrer scheint angesichts der Beständigkeit aller übrigen Faktoren nicht auszureichen, auch nur mit kleinen Schritten zu beginnen. Viele Kolleginnen und Kollegen geben auf, weil sie es nicht gewohnt sind, die langfristigen Wirkungen von Erziehungsprozessen in ihrer Arbeit zu berücksichtigen.

• Es ist wichtig, die im Erziehungsprozeß sichtbar werdenden eigenen Schwächen anzunehmen. Oft stellen sich diese erst nach mehrjähriger Tätigkeit ein, wenn die Begeisterung und Neugier des Berufsanfängers zurückgeht und die im Studium und im Referendariat gelegten Grundlagen verblassen. Die reflektierende Unterrichtsarbeit, die auch die Stärken einbezieht, kann hier einen Ausgleich schaffen. Wenn der Prozeß einer auftretenden Erziehungsschwäche zum Beispiel wegen der Alltagsroutine nicht rechtzeitig wahrgenommen und bearbeitet wird, dann kann dies zu belastenden und kaum noch zu beeinflussenden Streßsituationen mit schwerwiegenden gesundheitlichen Folgen führen. Ein Grundproblem liegt darin, daß wahrgenommene Schwäche oft mit Scham verbunden ist. Hilgers spricht in diesem Zusammenhang von Kompetenzscham. Mit der Annahme der Schwäche und ihrer Bearbeitung verliert das Schamproblem seine Bedeutung.

• Teamfähigkeit ist ein wichtiger Faktor einer erfolgreichen Erziehungsarbeit. Auch hier sind Enttäuschungen an der Tagesordnung. Es gilt, geduldig am Aufbau eines Teams zu arbeiten und, wenn dies mißlingt, einen neuen Versuch mit anderen Personen zu starten. Warten bringt nicht weiter, man muß selbst initiativ werden. Dabei gilt es Fallstricke zu beachten.

• Fehlschläge und Mißerfolge sind Teil der Arbeit. Sie müssen als normal angesehen werden. Lehrkräfte sollten darauf achten, daß sie Mißerfolge nicht gleichsetzen mit einer allgemeinen Unfähigkeit für Erziehungsprozesse. Aus Fehlern kann man lernen. Ist diese Lernfähigkeit nicht mehr vorhanden, so ist dies oft ein deutlicher Hinweis auf Streß. Wenn kein Ausweg mehr gesehen wird, sollten die Alarmglocken läuten. Man muß sich dann selbst auf den Weg machen, um aus einer solchen Sackgasse wieder heraus zu kommen. Dabei geht es oft nicht ohne die Hilfe eines Teams oder einer Therapie.

• Manche Lehrkräfte kommen vor lauter Bedenken gegenüber einem Neuansatz nicht zum Zentrum der Arbeit. Oft verzetteln sie sich, verlieren sich in den täglichen Verpflichtungen (Unterrichtsvorbereitungen, Elterngespräche, Korrekturen, Konferenzen usw.). Diese Arbeiten müssen getan werden. Dennoch ist zu prüfen, ob dabei nicht das Erziehungsprojekt zur Selbst- und Sozialentwicklung der Kinder unter Einbeziehung der Emotionalität zu kurz kommt. Ob man nicht selbst dabei zu kurz kommt. Wo ist meine Lebendigkeit in der Verzettelung des Alltags? Das ist die Frage, die man sich immer wieder stellen muß.

• Es gilt Verantwortung für das Gelingen und Mißlingen des eigenen Tuns zu übernehmen und bei Fehlern die Schuld nicht anderen zuzuschieben. Das Eingeständnis eines Irrtums muß möglich sein. Das Verdrängen oder Projizieren von Fehlern führt in belastende Situationen. Ihre Bearbeitung in Verbindung mit der Wahrnehmung von Scham kann befreienden Charakter haben.

• Aus Selbstzweifeln werden nicht selten sich selbst erfüllende Prophezeiungen. Im Verlauf eines Lehrerlebens müssen wir viele Rückschläge verkraften. Es geht darum, sich einen realistischen Blick für die eigene Leistungsfähigkeit zu verschaffen. Auch hier kann eine Selbstvergewisserung mit Kolleginnen und Kollegen sehr hilfreich sein. Wir müssen lernen, unser Selbstwertgefühl in angemessener Weise zu stabilisieren.

Wer diese Leitgedanken immer wieder einmal zur Überprüfung seiner Erziehungs- und Unterrichtsarbeit heranzieht, hat die Chance, nicht nur im unterrichtlichen Sinne erfolgreich, sondern auch im persönlichen Bereich zufrieden zu sein.

■ Literatur

Antonovsky, A. (1998): Vertrauen, das gesund erhält. Warum Menschen dem Streß trotzen, in: Psychologie heute, Heft 2, S. 51 ff.

Büeler, X. (1994): System Erziehung. Ein bio-psycho-soziales Modell, Haupt, Bern.

Ciompi, L. (1997): Die emotionalen Grundlagen des Denkens. Entwurf einer fraktalen Affektlogik, Vandenhoeck & Ruprecht, Göttingen.

Combe, A. (1997): Schulentwicklung ist das Gebot der Stunde, in: Erziehung und Wissenschaft, Niedersachsen, 5/97, S. 10 f.

Damkowski, C. (1998): Beruf Lehrer, in: Psychologie heute, Heft 1, S. 40 ff.

Furman, B./Ahola, T. (1995): Die Zukunft ist das Land, das niemandem gehört ... Probleme lösen im Gespräch, Klett-Cotta, Stuttgart.

Gebauer, K. (1996): Ich hab sie ja nur leicht gewürgt. Mit Schulkindern über Gewalt reden, Klett-Cotta, Stuttgart.

Gebauer, K. (1997 a): Turbulenzen im Klassenzimmer. Emotionales Lernen in der Schule, Klett-Cotta, Stuttgart.

Gebauer, K. (1997 b): Bearbeitung von Gewalthandlungen im Rahmen eines pädagogischen Konzeptes von Selbst- und Sozialentwicklung, in: Praxis der Kinderpsychologie und Kinderpsychiatrie, Heft 3, S. 182 ff.

Gebauer, K. (1997 c): Die Notwendigkeit von Kontaktzonen zwischen Schule & Familie, in: Religion heute, Heft 32, S. 244 ff.

Gebauer, K. (2000): Wenn Kinder auffällig werden. Perspektiven für ratlose Eltern, Walter, Düsseldorf.

Goleman, D. (1996): Emotionale Intelligenz, Hanser, München.

Guggenbühl, A. (1995): Die unheimliche Faszination der Gewalt. Denkanstöße zum Umgang mit Aggression und Brutalität unter Kindern, dtv, München.

Heinemann, E., Rauchfleisch, U., Grüttner, T. (1992): Gewalttätige Kinder. Psychoanalyse in Schule, Heim und Therapie, Frankfurt a. M.

Hertlein, M. (o. J.): Mind Mapping, rororo, Reinbek b. Hamburg.

Hilgers, M. (1997): Scham. Gesichter eines Affekts, Vandenhoeck & Ruprecht, Göttingen.

Hüther, G. (1997): Biologie der Angst. Wie aus Streß Gefühle werden, Vandenhoeck & Ruprecht, Göttingen.

Hüther, G. (1999): Der Traum vom streßfreien Leben, in: Spektrum der Wissenschaft, Dossier: Streß, S. 6 ff.

König, K. (1993): Gegenübertragungsanalyse, Vandenhoeck & Ruprecht, Göttingen.

Kohut, H. (1991): Die Heilung des Selbst, Suhrkamp, Frankfurt a. M.

Künkel, A. (1996): Streßbewältigung im Kindergarten. Wie Sie sich dauerhaft vor Überlastungen schützen können, Herder, Freiburg.

Leber, A. (1986): Psychoanalyse im pädagogischen Alltag. Vom szenischen Verstehen zum Handeln im Unterricht, in: Westermanns Pädagogische Beiträge, Heft 11, S. 26 ff.

Ledoux, J. (1998): Das Netz der Gefühle. Wie Emotionen entstehen, Hanser, München.

Redl, F./Wineman, D. (1990): Kinder die hassen. Piper, München.

Reheis, F. (1998): Schule könnte gesünder werden! Ein Plädoyer für die Entschleunigung des Schulbetriebes, in: Die Deutsche Schule, Juventa, Heft 1, S. 113 ff.

Reich, K. (1996): Systemisch-konstruktivistische Pädagogik. Einführung in Grundlagen einer interaktionistisch-konstruktivistischen Pädagogik, Neuwied.

Schaarschmidt, U. (1997): Risiken der psychischen Gesundheit von Lehrerinnen und Lehrern, in: Deutsche Lehrerzeitung, 49/50, 11. Dezember, S. 12 f.

Schlippe, A. von/Schweitzer, J. (1996): Lehrbuch der systemischen Therapie und Beratung, Vandenhoeck & Ruprecht, Göttingen.

Sternberg, R. J. (1998): Erfolgsintelligenz. Was man braucht, um seine Ziele wirklich zu erreichen, in: Psychologie heute, Heft 3, S. 20 ff.

Stierlin, H. (1994): Ich und die andern. Psychotherapie in einer sich wandelnden Gesellschaft, Klett-Cotta, Stuttgart.

Tausch, R. (1998): Jemanden zum Reden haben, in: Psychologie heute, Heft 1, S. 28 ff.

Vester, F. (1997): Phänomen Streß. Wo liegt sein Ursprung, warum ist er lebensnotwendig, wodurch ist er entartet? dtv, München.

Karl Gebauer:
Ich hab sie ja nur leicht gewürgt
411 Seiten, gebunden, ISBN 3-608-91767-5

Gewaltsituationen ereignen sich in der Schule. Täter und Opfer sind nahe beieinander und werden auch weiterhin gemeinsam die Schule besuchen.
Hier werden Erscheinungsformen von Gewalt, wie sie in der Schule auftreten – Verletzungen, Erpressung, blinde Wut, Ausgrenzung –, beschrieben, analysiert und hinsichtlich ihrer möglichen Lernrelevanz betrachtet.

Ingeburg Stengel/Lieselotte von der Hude/Veronika Meiwald:
Sprachschwierigkeiten bei Kindern
Wie Eltern helfen können
9. Auflage, 170 Seiten, broschiert, ISBN 3-608-91884-1

Eltern wird dieses Buch nicht nur Wege zeigen, wie sie ihrem Kind helfen können. Es ist auch ein Leitfaden für Eltern, die die Sprachentwicklung ihres Kindes positiv beeinflussen wollen, um Sprachstörungen von vorneherein zu vermeiden.

Hermann Giesecke:
Wozu ist die Schule da?
Die neue Rolle von Eltern und Lehrern
344 Seiten, gebunden, ISBN 3-608-91791-8

Was haben sie für die Erziehung hinterlassen, die sogenannten ›68er‹? Hermann Giesecke sagt: einen Zeitgeist, der alles psychologisiert, die Kinder infantilisiert und Lehrer und Eltern vom Vorbild zum »Kumpel« gemacht hat, der das gleiche Outfit und die gleiche Sprache der Kinder hat.
Die Folgen zeigen sich in einer Schule, mit der kaum noch jemand zufrieden ist. Deshalb müssen sich die Lehrer wieder auf ihren eigentlichen Auftrag, das Unterrichten, besinnen. Die Kinder brauchen die Schule dringend für ihre Selbstbehauptung in einer immer komplizierter werdenden Welt. Für grundlegendes soziales Lernen bleibt die Familie zuständig.

Klett-Cotta

Karl Gebauer:
Turbulenzen im Klassenzimmer
Emotionales Lernen in der Schule

280 Seiten, gebunden, ISBN 3-608-91853-1

Längst haben Psychologen emotionale Intelligenz zu einer der
wesentlichsten menschlichen Fähigkeiten erklärt. Doch die
Schule scheint dies weitgehend zu ignorieren – sie beschränkt
sich noch immer auf die Vermittlung von Wissensinhalten.
Karl Gebauer rückt mit diesem Buch das emotionale Lernen der
Schüler in den Mittelpunkt.
In zahlreichen Fallbeispielen illustriert er, wie sich emotionales
Lernen im schulischen Alltag gestalten kann.
Gebauer demonstriert auf sehr persönliche, warmherzige Weise,
wie Lehrerinnen und Lehrer, aber auch Eltern Verhaltensweisen
von Kindern verstehen und angemessen darauf reagieren
können.

Kurt Aurin:
Gemeinsam Schule machen
Schüler, Lehrer, Eltern – ist Konsens möglich?

188 Seiten, broschiert, ISBN 3-608-91655-5

Schüler, Lehrer, Eltern teilen nicht immer dieselben
Vorstellungen, wenn es um die Ziele, die pädagogischen
Aufgaben und damit auch um konkrete Gestaltung der Schulen
geht. Das Buch resümiert die Ergebnisse einer ausgedehnten
Untersuchung. Es gibt Antwort auf die Frage, ob und in welchem
Maße heute zwischen den unmittelbar Beteiligten ein Konsens
darüber besteht, was Sinn und Zweck der Veranstaltung Schule
sei. Pädagogischer Konsens ist das Lebenselixier jeder Schule, die
sich durch eine demokratische Kultur und ein individuelles Profil
auszeichnet. Worin er bestehen kann und auf welchem
Nährboden er am besten gedeiht, wird ausführlich am Beispiel
von Gymnasien gezeigt.

Klett-Cotta